西太平洋の遠洋航海者

メラネシアのニュー・ギニア諸島における、
住民たちの事業と冒険の報告

B・マリノフスキ

増田義郎 訳

講談社学術文庫

目次

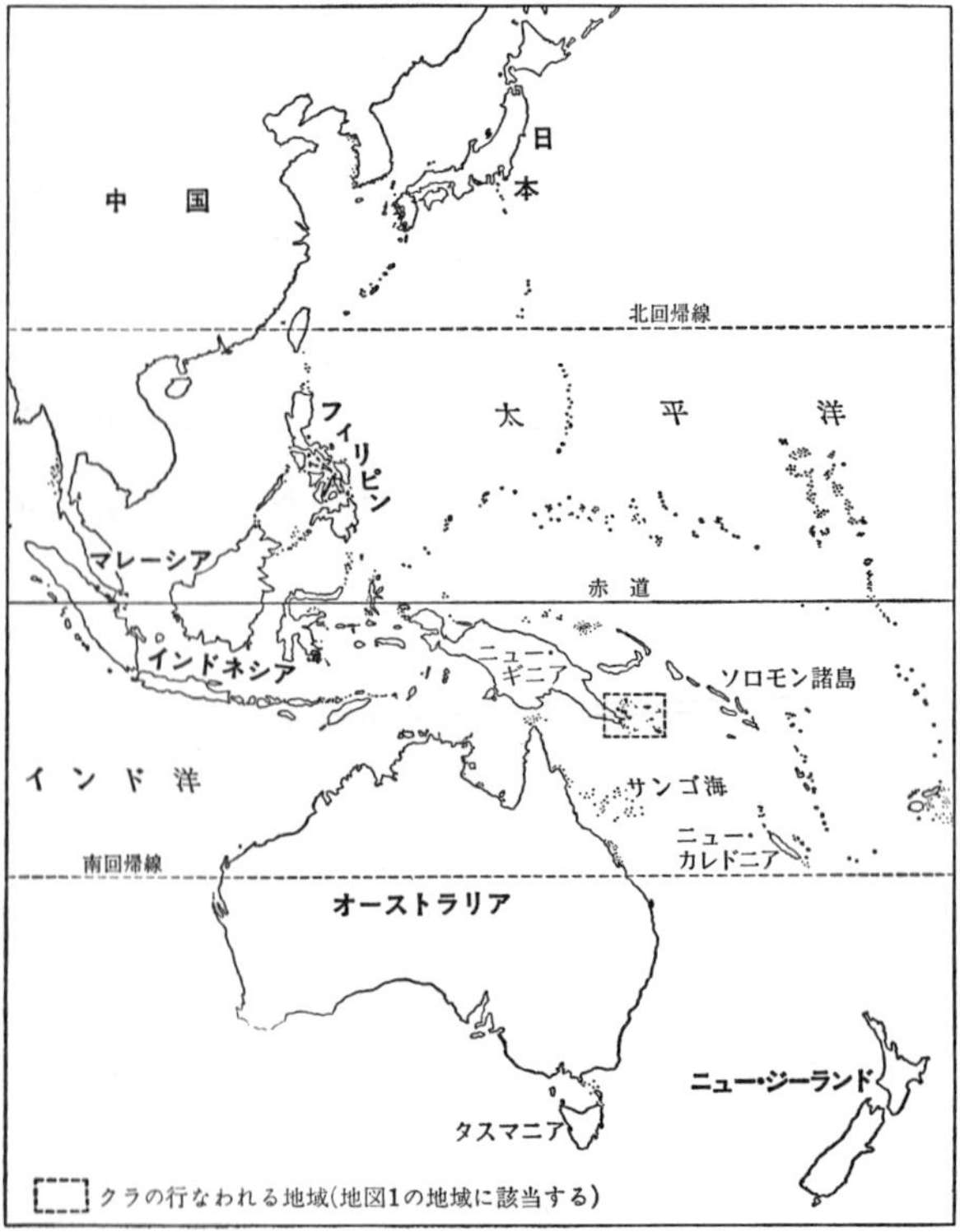

太平洋とクラ地域

地図一覧

西太平洋の遠洋航海者

メラネシアのニュー・ギニア諸島における、住民たちの事業と冒険の報告

訳者まえがき

本書は、ブロニスワフ・マリノフスキ（1884-1942）の主著『西太平洋の遠洋航海者』、Bronisław Malinowski, *Argonauts of the Western Pacific*, Routledge & Kegan Paul, 1922 の編訳である。原題の argonauts はアルゴー船の乗組員という意味で、ギリシャ神話のアルゴー船に乗って黄金の羊毛をさがすためコルキスに遠征した勇者たちをさすが、本書では「遠洋航海者」と訳しておいた。

五〇〇ページを越す大部の原著であり、しかもマリノフスキの英文は、おそらくスラブ語の影響もあってか、イギリス人の書く英語とくらべると重く、晦渋な傾向があるので、全体を約半分に短縮して、実際のクラ航海の描写を中心に据え、クラの主題と方法、カヌーの製作とそれにともなう儀式、クラと呪術との関係、およびクラの意味を分析した終章などを配して、なるべく楽に読めるように配慮した。

マリノフスキはポーランドの古都クラクフに生まれ、一九〇二年同地の大学に入り、物理学と数学を学んで、一九〇八年、二四歳のとき、学位を得た。この時代の彼についてはあまりよく知られていないが、当時のクラクフはオーストリア領のガリツィア地方に属し、世紀末から二〇世紀初頭にかけてのヴィーンのモダニズムの強い影響下にあった。フロイト、マッハが彼の関心をひいたことはたしかだが、ポーランドの有名な近代主義者スタニスワフ・ヴィトキェヴィチと親交を結んだことも看過できない。一九〇八年にはライプツィヒ大学に入り、三ゼメスターにわたり、ヴィルヘルム・ヴントのもとで民族心理学を研究し、ゲオルク・ジンメルの社会学講義を学んだ。このころすでに痼疾となっていた結核の療養のため二ヵ年間をカナリア諸島ですごし、一九一〇年にロンドンに移った。南アフリカ出身のあるピアニストのあとを追ったのだという。

なぜマリノフスキがロンドン大学の経済学学院で人類学を勉強しようとしたのかはわからない。おそらく、それまで接してきた、思弁的で重い言語で書かれた観念的なドイツ系の学問にくらべて、イギリスの植民地の具体的な民族誌的記述から生まれた人間の学問が、彼の関心をひいたのであろう。一九一三年度に講師として、〝未開人の宗教〟について学院で講義したのち、彼はセリグマンの斡旋により調査資金を獲得し、一九一四年オーストラリアに到着した。しかし、世界大戦勃発のため調査が不可能になり、ニュー・ギニアのポート・モーズビーに移り、トゥーロン島でマイルー人の調査に従事することを許された。一九一五年六月からは、トロブリアンド諸島に移って、翌年五月まで、ピジン・イングリッシュによる調査をおこなった。一九一六年、ロンドン大学は、彼のオーストラリア先住民およびマイルー人の研究に対し科学博士号を贈った。

本格的なトロブリアンド研究は一九一七年八月から翌年一〇月までおこなわれた。こんど

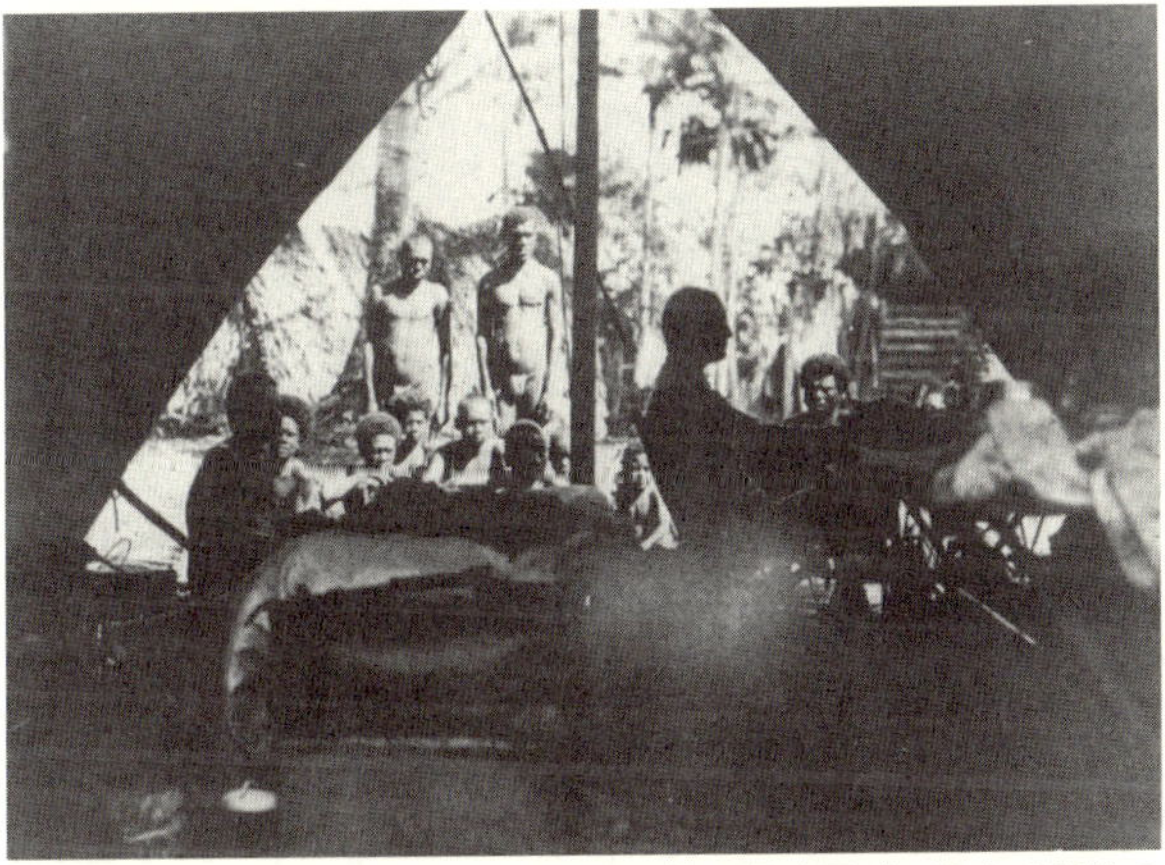

オマラカナで作業中のマリノフスキと彼を興味深げに見守る現地の人々（George W. Stocking,Jr., *After Tylor*, 1995より）

は言語をまなび、住民たちの間に住んで、直接観察による調査が企てられた。主な関心の対象となったのは、現地でおこなわれるクラの慣行だった。クラとは、閉じた環をつくる島々の圏内に住む多くの共同体の間でおこなわれる交換の一形式である。すなわち、赤い貝の首飾りと白い貝の腕輪が、それぞれ逆の方向に循環しながら交換されて行き、しかもそれがこみいった呪術儀礼、儀式をともない、規則と慣習によって細かく規制される。

調査者が、現地に長期にわたり滞在して、住民の社会活動を観察し、現地語によってその資料を得て結果を分析記述するという画期的な調査がおこなわれたのだった。この研究は一九二二年、『西太平洋の遠洋航海者』にまとめられ、社会科学者たちに衝撃を与えた。ちょうど同じ年に、アルフレッド・R・ラドクリフ＝ブラウンの、これも直接観察に基づいた『アンダマン島民』が出版された。この二冊は、現代社会人類学の出発点ともいうべき意義をもっている。

一九二七年、マリノフスキはロンドン大学の初代社会人類学教授に任ぜられ、さらに調査の結果を英語で発表しつづけたが、一九二六年はじめてアメリカ合衆国に渡り、その後も、一九三三年、一九三六年、一九三八年に渡米した。一九三九年に第二次世界大戦がはじまったため、イギリス帰国を断念し、イエール大学に籍をおいた。一九四〇年と一九四一年には、メキシコのオアハカで市場の調査をおこなった。晩年は健康がすぐれず、一九四二年ニュー・ヘイヴンで病没した。

マリノフスキの主著は『西太平洋の遠洋航海者』だが、トロブリアンド諸島関係の研究としては、このほかに以下の三冊があげられる。

Crime and Custom in Savage Society, 1926

The Sexual Life of Savages in Northwestern Melanesia, 1929

Coral Gardens and Their Magic, 1935

なお死後の一九六七年に発表された日記 *A Diary in the strict sense of the term*, 1967 は、調査中のマリノフスキの心情を窺わせる。原文はポーランド語だが、英訳されている。

その他のマリノフスキの著書としては、

A Scientific theory of culture, 1944. 姫岡勤、上子武次訳『文化の科学的理論』岩波書

店、一九五八

Magic, science and religion and other essays, 1948.（マリノフスキ没後、ロバート・レッドフィールドが編纂したエッセイ集）

Malinowski in Mexico: The economics of a Mexican market system, 1982（Julio de la Fuente と共著）信岡奈生訳『市の人類学』平凡社、一九八七などがある。

イギリスの社会人類学におけるマリノフスキおよびその周辺の人々については、George W. Stocking, Jr., *After Tylor: British Social Anthropology 1888～1951*, 1995 が最近の評価を下している。

クラは現在でもおこなわれているが、マリノフスキの解釈をめぐる再解釈や批判については、J. W. Leach & Edmund Leach, eds., *The Kula. New Perspectives on Massim Exchange*, Cambridge, 1983 および Annette B. Weiner, *The Trobrianders of Papua New Guinea*, New York, 1988 を参照。また、一九八〇年代までのビブリオグラフィーがある。これはリーチ編の論集の付属編として刊行された。(Martha Macintyre, *The Kula: a Bibliography*, Cambridge, 1983.)

二〇一〇年一月

増田義郎

序文

尊敬する友人のB・マリノフスキ博士が、本書の序文を私に求めてこられたので、よろこんでそれに応ずることにした。とはいっても、私がここで何を書くにせよ、博士が本書に記されたすぐれた人類学的研究報告の価値に、いささかでも加えるところがあろうなどとは思わない。したがって、ここでは、著者の方法と本書の内容について述べるにとどめる。

方法の点に関していえば、マリノフスキ博士は、最上の状態で、しかも可能なかぎりよい結果が得られるように計算されたやり方で、仕事をされたように思う。理論に関する訓練の点でも、実際上の経験の点でも、博士は、こんど行なわれた仕事に十分ふさわしいものをもっておられた。博士が理論面で訓練をつんでおられることは、オーストラリアの住民間の家族に関するその注意ぶかい学問的な論文〔1〕を見れば、よくわかる。実際上の経験のゆたかな方であることは、六ヵ月間の現地滞在にもとづいたニュー・ギニアのマイルー人についての報告〔2〕に、よくそれが示されている。

その後、博士は、ニュー・ギニア東部のトロブリアンド諸島に関心をおぼえ、何ヵ月間もつづけて、そこの住民のあいだで、その土地の人間として生活された。そして、仕事をしたり遊んだりする人々の姿を毎日観察し、現地の言語で会話をかわして、その資料を、もっとも確実な出所から引きだされた。確実な出所とは、通訳の仲介なしに、住民自身のことばで直接に語られた一対一の話とか供述である。

この方法によって、博士は、トロブリアンド島人の社会・宗教・経済・産業などの生活面に関係のある膨大な資料、しかも高度に学問的価値のある資料を集められた。それらについては、完全な形でいつか発表したいと博士は希望され、もくろんでおられる。さしあたり、博士は、トロブリアンド島人の社会の、ある興味ぶかい独自の特徴、すなわち彼らが自分たちのあいだ、もしくは近接した島々の住民とのあいだに行なっている注目すべき交換の組織につき、その経済的、商業的側面だけに問題をしぼって、予備報告的な研究を本書で示されたのである。

人間が、もっとも貧しい生活から、もっともゆたかな生活へと道をたどっていくばあい、そのすべての段階において、経済的な力が、根本的な重要性をもつことをはっきり示すために、すこしことばを費やしておく必要があろう。つきつめていって、人間とは動物の一種である。したがって、そこから、他のすべての動物と同じように、物質的な基礎の上にたつということになる。そして、その上にこそ、知的、精神的、社会的な高い生活を築くことができる。物質的基礎を欠いては、そのような上部構造は成り立ちえない。その物質的基礎とは、必要欠くべからざる食料と、自然の風浪から身を守るなにがしかの暖かい住居をその内容とするが、これが人間生活における経済ないし生産の基礎をなし、人間生活の根本条件をなすものである。

人類学者が、いままで、この点をほんとうに無視してきたとしても、それは人間性のより高い側面にひかれたからなので、より低い面の重要性、いわんや必要性を故意に無視したり、過小評価したからではないと考えてよかろう。この点について、さらに弁解をつけ加えれば、人類学がまだ若い学問であること、研究者のまえにたちはだかる無数の問題を、いちどに手がけるのはむりなので、一つ一つとりくんでいかなければならないことなどを考えていただきたいと思う。それはともかくとして、マリノフスキ博士は、トロブリアンド島人の注目すべき交換の仕組みをとくに選んで研究の対象とし、原始経済の大きな意味をみごとに力説されているのである。

さらに博士は、賢明にも、どのように交換が行なわれるかを叙述するだけに終始することを避け、その根底にあるさまざまな動機や、現地住民の心をその交換が刺激して起こす感情にまでつきいろうとされている。純粋な社会学は、行為の記述だけに研究を限定すべきであり、動機や感情の問題は、心理学にゆだねるべきだという考え方が、ときとして行なわれるようである。たしかに、動機や感情の分析は、論理的に、行為の記述からは分けて考えることが可能だし、そうしたものは、厳密にいって、心理学の領域に属すものである。

しかし、現実には、一つの行為が観察者にとって意味をもつためには、その行為を行なう者の思想や感情を知ったり、推測したりする必要がある。したがって、行為者の心の状態を抜きにしてひとつながりの行為を記述しただけでは、社会学の目的にかなわない。なぜなら、社会学の目ざすところは、社会における人間の諸行為を、記録するばかりでなく、理解することにあるからである。それゆえに、社会学は、あらゆるばあいに心理学の助けを借りなくては、その仕事をやりとげることができないのである。

マリノフスキ博士の方法の特徴は、人間性の複雑さを十分に心得てかかっている点にある。いわば、博士は、人間を平たい状態ではなく、ふくらみのある丸い状態で見ておられるのである。人間が、すくなくとも理性的存在であると同じていどに、感情の動物であることを忘れず、つねに人間の行為の感情的な基礎と合理的な基礎の両方をあきらかにしようと、心をくだいておられる。

科学者は、文学者と同じように、われわれの複雑で多面的な存在の一側面だけを考察の対象として、人間なるものを、抽象的にのみ見るきらいがある。

偉大な作家たちのなかで、この一面的な扱い方をする好例といえば、モリエールがあげられる。モリエールの描く人物は、守銭奴とか、偽善者とか、気どり屋とか、みな平板な状態で観察されているにすぎない。あらゆる登場人物は、人間らしくよそおわれた案山子《かかし》であって、相似は外見のみにとどまり、中身はまるっきり何もなく、空虚である。つまり、文学的効果のために、人間性の真実が犠牲にされているのである。ところが、セルバンテスやシェイクスピアのような、もっと偉大な作家のばあい、人間性の表わし方は、ぜんぜんちがう。彼らの描く人物は、一つの面に限定されず、多くの面から描かれているので、中身がずっしりとある。

たしかに、科学においては、ものを抽象的に扱うことは、正当であるばかりでなく、必要でもある。というのは、科学とは、最高の力にまで高められた知識にほかならず、あらゆる知識は、抽象化と一般化の過程をともなうからである。われわれが日常接する個人を認識することでさえ、その人が過去において示した容貌《ようぼう》から、一般化して形づくられた、その人に関する抽象的観念が作られてこそ可能になるのである。

そこで、人間の科学は、人間性の、ある局面を抽象し、それを具体的な存在から切りはなして考察することを強《し》いられているのである。というよりは、むしろ、人間の科学は、たくさんの科学に別れ別れになって関係する。そして、その科学の一つ一つが、人間という複合的生物の、ある部分を担当して考える。それは、人間存在の形質的部分であるかもしれないし、知的、道徳的、社会的部分であるかもしれない。そして、そこから得られる概括的な結論は、程度の差こそあれ、全体としての人間像を不完全にしか示さないものである。というのは、その像の輪郭を形づくる線は、どうしてもたくさんのうちから選びだされた、わずかの線になってしまうからである。

この論文において、マリノフスキ博士は、一見、トロブリアンド島人の、純粋に経済的な活動のみを、おもに扱っているような印象を与える。だが、博士は、持ちまえの視角の広さと、感覚のこまやかさを示して、注意ぶかく、次のことを指摘しておられる。トロブリアンド諸島と他の島々とのあいだに行なわれる特異な貴重品の流通は、普通の形の交易をともなっているけれども、それ自体は、けっして純粋に商業的な取引きではない――博士は、それが、効用・利益・損失などの単純な計算にもとづいているのではなく、単なる動物的な欲望より高い次元の、情緒《じょうちょ》的、美的欲求を満足させるものであることを示しておられる。

　このことから、マリノフスキ博士は、いまだに経済学の教科書に始終顔をのぞかせ、ある人類学者たちの考え方を萎《な》え枯らせるような影響を与えてすらいるように思われる、あの「未開社会の経済人」という概念が、一種の幽霊にすぎないとして、それにきびしい非難をいくつかあびせかけておられる。ジェレミー・ベンサム氏[1]や、グラドグリンド氏[2]のぬぎすてた衣装に身をかためたこのおそるべき幽霊は、ひたすらあさましい利得の動機によってつきうごかされ、もっとも抵抗の少ない場面場面を選んで、スペンサー[3]流の原理にもとづき、利得を仮借なく追求するものらしい。

　もし、そうした気の滅入るような虚構の存在が、けっして単なる有用な抽象概念としてばかりでなく、実際に未開人の社会にそっくりそのままの形で生きていると考えるまじめな学者がまだいるとしたら、この本のマリノフスキ博士のクラについての記述は、そのような化け物を無力にするのに手を貸すだろう。つまり、博士は、クラ組織の一部をなす実用品の交易が、じつは住民たちの考え方によると、まったくなんの実用にもならないほかの品々の交易にくらべれば、さして重要ではないことを示しておられるのである。

　このクラという特異な制度は、それが行なわれる地理的な範囲はいうに及ばず、商業的な事業、社会組織、神話の背景、呪術《じゅじゅつ》の儀礼などが一つに結びあわさっているという点において、いままでの人類学者の記録には、はっきりと比較に耐える例を見いだしえないものである。しかし、その制度を見いだされたマリノフスキ博士が、まったく同一の制度はむりだとしても、「未開野蛮」の諸民族のあいだで調査を行なえば、対比できるような例がこれからも見いだされるだろう、と述べられているのは、おそらく正しいと思われる。

マリノフスキ博士が述べておられるクラの特徴で、上記のことに劣らず興味ぶかく、かつ有益なのは、呪術がその制度の中できわめて重要な役割を演ずるように思われることである。博士の説明によれば、どうやら住民たちの心のなかでは、呪術の儀式をとり行ない、呪術的な文句を唱えることが、この仕事全体の成功のために、必要欠くべからざるもののようである。

つまり、くり舟の原料の木が切り倒されるときから、遠征が成功裡《せいこうり》に終わって、貴重な積み荷を載せた大船隊が、帰郷の航海の途につく瞬間まで、そういうことがいえるのである。また、トロブリアンド島人が生計をたてる二つの主な生業形態は、畑の耕作と漁撈《ぎょろう》だが、それらにも、呪術的な儀礼や呪文《じゅもん》が、クラのばあいに劣らず重要なことも、これと関連して理解できるのである。そこで、畑をあずかる呪術師は、なにやらわけのわからぬまじないを唱えて、畑の栽培物の生長をうながすのがその仕事だが、彼は村のなかのもっとも重要な人物の一人で、首長と妖術師《ようじゅつし》の次に位が高いのである。

要するに、呪術は、あらゆる生産と仕事を行なううえに、絶対必要な付随物であり、カヌーのすきまに詰め物をしたり、船体を塗ったり、進水させたりすることとか、畑に植えつけをしたり、魚にわなをかけることなどのような、生業に関係した物理的な操作とまさしく同じくらいに、仕事を成功させるうえで必要なことと信じられているのである。マリノフスキ博士は言っておられる。「呪術にたいする信仰こそ、トロブリアンド諸島における経済的努力の組織化と体系化を可能にする、だいじな、心理的な力の一つなのである」（三四八ページ参照）と。

呪術が、社会共同体の幸福、いな、その存在そのものにとっても、経済的にみて根本的な重要さをもつ一因子である、というのが本書が報告する貴重な内容である。これを読めば、呪術が、宗教とは対立的に、反社会的で、悪意のために用いられ、つねに個人の利己的な目的をとげやすくしたり、敵を傷つけたりするなど、社会共通の幸福をまったく無視して使われるものだというまちがった考え方が、はっきりとうちやぶられるだろう。

たしかに、呪術をそのように用いることは可能だし、おそらく世界じゅうどこでも、事実そのような用い方をしてきたのだろう。トロブリアンド諸島自体でも、そのように、邪悪な目的で呪術を使う妖術師がいると信じられる。そして島民たちは、そのようなことを心から恐れ、四六時中といっていいほど心配している。

だが、本質的にいって、呪術とは、人の善意に仕えるものでもなければ、また悪意に仕えるものでもない。それは、ただたんに、自然の諸力を制御するための想像上の力である。そして、この制御が、呪術師によって操《あやつ》られるとき、良いことのためにも悪いことのためにも、また、個人と社会の利益のためにも害悪のためにも用いられうるのである。

呪術は、科学とは腹ちがいの関係にあるわけだが、右の点では、科学とまったく同じ立場におかれている。科学もまた、それ自体は善でも悪でもなく、ただその用い方によって、結果としてそのいずれかが起こりうるというにすぎない。たとえば、薬品の特性に関する知識が、人間を治療するとともに、しばしば人間を殺すために使われるからといって、薬剤学を反社会的だときめつけることは、ばかげているだろう。同様に、呪術が良いことのために用いられることを無視して、その悪しき用途だけを取りだし、それを呪術固有の特性だとして定義づけることは、おろかしい話である。

自然の作用にたいして、科学は現実的な制御を、呪術は想像上の制御を及ぼそうとするものだが、その自然の作用なるものは、それを動かそうとして知識を傾ける個人の道徳的性向、善悪の意図などからは、影響を受けない。人体に及ぼす薬品の作用は、医師に調合されたばあいであろうと、毒殺者によって調合されたばあいであろうと、まったく変わりはない。

「自然」と、その侍女である「科学」は、道徳にたいして、友好的でもなければ敵対的でもない。この二つは、道徳にたいして、要するに無関心なのであり、適切な命令さえ与えられれば、聖人の言うことでも、罪人《つみびと》の言うことでも、同じようによく聞くのである。大砲の弾《た》丸《ま》込めと照準がちゃんとできてさえいれば、砲台の砲火が破壊の威力を発揮することは、砲手が祖国を防衛して戦う愛国者であろうと、不当な侵略戦争を行なう攻撃者であろうと、変わりはない。

この薬品と大砲の例をみれば、科学・技術を、その用途とか使用者の道徳的意図にしたがって類別することの誤りは、だれの目にもあきらかである。多くの人たちにとっては、これほどにははっきり感じられないかもしれないが、呪術に関しても、まったくそのとおりのことがいえるのである。

トロブリアンド島人の生活とものの考え方に、呪術がこのうえなく大きい影響を与えている事実は、おそらくマリノフスキ博士の著書を読む人の心に、もっとも強く消しがたい印象を与える要点だと思う。

博士のことばを借りれば、「呪術、すなわち専門的な知識によって、自然の諸力をじかに支配しようとする人間の試みは、トロブリアンド諸島全体にみなぎりわたり、きわめて重要なるものである」。そしてそれは、「数多い生産活動と社会生活の諸活動すべてのなかに織りこまれて」いる。また、「これまでに集めたすべての資料は、クラにおける呪術の非常な重要性をあきらかにしている。しかし、住民たちの部族生活の他のどの面をとりあげてみても、根本的な重要性をもつ問題に取り組むときには、彼らはかならず、呪術に助けを借りているのである。彼らの考えにしたがえば、呪術が人間の運命を統率する、といっても誇張ではないだろうし、呪術は人に自然力を支配する力を与えるものであり、四方から人間に襲いかかってくる多くの危険にたいする武器と甲冑《かっちゅう》なのだ、といってもいいすぎではないだろう」（三四四ページ参照）

以上のように、トロブリアンド諸島の人々の考えによれば、呪術とは、善悪両方にたいして、至上の意味をもつ力である。それは、人間の生活を建設しもするし、そこないもしうる。それは、個人と社会共同体を維持し、保護するかと思えば、傷つけ滅ぼしもする。この、あまねく心の奥底に根ざした確信にくらべれば、死者の霊の存在にたいする信仰は、あの人々の生活にほとんどなんの影響も及ぼさないように思われる。未開人一般が、死者の魂にたいしてとる態度とは反対に、彼らはほとんどまったくといっていいほど、幽霊にたいする恐怖心をもちあわせていない。

事実、彼らは一年に一回、幽霊が村に帰って、偉大な年中行事の祭に参加すると信じてはいる。しかし、「一般に霊魂は、人間に良いことも悪いこともたいしてしない」、「宗教儀礼の本質である人間と霊との親密な協同とか、相互関係は、すこしもない」(一〇七、一〇八ページ参照)のである。

宗教、すくなくとも死者の崇拝にたいする呪術のこのきわだった優越は、トロブリアンド島人のような、未開社会の尺度からいってかなり高いところにいる民族の文化にあっては、きわめて注目すべき特徴である。この世界じゅうにみられる妄想《もうそう》(呪術のこと)の、過去・現在を通じて人間の心におおいかぶさる力の異常な強さと執拗《しつよう》さは、これをみてもあらためて認識されるだろう。

トロブリアンド島人における呪術と宗教の関係については、同諸島におけるマリノフスキ博士の調査の最終報告から、かならず多くのことが知られるだろう。博士が、一つの制度に専心してしんぼう強く行なった観察と、それを説明するために集めたこまかい資料の豊富さから推して、現在準備しておられるより広範な労作の規模と価値が察せられよう。それは、一未開民族に関していままでになされた、もっとも完全で科学的な報告の一つになろうことが期待されるのである。

一九二二年三月七日

ロンドン、ザ・テンプルにて
J・G・フレイザー(4)

注

＊〔　〕は原著注を、（　）は訳注を示す。

〔1〕『オーストラリア先住民における家族——社会学的研究』*The Family among the Australian Aborigines: A Sociological Study.* University of London Press. 1913.

〔2〕『マイルーの住民——英領ニュー・ギニアにおけるロバート・モンドの調査研究の予備報告』"The Natives of Mailu: Preliminary Results of the Robert Mond Research Work in British New Guinea." *Transactions of the Royal Society of South Australia.* vol. xxxix. 1915.

（1）（一七四八〜一八三二）。イギリスの法学者、哲学者。功利主義の主唱者である。最大多数の最大幸福を中心とする哲学・倫理説を唱えた。『道徳、立法原理入門』*An Introduction to the Principles of Morals and Legislation,* 1789 その他の著書がある。

（2）チャールズ・ディケンズの小説『困難な時代』*Hard Times* に出てくる功利的な商人の名前である。

（3）ハーバート・スペンサー（一八二〇〜一九〇三）。イギリスの哲学者。倫理学では、進化の立場からの功利主義を認めた。『社会学原理』*The Principles of Sociology,* 1876〜96 その他の著書がある。

（4）（一八五四〜一九四一）。イギリスの人類学者。『金枝篇』*The Golden Bough* の著者として有名である。世界じゅうから多くの民族誌的材料を集め、宗教、呪術などについて起源論的な研究を行なった。資料の集め方や、だいたんな仮定の上にたつ壮大なその歴史的再構成の方法は、こんにちのイギリスの社会人類学者からは批判を受けている。マリノフスキ自身も批判者の一人に数えられる。しかし、フレイザーがイギリスの民族学者、人類学者に与えた影響は非常に大きい。

序　論　この研究の主題・方法・範囲

1

南海の島々の沿岸地方の住民は、すでに絶滅した人々も含めて、ほとんど例外なしに、むかしもいまも熟練した航海者であり、交易者である。ある集団は、遠洋航海用の、すぐれた形式の大カヌーをつくりあげ、これに乗って交易のための遠征や、戦争、征服のための襲撃に出かけていったものだった。ニュー・ギニアの海岸や周辺の島々に住むパプア＝メラネシア[1]人も、この例外ではない。概して、彼らは勇気ある舟乗りであり、勤勉な職人であり、抜け目のない商人である。

土器、石器、カヌー、美しい籠《かご》、価値ある装身具など、重要な品物を製造する中心地は、住民の技能、むかしから受けつがれた部族的伝統、地区固有の特殊な便宜にしたがって、いくつかの地域に分散している。そのため、これらの品物は広い地域にわたって取引きされ、ときには何百マイルの旅が行なわれることになる。

たくさんの部族のあいだに、一定の交易ルートに沿ってはっきりとした交換形式が確立されている。部族間の交易でもっとも顕著な形は、ポート・モーズビー（ニュー・ギニア南東

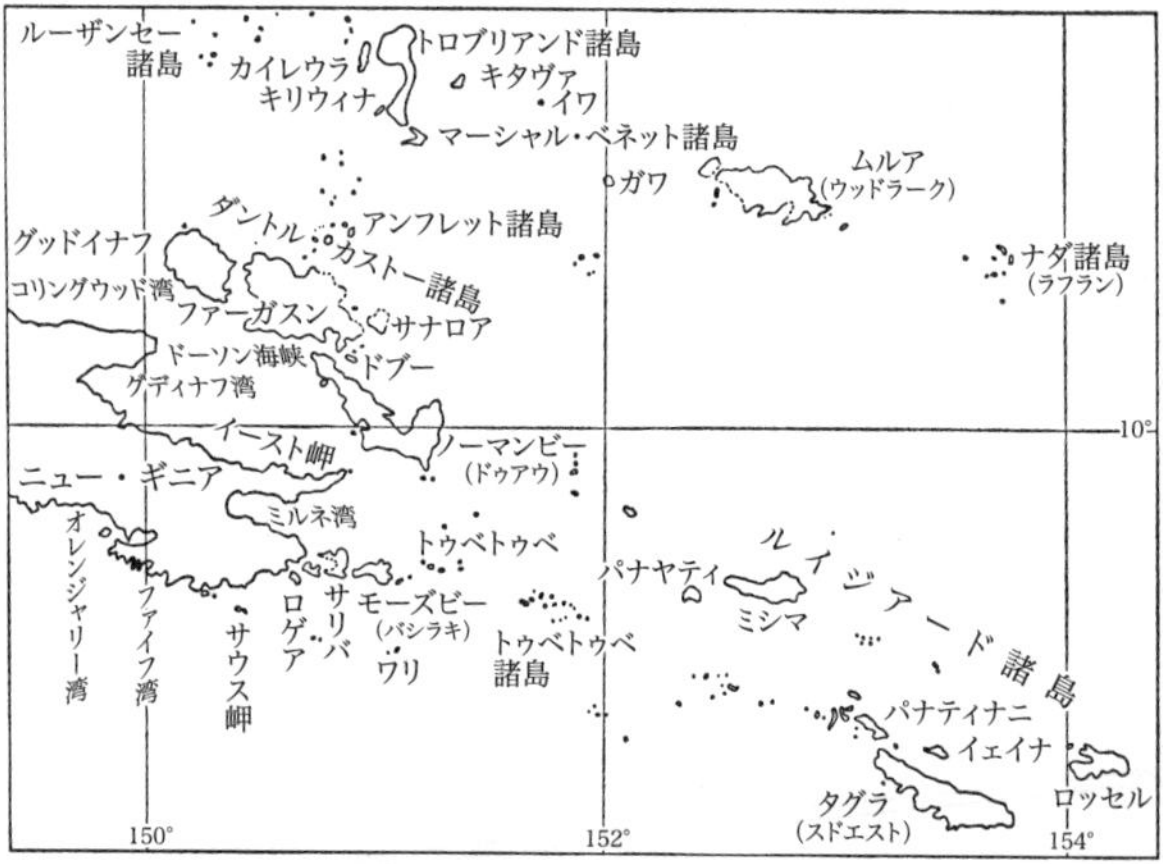

地図１　東部ニュー・ギニア全図

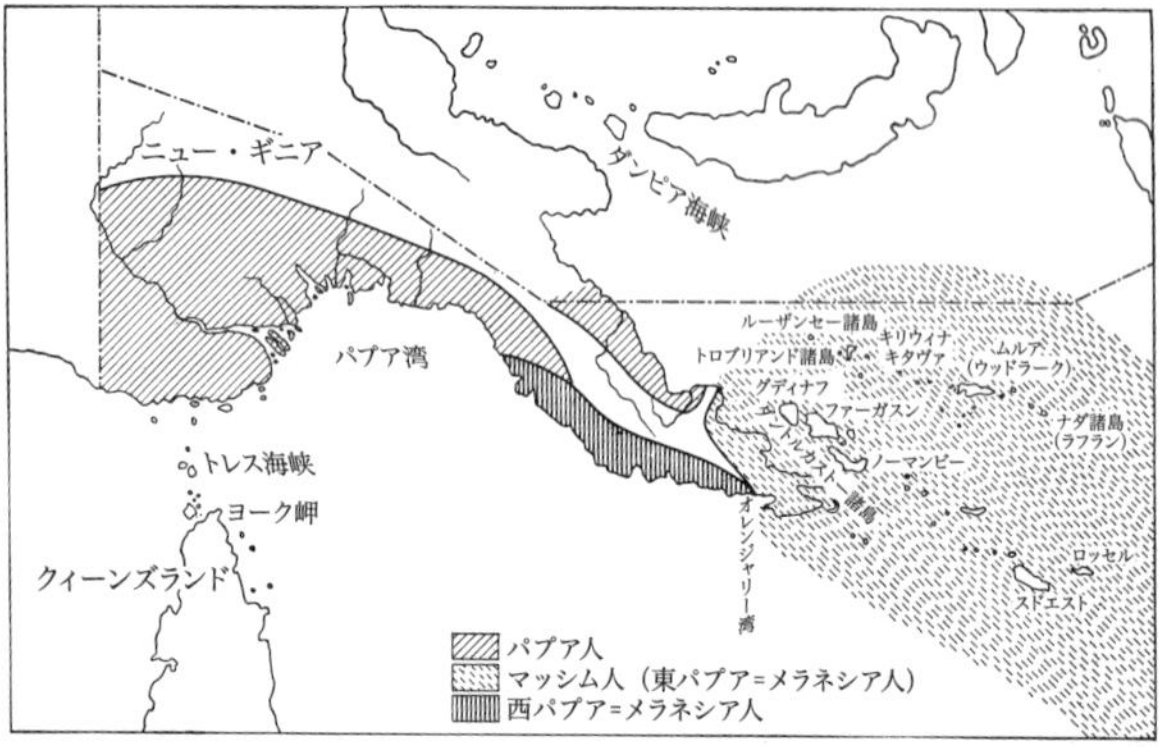

地図２　東部ニュー・ギニアのマッシム人およびパプア人，西パプア＝メラネシア人の居住区域

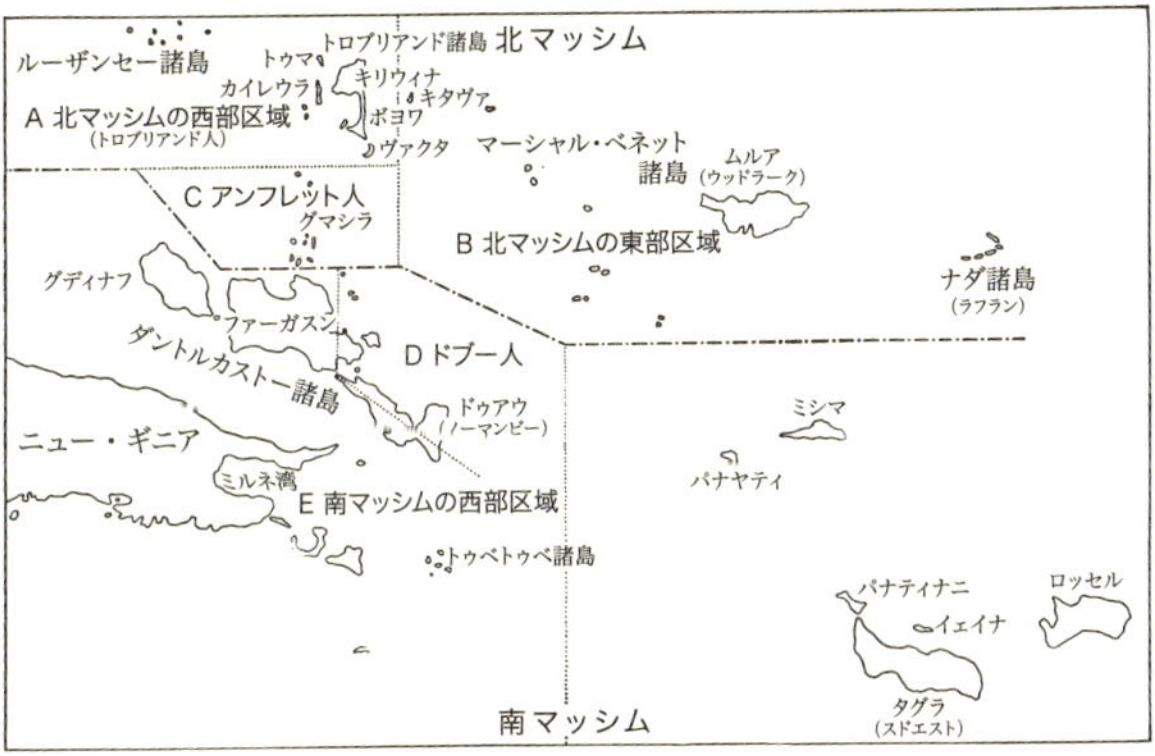

地図3　クラの行なわれる区域

地図3は，クラ地域，つまりパプア（ニュー・ギニア）本島の東端，およびその東および北東に横たわる島々を示している。この地域は，トロブリアンド諸島，マーシャル・ベネット諸島，ムルア（ウッドラーク）およびナダ（ラフラン）より成る北の部分と，マッシム地域の残りを含む南の部分に分けることができる。北は西（A）と東（B）に分けることができ，トロブリアンド諸島はAに含まれる。南部も二分され，そのうち西の地域はドブー（D）と南マッシム（E）に二分される。(A）と（D）の間にはアンフレット人の地域（C）がある。(B）はミシマ，タグラ（スドエスト)，ロッセル，パナヤティなどを含むが，その中でミシマ島民だけがクラに参加する。

これらの諸地域の間で結ばれるクラの関係は，第二章の地図5（122ページ）に示される。

部の港）のモトゥ人とパプア湾の諸部族とのあいだにみられる。モトゥ人は、カニの鋏の形の特徴ある帆のついた、ラカトイと呼ばれるかさばった重たいカヌーに乗って、何百マイルも航海する。彼らは土器や貝飾りをパプア湾岸に運び、むかしは石斧《せきふ》も運んだ。そこで、交換により、サゴヤシの実や重いくり舟を入手するのである。モトゥ人は、やがてこのくり舟からラカトイ・カヌーを作るようになった。[1]

ニュー・ギニア南海岸のさらに東には、マイルー人という働き者の海洋民がおり、毎年、遠征隊による交易を行なって、ニュー・ギニアの東端と中央海岸諸部族とのあいだの橋渡しをしている。また、ニュー・ギニア本島の東端のまわりに散らばる島々の住民たちは、おたがいに、たえず交易関係をもっている。セリグマン教授[2]の著書には、この問題、とくに、南部マッシム人の住む島々のあいだの近距離交易ルートのことが、みごとに描かれている。

しかし、これとはべつに、ニュー・ギニア東端に近い島々ばかりでなく、ルイジアード諸島、ウッドラーク島、トロブリアンド諸島、ダントルカストー・グループを含む島々の間に、ひどく細分化された、きわめて複雑な貿易体系がみられる。それはニュー・ギニア本島にはいりこみ、ロッセル島や、ニュー・ギニアの南北海岸のいくつかの部分に間接的影響を与えている。

この交易体系がクラであり、この本で述べる主題となるわけだが、これが大変な理論的重要性をもつ経済現象であることは、やがておわかりになるだろう。クラは、その圏内に住む住民たちの部族生活において、最大の意義をもつものである。その重要性は、部族の人々自身にもはっきりと認識され、彼らの観念・野心・欲望・虚栄心は、クラと強く結びついている。

2

クラの説明にはいるまえに、民族誌的材料を集めるのに使う方法を述べておいたほうがよいと思う。どんな学問分野であれ、学術的研究の結果は、絶対に公明、率直に発表されるべきである。物理学あるいは化学の実験的研究ならば、実験の仕方の詳細な説明、使用した器具、観察の方法やその回数、それに費やした時間、測定の近似度などについての正確な記載なしに、その結果が役にたとうなどとは夢にも考えられまい。物理学、化学ほど精密科学でない、生物学や地質学のような学問では、研究を同様の厳密さで行なうことはできない。しかし、どんな研究者でも、実験または観察が行なわれたあらゆる条件を、読者にわからせようとして最善をつくすだろう。

民族誌学では、そのようなデータの率直な説明が、おそらくもっと必要であるとさえ思われるのに、いままでは不幸にして、つねに十分なページをさいてその説明がなされたとはかぎらず、また多くの報告者は、事実の堆積《たいせき》のなかに分けいり、暗闇《くらやみ》のなかからそれらをつかみだしてみせるときに、方法論的に十分な誠実さをもって自分のやり方をあきらかにしようとしない。

評判も高く、科学的であると折紙をつけられた研究でありながら、大ざっぱにまとめただけの説明を呈示し、しかも著者が、どのような実地の経験からその結論に達したかがぜんぜん説明されていないような例を引くのはたやすい。観察を行ない、情報を集めたさいの状況を読者に知らせるための特別の一章はおろか、一節もないのである。

私の考えでは、そのような点を記載した民族学的資料だけが、まぎれもなく学問的価値をもつものであって、それがあってはじめて、直接の観察結果および現地住民による口述説明と、著者の常識や心理学的洞察《どうさつ》にもとづく推測とのあいだに明瞭《めいりょう》な一線を画することができるのである。[2]

本当のところ、あとにあげる表（五三ページ）に含まれているような調査が、これからは行なわれねばならず、そうしてこそはじめて、著者が記述している事実をどのていど個人的に知っているか、読者は一目ではっきりと知ることができるのであり、また、どのような状況下で現地住民からの資料が得られたかが理解される。

また、歴史科学においては、もし学者が資料の出所を神秘のヴェールに隠し、あたかも直感によって知っているかのように過去のことを語るならば、だれも本気で相手にしないことは十分わかりきっているだろう。

民族誌学では、著者はみずから記録者であると同時に、歴史家でもある。そして一方、彼にとっての資料は、たしかに簡単に手を触れられるような近さにありながら、同時にひどくとらえがたく、複雑なものである。つまり、それは固定した具体的な文書の形で存在するのではなく、生きた人間の行動と記憶のなかに含まれているのである。

民族誌学では、情報という生《なま》の材料と――これは研究者自身の観察、住民たちの陳述、部族生活の種々相から得られる――研究成果の正式の最終発表とのあいだには、しばしばはなはだしい距離がある。民族誌学者は、対象住民の土地の浜辺に足をふみいれて、そこに住む人々と接触しようと努力をはじめた瞬間から、結果をまとめて文章に綴《つづ》りおわるときまで、何年間も骨折って、この距離を歩まねばならないのである。私自身が経験した民族学者の苦難をざっと書くだけで、どのような長い抽象的議論よりも、その問題に多くの照明をあてることができるかもしれない。

3

あなたが突然、住民たちの集落に近い熱帯の浜辺に置き去りにされ、荷物のなかにただ一人立っているとご想像願いたい。あなたを乗せてきたランチか小舟はすでに去って影も見えない。隣人となる白人の商人か宣教師のなかに住居を定めてからあとは、すぐに民族誌学的調査をはじめる以外、何もすることはない。さらに、あなたが経験のない初心者で、手引きとなるものもなく、助ける人もいないとご承知いただきたい。

白人はたまたま留守であるか、さもなければあなたのために時間を浪費することができないか、そんな気持はもっていないとしよう。ニュー・ギニアの南海岸で、生まれて初めての野外調査にとりかかったときの私の状態は、まさにこのとおりであった。初めの何週間か、村々をたずねまわった長い期間のことを、いまでもよく覚えている。住民たちとほんとうに接触し、材料を手に入れようとなんども執拗《しつよう》に努力してみたがむだだったときの絶望感、情けなさを思い出す。それは落胆の時期であった。熱帯の退屈と憂鬱《ゆううつ》のなかで、人が酒におぼれるように、私は小説を読みふけった。

それから、白人の案内者といっしょに、または一人で、集落のなかにはじめてはいったとご想像願いたい。何人かの村人たちが、あなたをとりまく。とくに、たばこのにおいを嗅《か》ぎつけたときには。しかしえらぶった人や年配の者たちは、すわったきりである。あなたの連れの白人は、住民たちを扱うのに型にはまったやり方を身につけている。彼は、あなたが民族誌学者として現地の住民に接触するときにとるべき方法を理解しないし、たいしてそんなことに関心をもちもしない。

この第一回訪問で、あなたは、もし一人でここにもう一度くれば、万事うまくいくだろうという希望的な感情をもつことになるだろう。すくなくとも、私はそのように希望した。

私はやがてその地を再訪し、私の回りにはじきに見物人たちが集まった。両方で、ピジン・イングリッシュ(3)で簡単な挨拶《あいさつ》をし、たばこをいくらかやってみると、相互の友好的空気が生まれてきた。それから、私は仕事にかかろうとした。まず、疑いを起こさせないような問題からはじめようと、技術から「かたづける」ことにした。あれやこれや、いろいろな品物を作っている人々がすこしいた。その作業を見て、道具の名前を知るのはやさしく、作り方の技術的表現を聞きとるのさえ、むずかしいことではなかった。しかし、それから先がむずかしかった。

はっきり言っておきたいが、ピジン・イングリッシュは、観念を表現するにはきわめて不完全な道具だということを心得ておかねばならない。質問を考えだし、答えを理解するようにきたえられるまでは、こんなことばで住民と自由な意志の疎通をはかることはけっしてできないのではないか、という不安な感情をいだくものである。初めのうちは、私も、彼らと詳細ではっきりとした会話をかわすことが、まったく不可能だった。

この状態を救う最良の道は、具体的なデータを集めることだ、ということがよくわかっていたので、私は村の人口調査をやり、系図を書きとめ、地図を描き、親族名称(4)を集めた。しかし、これらの事項を住民たちがどのように解釈するかもはっきりわからなかったし、部族生活の呼吸とでもいうべきものをつかみだすこともできなかったから、私の集めた材料は、彼らの心的状態とか行動について何も教えてくれず、結局、死んだ材料にとどまった。宗教、呪術《じゅじゅつ》に関する彼らの観念や、妖術《ようじゅつ》、霊魂にたいする信仰について知ることに関しては、ピジン・イングリッシュでむりやりに表現されたため混乱してしまった限られた皮相的な伝承の事項以外は、何も出てこなかった。

その地区に住む白人の居留者たちから得た情報は、それ自体価値はあるだろうが、私の研究に関していえば、まことにがっかりするような性質のものだった。何人かの人々は、何年もここに住み、たえず住民たちを観察して、彼らと交渉するチャンスをいつももっていたにもかかわらず、彼らは住民たちについては何一つ、ほんとうによくは知らなかった。だから、私が数ヵ月か一年で彼らの知識に追いつき、追いこす望みがどうしてもてようか、という気分にもなった。

そのうえ、私に現地住民の話をし、意見を述べる白人たちは、もちろん考えていることをなんとか首尾一貫して正確に語ることに慣れていない、知的訓練のない人たちであった。

当然すぎることであるが、彼らの大部分は、行政官であれ、宣教師であれ、商人であれ、普通の実際家につきものの、予断と偏見に満ちていた。当然とはいいながら、このことは、物事の客観的、科学的な見方を求める精神にとって、ひどく不快なものだった。民族誌学者にとって重大なことがらを自己満足の軽率さで扱う習慣、民族誌学者には学術的な宝物である、住民たちの文化的、心理的特徴や個性を低く評価する傾向——程度の低いアマチュアの書いたものによくあるこれらの特徴を、私は大多数の白人居留民のことばのなかに見いだしたのである。

実際、南海岸で私がはじめて民族誌学的調査を試みたとき、仕事が軌道に乗りはじめたのは、その地区でただ一人になってからだった。そしてとにかく、有効な野外調査をする秘訣《ひけつ》はどこにあるかが私にはわかった。それでは、民族誌学者が住民たちの本当の心、部族生活の本当の姿を引きだすことのできる魔術とはなんであろうか。あたりまえのことだが、成功は、たくさんの常識的法則と、よくわかっている学問の原理を、組織的に忍耐強く応用することによってのみ得られ、努力もせず苦しみもなしに、望む結果に到達できる奇跡的な近道を発見して成功を得ようとしても、それは不可能である。

方法の原理は、三つのおもな項目に分けることができる。もちろん第一に、研究者は真の学問的な目的をもち、近代民族誌学の価値と規準を知らなければならない。第二に、仕事のためにふさわしい環境に身をおくべきである。つまり、原則として白人といっしょに住まず、現地住民のどまんなかで暮らすことである。最後に、証拠を集め、操作し、決定するたくさんの専門的方法を用いなければならない。

野外調査の土台となるこれら三つの原理について、すこしく述べる必要があるが、まず、もっとも基本的なものとみなして、第二の原理からはじめよう。

4

民族誌的調査にふさわしい生活環境——すでに述べたように、これは主として白人の世界から自分を切りはなし、可能なかぎり現地住民と接触することにあり、彼らの集落のまっただなかにキャンプを張ってはじめて達成される。白人の敷地内に食料や備品をもち、病気のときや、住民たちに飽きがきたときの逃げ場所があることがわかっているのは、非常によいことである。しかしそれは、居住したり、きまった時間に、そこからただ「村見物をする」ために出かけてくる恒久的な環境とならないくらいに、十分離れていなければならない。気晴らしのために、いつでも飛んでいけるほど近くてはならない。

住民たちは、白人にとって、本来の仲間ではない。どういうように畑仕事をするかを調べ、民間伝承について知りたいと思ういろいろな項目を話してもらい、彼らの習慣について議論をするなどして、数時間も住民たちのところで仕事をしたあと、じぶんと同じ種類の人といっしょになりたいとせつに思うのは、当然のことである。しかし、白人からはるかに離れて、一人で村にいるならば、一時間かそこらの孤独な散歩にでかけ、キャンプにもどってくれば、当然、住民たちのところに出かけて行きたいと思うだろう。このときは、どんな仲間でもいいからほしくなる孤独感から、解放されたいと思ってそうするのである。このような自然な交際によって、現地住民を知るようになる。金をもらって情報を提供する、熱意のない住民たちから聞くよりも、彼らの習慣や信仰について知るには、このほうがはるかにましである。

住民たちのいるところへときたま顔を出すのと、彼らとほんとうにつきあうこととは、まったくちがう。本当のつきあいとは何を意味するか。民族誌学者の立場からいうと、それはこういうことである。村での生活は、初めのうちはものめずらしく、ときには不愉快なこともあり、また、ときにはひどくおもしろいこともある、一種の異常体験なのだが、それが、しばらくするうちに、環境との違和感のない、まったく自然な毎日になっていく、ということである。

オマラカナ（トロブリアンド諸島キリウィナ地区の一集落。七二ページ地図4参照）に居を定めてじきに、私は村の生活に、ある意味で「参加」するようになった。祭のような重要な出来事を待ち望み、うわさ話や村の小さな出来事に個人的な興味をいだきはじめ、毎日、目ざめれば、朝は私にとって、住民たちが感ずるのとほぼ同様な一日のはじまりとなった。私は蚊帳《かや》から這《は》いだして、私の回りに村の生活が動きはじめるのを見いだした。

時間や季節によって、一日の仕事はすでにかなり進行していることもあった。仕事の忙しさに応じて、起床し仕事にかかる時間が、早かったり遅《おそ》かったりする。村のなかに朝の散歩をしに出かけると、家族生活、化粧、料理、食事などの見なれた光景を眺《なが》めることができた。また、人々が用事に出かけたり、男や女の群れがなにか品物を作るのに忙しげにしているのを見て、一日の仕事の段どりを知るのであった〔写真1〕。喧嘩《けんか》、冗談、家族生活の光景、そして、劇的なこともあるが、普通はきまりきった、しかし、かならずなにか意味のある出来事などが住民たちの――そして同様に私の――日常生活の雰囲気《ふんいき》をかもしだした。

住民たちは、私を毎日朝から晩まで見ているうちに、私の存在に興味をもったり、こわがったり、意識したりしなくなったこと、未開社会によそ者がはじめてやってきたときにいつも起こることだが、近づくことによって、研究対象としての部族の生活に変化を与えたり、これを乱したりする分子ではなくなったことは、特記しておく必要がある。実際、住民たちは、私がなんでも、行儀のよい住民たちならそんなことをしようとは夢にも考えないことにまで、鼻をつっこむことを知るにつれて、しまいには私を彼らの生活の一部であり、たばこをくれるのでなんとかがまんのできる一つの必要悪、いいかえれば、一人のうるさいやつとみなすようになった。

1　トロブリアンド諸島キリウィナ地区の一集落の通り

2　ヨウラウォトゥ集落の風景（トロブリアンド諸島）

のちには、昼のあいだに起こったことなら、なんでも掌《てのひら》のなかのようにわかり、私の注意をのがれることはできないようになった。夕暮れに妖術師が近づいてくるという前ぶれ、村のなかでの一、二の重大な大喧嘩や不和、病気、治療の試みと死、呪術儀礼、こういうすべてのものを見落とさずに追求しなければならないのだが、さいわいそれは、いわば目のまえで起こっているのであった〔写真2〕。

また、なにか劇的な、重要なことが起これば、まさにそれが起こった瞬間に調査することがたいせつである。というのは、住民たちは強い関心をいだいて、黙っていることができないほど興奮し、ぼんやりしていることができないほど強い興味をもつので、詳細に話さずにはいられないからである。

また、なんどもなんども、私は彼らのエチケットに違反したが、私と親しい住民が、すぐにそれを指摘してくれた。こうして、私はいかに行動すべきかをいやでも知るようになったし、行儀作法のよしあしにたいする住民たちの「感覚」を、あるていど身につけるようになった。そのおかげで、また彼らとの交際を楽しみ、ゲームや娯楽に参加することができたおかげで、私は現地の住民とほんとうに接触していると感じはじめた。これが、野外調査に成功するための予備的条件であることはいうまでもない。

5

しかし、民族学者は、網を正しい場所に張って、そこにかかる獲物《えもの》を待つだけではいけない。彼は活動的な狩人《かりうど》として、獲物を網に追いこんだり、もっとも近づきがたい巣まで追跡しなくてはならない。そうすることによって、民族誌的な証拠を追求する、より積極性に富んだ方法へと道が開かれるのである。

3節の終わりで、民族誌学者は、科学的研究の最近の結果に関する知識、その原理、目的などから刺激を得なければならないことを指摘した。この主題をここで展開するつもりはないが、誤解を避けるために、一つだけ注意しておきたい。理論的訓練を十分につみ、最新の結果に通ずることとは、「先入観」をしょいこむことを意味しない。もし、ある仮説を検証しようと決意して探検に出かけ、別の証拠に直面しても、自己流の考えを投げ捨てることを惜しんだり、たえず意見を修正することができないならば、彼の調査が無価値なものになることはいうまでもない。また、調査地に多くの問題をもっていけばいくほど、また、事実から理論を組みたてるとともに、事実を理論との関係において検討する習慣をもっていればいるほど、彼は野外調査に適しているのである。いかなる学問的研究でも先入観は有害となるが、過去において検討を経た問題は、科学的にものを考える人の基本的財産であって、これらの問題は、理論的研究を行なうことによってはじめて観察者にあきらかとなるのである。

民族学の初期において、バスティアン[5]、タイラー[6]、モーガン[7]、ドイツ民族心理学派[8]などの努力によって、それまでの旅行家や宣教師たちの粗雑な報告の再構成がなされ、概念を深化して適用し、粗雑な誤った概念を振り捨てることが重要だということが示された[3]。どちらも無意味なことばである「呪物崇拝《フエテイシズム》[9]」と「悪魔崇拝」という概念は、汎霊観《アニミズム》[10]の概念にとって代わられた。親族名称における類別的体系が理解されたことから、ケンブリッジ学派の野外調査における、現地住民社会についてのめざましい研究に道がひらけた。ドイツの思想家たちの心理学的分析によって、アフリカ、南アメリカ、太平洋地域で、近年、ドイツ調査隊が集めた結果から、きわめて価値の高い知識が実ることになった。

一方、フレイザー、デュルケーム[11]らの理論的労作は、野外調査をする人々に過去・未来を通じて刺激を与え、新たな結果にたどりつかせることになるだろう。野外調査者は、理論からくるインスピレーションに完全に依存する。もちろん、彼自身が理論的思想家、研究者であってもよいし、そのことによって刺激を引きだすこともありうる。しかし、これら二つの機能は別物であり、実際の研究では、仕事の状況も時間も区別されなければならない。

いままで素人の好奇心だけで調査されていた領域に、学問的関心が向けられ、研究がはじめられたときにいつもあることだが、民族学も、それまで怪奇で混沌としているように思われていたもののなかに、法則と秩序を見いだした。民族学は、「野蛮人」の、説明不可能な、野性の、感情的な世界を、規則に支配され、一貫した原理にしたがって思考し、行動する、秩序あるたくさんの社会に変えた。「野蛮人」ということばは、もともとはどんなことを連想させたか知らないが、いまでは際限のない自由、不規則性、極端に奇妙ななにものかを意味している。

一般人の想像では、「野蛮人」は自然の懐《ふところ》にいだかれて、好きなように暮らし、とりとめのない幻想を信じこみ、不安にとらわれながら生活していると想像する。ところが現代の学問は、未開人の社会制度は、きわめてはっきりした組織をもち、公的、私的なことがらにおいて、権威、法、秩序に支配されており、そのうえ、親族組織、氏族制度の極度に複雑な規制を受けているということを教えるのである。

実際、彼らは、手のこんだ部族組織、共同体組織、親族組織に対応する、義務と機能と特権の網の目のなかに捕えられていることがわかる〔写真2〕。彼らの信仰にも行為にも、ある種の首尾一貫性がはっきりと存在し、骨の折れる事業や活動を導くのに十分なだけの、外的世界に関する知識をもっている。芸術作品にも、意味や美がちゃんとそなわっている。

ずっとまえに、ある有名な権威者が、現地住民の風俗・習慣についてたずねられたとき、「習慣は何もない、風俗は獣のごとくだ」と答えたという有名な話があるが、これなど、現代の民族誌学者の立場とはまるきり異なっている。民族誌学者は、親族名称の一覧表、系図、地図、図表によって、広範にわたった組織のあることを証明し、部族・氏族・家族の構造を示し、厳密な規準にのっとって行動し、礼儀を守る住民たちの姿——これにくらべれば、ヴェルサイユ宮殿（ルイ十四世によって建てられたパリ郊外の宮殿）やエスコリアルの宮殿（フェリペ二世によって建てられたマドリッド近郊の宮殿教会）での生活などは自由で

安易なものだった——をわれわれに伝えるのである。〔4〕

したがって、民族誌学の野外調査の第一の根本的な理想は、社会構造の明瞭《めいりょう》で確実な輪郭を描き、すべての文化現象に関し、見当ちがいな解釈を排して、法則性と規則性を確立することである。それにはまず、部族生活のしっかりした骨組みを立証する必要がある。この理想をとげるためには、変わった煽情《せんじょう》的なもの、いわんやこっけいで奇妙なものをひろうのではなく、まず第一に、もろもろの現象を完全に調べあげることが必要である。住民を、人類の歪曲《わいきょく》された子どもっぽい戯画であるかのように描く説明を許容する時代はすでに去った。この絵はまちがっている。そして多くの誤謬《ごびゅう》がそうであったように、これも科学によって抹《まっ》殺《さっ》されたのである。

民族誌的調査をする人は、平凡で、単純で、日常的なものと、奇妙な普通でないものとのあいだに差別をもうけず、対象としての部族文化のあらゆる面にみられる現象を真剣に、冷静な態度で、そのすべてにわたって研究する必要がある。と同時に、部族文化の全領域を、そのあらゆる面にわたって調査しつくさなければならない。一つ一つの面にみられる一貫性や、法則、秩序は、それらを一つの統一的全体にまとめあげることに役だつ。

宗教だけを、あるいは技術、あるいは社会組織だけを研究しようとする民族誌学者は、調査のために人工的に切りとった領域を研究しているわけで、仕事をするうえに大変な制約を受けることになるだろう。

6

以上、きわめて一般的な規則を定めたので、こんどは方法について、もっとくわしく考察してみることにしよう。いま述べたことからすれば、野外調査を行なう民族誌学者は、部族生活のあらゆる規則的、恒常的なもの、永久的で不変なものを集め、住民の文化を解剖し、社会の構成を描く義務がある。

しかしこれらは、結晶し、固定されたものであっても、けっして定式化されていることはない。成文化された、ないしは、はっきりと表現された法令というものはなく、部族の習慣全体、社会の構造全体は、あらゆる資料のなかでもっともわかりにくいもの、すなわち人間のなかに具現されている。しかし、人間の心や記憶のなかでさえ、これらの法が決定的に定式化されているわけではない。住民たちは、部族の法の命令や力に服するけれども、それを理解していない。彼らは本能や衝動にしたがうけれども、単純な心理学の法則を一つも説明できないのと、これはちょうど同じである。

住民たちの諸制度にみられる規則性は、伝統の心理的力と、環境の物質的条件の相互作用から自動的に生まれた結果なのである。国家にせよ教会にせよ軍隊にせよ、現代の制度のひとつのメンバーは、制度のうちにあり、制度に属しながら、それにもとづく全体の統合的活動に関する広い視野をもっていないし、いわんや、その組織の説明をすることができないのとちょうど同じことで、住民たちにたいして、抽象的な社会学的な用語で質問を試みても無益だろう。

両者の差は、われわれの社会では、すべての制度のなかに知恵のある成員がおり、歴史家がおり、記録や文書があるのに、現地住民の社会にはこのようなものは一つもないという点にある。このことを理解したならば、次に、この困難に打ちかつ手段を見いだす必要が生ずる。民族誌学者にとって、この手段とは、証拠となる具体的なデータを集め、独自に一般的推測をすることにある。

一見してわかりきったことのようにみえるかもしれないが、民族誌学では、野外調査を学者がはじめるまで、このことが理解されなかったし、すくなくとも実行されたことがなかった。そのうえ、実際的な効果をあげようとしても、この方法を具体的にして適用し、組織的に実施するのは、容易なことではない。

現地住民に、抽象的な一般的規則について質問することはできないが、ある事件がどのように扱われるかをたずねることはできる。たとえば、彼らが犯罪をどのように扱い、罪人をどう処罰するのかを聞きたいとき、「罪人をあなたはどう扱い、どう罰するのか」というような性急な質問をしてもむだだろう。というのは、彼らの言語やピジン・イングリッシュには、そのようなことを表現できることばすらないからである。しかし、想像上の事件ならば、または実際に起こったことならなおよいわけだが、住民は反応して、その意見を述べるし、豊富な情報を提供してくれるだろう。

実際、実例を示すと、住民たちは調子にのって議論をはじめ、怒った表情をし、どちらの味方であるかをはっきりさせるだろう。このおしゃべりは、みなおそらく、はっきりした見解、道徳的批判を豊富に含んでいるであろうし、犯された犯罪によって動きはじめる社会の機構をあきらかにするだろう。そこから彼らを誘導して類似の事件をしゃべらせ、他の実例を思い出させ、それらのあらゆる様相、意味などを議論させるのはたやすいだろう。この材料は、できるだけ広く事実を網羅《もうら》すべきだが、これから簡単な帰納法によって、推定を行なうことができる。

科学的な扱い方が常識的なやり方とちがうのは、まず、研究者は調査を完全に詳細になしとげ、ペダンティックといってよいほど組織的、方法論的なやり方をする点であり、次には、科学的訓練を経た頭脳は、妥当な線にそい、真の重要性をもつ目標に向かって進むことだろう。実際、科学的訓練の目的は、実地に調査する研究者に知能の海図をもたせることであり、彼はこれにしたがって進路をとり、行動することができる。

われわれの例にもどれば、たくさんの特定の事件を議論させることによって、民族誌学者は、罰則のための社会機構をはっきりと知ることができるだろう。これは部族の権力の一面であり、一部を表わす。さらに、これに類した推測法によって、民族誌学者は特定のデータから、戦争、経済的企業、部族の祝祭における指揮者の問題を理解するようになる。こうして、部族の政治と社会的権力に関する疑問に答えるのに必要なデータを、すべて手に入れることができる。実際の野外調査では、このようなデータを比較し、それらをつきあわせると、情報のあいだに差異があることがあきらかとなるので、さらに調査を進めることになる。

私自身の経験からいえば、一つの問題が解決し、なにもかもはっきりしたように思われたので、自分の得た結果を、簡単に予備的に書きはじめたこともたびたびあった。するとそのときになって、大変な欠陥が見つかり、どこに新たな問題があるかがはっきりして、もういっぺん調査にとりかかるのだった。事実、私の最初の調査から二度目の調査までに、数ヵ月、そのあとの調査までには一年以上もかかった。この間、私は材料をくまなく調べ、調査のたびにそのいくつかの項目を発表できるばかりに整理したのだが、そのたびに、また書きなおさねばならないことがわかった。論文を構成する仕事と実地の観察とを、このように交互に練りあげていくことこそ、もっとも価値があるのであって、そうしないで研究を進めることは、私には不可能に思われた。

私がこのように自分の話をするのは、いままでに述べたことが、空虚な調査心得ではなくて、個人的経験にもとづくものだということをあきらかにするためにすぎない。この本では、非常に多くの副次的活動をともない、さまざまな様相を示す、一つの大きな制度が記述される。この問題をよく考えてみれば、それほど多方面に分岐した複雑な現象については、それをまとめる試みと、経験的に検証する努力を交互にたえずくりかえさなければ、確かな知識を得ることができないのはあきらかだろう。事実、私は、調査地にいるあいだと、調査と調査とのあいだの時期に、すくなくとも六回は、クラ制度の概観を書きあげた。しかし、そのたびに、新たな問題と困難がでてくるのであった。

いろいろな事実の具体的なデータを広範囲にわたって集めることが、野外調査法の一つのだいじな点である。ほんのわずかの例をあげることではなく、手のとどく範囲にある可能なかぎりたくさんの事例を調べあげるのが義務であり、事例を探究することにかけては、もっとも明確な知能の海図をもった調査者がもっともよい成績を修めるだろう。しかし、調査の資料が許すかぎり、この知能の海図は現実の海図とならなければならない。すなわち、知能の海図は、事例の図表、地図や徹底的な一覧表としての形で具体化されねばならない。

現地住民たちに関する、とにかく良書といえるほどのものならば、親族名称に関する完全なリストか表のつけられていることを、ずっと以前からわれわれは期待するようになっている。そこでは、二、三の不思議な変則的な関係や表現だけをひろうのでなく、関連したあらゆるデータを含んでいなくてはならない。親族の調査では、具体的な事例を調べて、一つ一つ関係を洗っていけば、自然に系図ができあがる。

この方法は、ムンチンガーや、さらに私の記憶が正しければ、クバリーのような、ずっとむかしの著者たちがすでに実行していたのだが、これを発展させたのはリヴァーズ博士[12]の労作においてであった。また、経済価値のある物資の動きを追跡し、その循環の性格を推定するために、経済的取引きに関する具体的なデータを研究するとき、徹底性、完全性をむねとするならば、セリグマン教授の書物にみるような、取引きの表を作らねばならないだろう。

私が、クラの詳細にわたる、わかりにくい規則をいくらかでも解明できたのは、このようなセリグマン教授の例にならったからであった。資料を、図あるいは一覧表に圧縮する方法は、もし可能ならば、実際上、住民たちの生活のあらゆる面にたいして、広く行なわれるべきである。経済的取引きも、実際の事例をその関係を追ってあとづけ、表にしていけば、いろいろな型があきらかになり、その研究が可能になるだろう。さらに、任意の社会のあらゆる贈答品の表と、各品目の社会学的、儀式的、経済学的定義を含む表を描く必要がある。

さらにまた、呪術《じゆじゆつ》の体系、これと関連した一連の儀式、いくつかのタイプの法的行為は、すべて図式化しうるだろうし、各項目は、たくさんの標題のもとに概略的に定義することも可能である。もちろんこのほかにも、各共同体のくわしい系図、耕地の所有関係や、狩猟、漁撈《ぎよろう》の特権を示すくわしい地図や図表などがあれば、民族誌学的調査の基本的な資料としていっそう役だつのである。

系図とは、多数の関連した親族関係をわかりやすくまとめあげたものにほかならない。系図ができれば、調査者が抽象的に定式化した問題を、住民たちに具体的に質問することができるようになるから、調査にとって役だつ武器となる。資料としては、多数の信頼性の高いデータを、適当に分類して示せるという価値をもつ。呪術の一覧表も同様の働きをする。たとえば、呪力の性質に関する観念を確かめるために、私はその表を調査の道具として使った。そのような図表を作って持っていたので、苦労せずに項目を一つ一つ適当に調べて、関連した行事や信仰を書きとめることができた。抽象的な問題にたいする解答は、すべての事例から一般的推定を行なうことによって得られた。そのやり方は第十一章に示されてい

この問題にこれ以上深入りするためには、系図のような具体的な直接のデータをしるす図式と、呪術組織のような習慣、信仰の概略をしるす図式とを区別することが必要と思われるから、ここでは立ち入らない。

さて、2節で論じた方法論上の率直さの問題にもどる。ここで指摘しておきたいのは、データを具体的、図式的に示すことは、まず民族誌学者自身が信任状を得るために用いねばならないものだ、ということである。すなわち、民族誌学者が信用を得たいと思えば、彼自身の直接の観察がどれで、彼の説明の根拠となった間接的な情報がどれかを、簡単明瞭《めいりよう》に図式で示すべきである。

次ページの表は、この手続きの一例として役にたつだろう。とくに調べてみたいと思う記述があれば、読者はその信用度に関して、概念を得ることができるだろう。この表を参考にし、また、いかにしてどのような状況で、どのていどの正確さで、私がある知識を得るに至ったかについて、本文中いたるところに指摘しておいた。それをみれば、本書に用いた資料に関して、なにもあいまいな点はなくなることと思う。

この方法の根本的な点を要約すれば、次のようになろう。各現象が具体的にどのように現われるかについて、可能なかぎり広範囲にわたって調べ、詳細な実例を徹底的に研究すべきである。もしできれば、その結果を一種の一覧表にし、研究の武器として使い、また民族誌資料として提出できるようにする。このような資料と実態に関する研究によって、ことばのもっとも広い意味における現地住民文化の骨組みの概観と、社会の体制とが描かれる。この

著者の調査によるクラの行事年表

第1回調査　1914年8月～1915年3月

1915年3月　ディコヤスの村〔ウッドラーク島にある〕で，供犠の儀式を若干見る。予備的な情報を得る

第2回調査　1915年5月～1916年5月

1915年6月　カビギドヤの訪問団（儀礼的訪問団）が，ヴァクタからキリウィナに着く。カヴァタリアでの停泊を目撃し，ヴァクタ島人にオマラカナで会い，ここで資料を集める

1915年7月　カウルクバの浜辺に，キタヴァ島からの数集団が着く。オマラカナで男たちを調査する。この時期のあいだに，多くの情報を集める

1915年9月　オマラカナの首長トウルワといっしょにキタヴァへ行こうとして果たさなかった

1915年10月～11月　キリウィナからキタヴァに向け三遠征隊が出発した，という知らせを受ける。そのたびにトウルワは，家にムワリ〈貝の腕輪〉を持ってくる

1915年11月～1916年3月　キリウィナからマーシャル・ベネット諸島に大遠洋船団の派遣の準備が行なわれる。一隻のカヌーを建造，他の一隻を修理，オマラカナでの帆作り，進水，カウルクバの浜辺にタサソリアを見る。同時に，これと関係のある主題に関して，情報を収集中である。カヌー作りの呪文とクラの呪文を入手する

第3回調査　1917年10月～1918年10月

1917年11月～12月　内陸クラがある。トゥクワウラで若干のデータを集める

1917年12月～1918年2月　キタヴァからの遠征団がワウェラに着く。ヨヨヴァに関する情報を集める。カイガウの呪文を調査する

1918年3月　サナロアにおける準備，アンフレット諸島における準備，ドブーの船団がアンフレット諸島に到着。ドブーからのウヴァラク遠征隊がボヨワに向かう

1918年4月　彼らの到着。シナケタにおける歓迎。クラ取引き，部族間の大集会。呪文を若干採集する

1918年5月　キタヴァからの遠征隊がヴァクタに現われる

1918年6月～7月　クラの習慣と呪術，とくに東部地区に関する情報をオマラカナで照合し，資料をさがす

1918年8月～9月　シナケタで呪文を手に入れる

方法は、具体的な証拠による統計的な資料作成の方法と呼ぶことができると思う。

7

この点に関して、学術的な現地調査の報告は、もっともすぐれたしろうとの著作よりも、はるかに程度が高いことは、つけ加えるまでもない。しかし、後者のほうがしばしばまさっている点が一つある。それは、現地住民の生活に親しく接触した記録であるため、かなり長いあいだ住民たちといろいろ密接な関係をもつことによってはじめて知ることのできる、生活面をいきいきと伝えているという点である。

学術的な業績、とくに「調査報告」といわれてきたもののなかには、部族社会の構成の、いわばみごとな骨組みが描かれてはいるが、血肉に欠けている。彼らの社会の骨組みについて、そこから多くを学ぶけれども、そのなかでは、人間生活の現実、日常の出来事の静かな流れ、祭や儀式、またはある珍しい事件をめぐって起こる興奮のざわめきを想像することも、膚《はだ》で感ずることもできない。

それは住民の生活の規則や規制を解明し、採集したデータや人々の陳述から、規則にたいする精密な定式化を行なっているのではあるが、まさにこの精密さそのものが、現実の生活とは無縁なものであり、実生活はいかなる規則にも厳密にしたがうものではないのである。そのような研究は、ある習慣が実際にどのように行なわれるのか、民族誌学者がそれほど正確に定式化している規則に、現地住民が実際にどのように服従し、行動するか、社会学的現象につきものの例外はどうなっているのか、ということなどを観察して補いをつけなければならない。

もし、すべての結論が、情報提供者たちからの聞きこみだけにもとづいているか、あるいは客観的な記録を読んでそれから演繹《えんえき》したものであれば、現実の行動を観察して得たデータで、結論を補うことはもちろん不可能である。長いこと現地住民の近くで生活したアマチュアたち――教養のある貿易商、農場主、医者、役人、そして最後になったが無視することのできない、民族誌学にきわめて多くの恩恵を与えた若干の、賢明で偏見のない宣教師たちなど――のある種の労作が、柔軟でいきいきとした叙述という点で、あらかたの純粋に学問的な説明よりまさっているのは、まさに右の理由によるのである。

しかし、もしも専門の調査者が彼らと同じような生活条件を得たならば、いかなる白人居留者とも比較にならないほど、住民たちと本当の接触をすることができる。というのは、居留者たちはほんの短期間を除いて、現地集落のどまんなかで暮らすことはないし、だれも自分自身の仕事をもっていて、それに大変な時間をとられるからである。そのうえ、もしも貿易商や宣教師や役人のように、住民たちと実際的な関係にはいったとしても、彼らを利用し、あるいは変化させ、影響を与える義務があるならば、中正不偏な観察をすることは不可能で、完全に中正な立場をとることを許されない。すくなくとも、宣教師と役人のばあいにはそうであろう。

村に住んで人々の生活の観察に専念すれば、習慣、儀式、取引きにくりかえしふれ、信仰が生活のなかで現実にどのような役割を果たすかという実例に接して、抽象的な社会構造という骨格に、住民たちの生活の血肉を与えることができるようになる。

以上述べたような環境のもとで仕事をすれば、民族誌学者は、部族社会の構成の単なる輪郭に、本質的なものを加味し、行動、背景、小さな出来事を詳細にわたってつけ加えることができる。一つ一つの事例について、ある行為は公的なものか私的なものかを指摘し、公的な集まりはどのように運営され、どんな外観を呈するかを述べることができる。ある出来事が通常のものか、あるいは人を興奮させる異常なものであるか、住民たちがそれを真剣なまじめな気持でやるのか、それともおもしろ半分にやるのか、また彼らがおざなりにやっているか、それとも興味をもち、考えてやっているのか、を判断することができる。

いいかえれば、資料を調べたり計算したりするのでは記録できない、一連の重要な現象があり、これらはその実態を観察してはじめて理解できるのである。これらの現象を、実生活の不可量的部分と呼ぼう。平日のありふれた出来事、身じたく、料理や食事の方法、村の焚《たき》火《び》の回りでの社交生活や会話の調子、人々のあいだの強い敵意や友情、共感や嫌悪《けんお》、個人的な虚栄と野心とが個人の行動にどのように現われ、彼の周囲の人々にどのような気持の反応を与えるかという、微妙な、しかし、とりちがえようのない現象——などのこまごましたことが、これに属する。

これらの事実はすべて、科学的に定式化し記録することができ、またそうすべきであるが、それには、訓練のできていない観察者が普通するような、細部をうわっつらだけみて記載するのではなく、そのなかに現われる心的態度を見通す努力をしなくてはならない。学問的な訓練をつんだ観察者が、ひとたびこの分野の研究に真剣にとりくんだならば、その仕事は価値の高い結果をもたらすだろうと、私が信ずるのはそうした理由による。いままでこれをアマチュアだけがやってきたから、全体として、漫然とした調査しかできなかったのである。

これらの、はかりがたいが重要な実生活の事実は、社会の実質の一部をなしているということ、そして、そこには家族、氏族、村落共同体、部族を結ぶ無数の糸が織りだされていることを考えれば、実際、それらの意味ははっきりしてくる。一定の儀礼、経済的、法的な義務、儀礼的な贈物、形式的な尊敬のしるしなど、社会集団のより明確な形をもった紐帯《ちゅうたい》は、研究者にとって同様に重要ではあるが、それをしなければならない当人にとっては、それほど痛切に感ぜられないことは確かだろう。

これをわれわれ自身にあてはめてみると、だれでも「家族生活」の意味するもの、すなわち、なによりもまず家庭の雰囲気《ふんいき》、愛情や相互の関心、親しさにつきものの小さな偏愛やちょっとした反感などを表わす、無数の小さな行為や心づかいを知っている。

この人の財産を相続するかもしれない、この人の葬式馬車のあとを歩かなければならないだろう、というようなことは、社会学的には、「家族」とか「家族生活」の概念に含まれるわけだが、実際、家族とはわれわれにとってなんであるかということを個人的に考えたばあい、そのような事実は、普通すっかりかすんでしまう。

まさにこれと同じことが、現地住民たちの社会共同体にもあてはまる。もしも民族誌学者が彼らのほんとうの生活を読者にいきいきと伝えたければ、けっしてこのことをないがしろにしてはいけない。法的な面に劣らず、この内面的な問題もいいかげんにしてはならない。それなのに、民族誌学的な説明には普通その両方が存在することはなく、かつ、いままでのところ、内面の問題がそれにふさわしい扱いを受けたことがほとんどなかった。

家族のきずな以外のすべての社会関係、たとえば、なんらかの社会的用件で接する一部族内の人々の関係、異なった部族の成員の、好意的あるいは敵対的関係などには、この内面的な側面があり、それは典型的な交際の仕方、おたがいのいる場所で示す行動の調子に表現される。この側面は、社会関係の結晶した特定の法的枠組《わくぐ》みとは異なるもので、それ自体独立に研究され、記述されなければならない。

儀式、儀礼、祭のような、部族生活の目だつ行事を研究するときも同様に、行動の詳細や雰囲気を、単なる出来事の外見と並んでしるすべきである。このことの重要さを示すには、一例だけあげれば十分だろう。遺存[13]という問題については、いろいろと言われもし、書かれもした。しかし、ある行事のなかにむかしから遺存した特徴があるとすれば、それは、その行事にともなう行動や行事を行なうやり方にもっともよく現われる。

われわれ自身の文化から一つの例をあげてみよう。壮麗華美な国家的儀式、街のわんぱく小僧たちのおもしろい習俗、そのどちらの「外見」をみても、儀礼を行ない参加している人々の心にいまもしっかりと、それが根をおろしているか、それとも彼らは、その儀礼はもはや死んだもので、伝統のためによみがえらせているだけとみなしているかどうかはわからないだろう。しかし、彼らの行動についてのデータを観察し、注意してみれば、すぐに、行事にほんらい含まれていた生命力がどのていど残っているかがはっきりしてくるだろう。

　社会学的、心理学的な分析という見地からみても、また、理論的問題を調べるためにも、ある行事にみられる行動の仕方と型式とが、もっとも重要である。実際、行動とは一つの事実であり、妥当な事実であり、記録することのできる事実である。あらゆる種類の現象が、とってくれといわんばかりに並んでいるそばを通って、そのときは、それらがどれほど理論的に有用であるかわからないにしても、それらに手も触れずに立ち去っていくような学者は、実際、おろかな、近視眼的な人間だろう。

　これら実生活と典型的行動の不可量的部分を調査のさいに観察し、記録する実際の方法についていえば、この問題では、具体的な民族誌学的データを集めるときよりも、観察者の個人差が目だってくることはまちがいない。しかし、ここでもまた、事実をして語らしめるように努めるべきである。

　毎日、村を歩き回っているあいだ、いくつかの小さな出来事、食事のとり方、会話、仕事のしかた〔たとえば写真1〕などの特徴ある形式がくりかえし目にうつったならば、すぐにそれを書きとめるべきである。ある地区で調査をするとき、印象を書き集め整理するというこの仕事を、早いうちにはじめるべきである。なぜかというと、ある種の微妙な特色ある出来事も、新鮮なうちは印象ぶかいけれども、慣れてしまうと気づかなくなってしまうからである。

しかし、その地方の実態を知らなければ、気がつかないような出来事もある。ある地区で調査をしているあいだじゅう、系統的につけた民族誌学者の日記は、この種の研究にとって理想的な道具となる。また、正常な典型的なものとともに、それからさまざまに遊離した例を注意ぶかく書きとめるならば、民族誌学者は、両極端、つまり正常なものをそのあいだにはさむ両極端を示すことができるだろう。

部族の儀式や行事、たとえば写真2に示されているような光景を観察するときには、伝統と習慣によって、行事のたいせつなやり方として定められている細目をしるすばかりでなく、民族誌学者は、行為者と観衆の行動を一つ一つ正確に注意ぶかく記録すべきである。儀式の構造、その根底にある教義的観念を自分が知っており理解もしているということをしばらく忘れて、人間の集まりのまんなかにひたすら身をおこうと努めるのがよかろう。

人々が、まじめであるか、ふざけているか、真剣に気持を集中させているか、退屈そうに気まぐれに行動しているか、いつもと同じ気分でいるか、興奮してぴりぴりしているか。注意力をつねに部族生活のこのような面に向け、それをつかみとろうとたえず努力し、それを実生活の観点から表現するならば、内容のゆたかな信頼できる発見を、ひとりでにたくさん書きためたことになる。彼は、(住民たちの)行為を部族生活の適当な場所に「おく」こと、つまり、それは例外的であるか、ありふれたことか、そのとき、住民たちがふだんどおり行動しているか、それとも行動の全体がふだんとちがうか、などを示すことができるだろう。これらすべてをはっきりと、人をなっとくさせるやり方で、読者に伝えることもできるだろう。

さらに、この種の調査では、民族誌学者も、ときにはカメラ、ノート、鉛筆をおいて、目前に行なわれているものに加わるのがよい。人々のゲームに加わるのもよかろうし、彼らの散歩や訪問についていき、すわって彼らの会話を聞き、これに加わってもよかろう。このことがだれにも同じようにやさしいかどうか、私は確信がないが――おそらく（私の）スラヴ的性格は、西ヨーロッパ人よりも柔軟であり、生まれつきもっと野蛮なのだろう――成功の度合いはともあれ、だれでも試みることはできる。

住民たちの生活にこのように飛びこんでみた結果――これは研究のためばかりでなく、人間といっしょにいたいという万人に共通の要求にしたがったのである――部族の取引きのあらゆる面での住民たちの行動、彼らの存在のあり方が、まえよりもすっきりとし、容易にわかるようになった。読者は、このような方法論的所見を、以下の諸章でまたごらんになることだろう。

8

終わりに、科学的な調査の第三の目的、つまり、現地文化の適切で完全な像を描くために記録すべき、最後の型の現象にうつろう。骨組みとなる部族の構造、具体的な文化項目のほかに、また、文化のいわば血肉である日常生活や通常の行動のほかに、精神――つまり、現地住民の観点、意見、発言をしるすべきである。部族生活のあらゆる行為には、まず習慣と伝統によって規定された型どおりの面があり、次に、実際にそれを行なうやり方があり、最後に、住民たちが心にいだいている行為への解釈がある。

一個の人間が幾多の慣習的な義務にしたがい、伝統的な活動方針にのっとるのは、ある種の感情をともない、ある種の観念に導かれ、ある種の動機にうながされているのである。これらの観念、感情、動機は、彼らがそのなかで生きる文化によって条件づけられ、形づくられるのであり、その意味で、その社会の民族的特性である。だから、それらを研究し、記録する試みがなされなければならないのである。

しかし、それは可能だろうか。これらの主観的状況は、あまりに無形でとらえどころがないのではなかろうか。習慣的な行為をするときに、人々がある種の心理状態を経験し、考え、感ずるのが普通だとしても、彼らの大多数はこの状態を定式化し、ことばに表わすことはけっしてできないだろう。ことばに表わせないことは認めざるをえないが、おそらくこれこそ、社会心理の事実を研究するうえで、真のゴルディウスの結び目であろう。(14) この結び目を切ったりほどいたりせずに、いいかえれば、問題を理論的に解決したり、一般的な方法論の分野に深入りしたりせずに、これに含まれる困難な問題のいくつかに打ちかつ実際的方法は何かという問題に迫ってみよう。

第一に、われわれはここで、型にはまった考え方、感じ方を研究する必要のあることを確認しなければならない。われわれは社会学者として、AまたはBの個人としての感情や、彼ら自身の個人的経験の偶然の経路などには関心がない。ただ一つの関心事は、彼らが任意の社会の成員として、どのように感じ、考えるかということである。この点では、彼らの心理状態は、ある刻印を押されており、生活を規制する諸制度、伝統や伝承、思想の媒体である言語などによって、紋切り型になるのである。彼らがそのなかを動いている社会的、文化的環境が、彼らに一定の様式で感じ、考えることを強《し》いるのである。だから、一妻多夫の社会に生きる男は、たとえ嫉妬《しっと》の種をもっているとしても、厳密な一夫一婦制の社会と同様の嫉妬の感情をもつわけがない。クラ圏内に住む男は、自分の所有物にきわめて高い価値をおくが、これに永久的かつ感情的に執着をもつことはありえない。これらの例は粗雑であるが、この本のなかにもっとよい例が見つかるだろう。

そこで、野外調査の第三の戒めは次のようになる。ある社会の制度と文化に対応する典型的な考え方、感じ方を発見せよ、そしてその結果を、人がなっとくするような方法で定式化せよ。

では、実際の処理方法とはなんであろうか。もっともすぐれた民族誌の著者たちは――イギリスの民族誌学者のなかでは、ここでも、ハッドン[15]、リヴァーズ、セリグマンらのケンブリッジ学派が第一級である――陳述のなかでとりわけ重要度の高いものを「逐語的に」引用しようとつねに努力した。彼らは地域住民の分類用語、つまり社会学的、心理学的、技術的用語を引用し、できるだけ正確に住民たちの思想の言語に現われた面をしるした。現地語を覚え、調査の道具としてこれを使いうる民族誌学者は、さらに一歩前進することができる。

　キリウィナ語で調査しているとき、人々の言うことを、初めのうちは直接に翻訳しながらノートをとっていたが、それはむずかしい仕事だった。翻訳すると文章から重要な特色が奪われてしまう――要点が全部すりきれてしまう――ことがよくあるので、私はだんだんと、重要な文句は彼らが話すとおりに現地語で書きとるようになった。言語に関する知識が増すにしたがって、しだいにキリウィナ語で書く部分がふえ、最後にはもっぱら現地語だけを使って、人々の言うことを一語一語、大急ぎでノートにとるようになった。

　この状態に達するとじきに、私は現地語でノートをとることによって、言語学の豊富な材料と一連の民族誌の資料を同時に手に入れているのだということに気がついた。この資料は、私が報告を書くときに利用するだけでなく、書きとめたままの形でも発表すべきものだということにも気がついた。このキリウィナ口碑集は、私自身だけでなく、それを理解する能力をもつ人々ならだれでも使えるし、私よりもこの言語にすぐれた能力と洞察力《どうさつりょく》をもった人は、私の注意からもれた点を見いだすかもしれない。

　これはむかしの口碑が、古代文化、先史文化の解釈にたいする根拠を与えたのと同様である。ただ、この民族誌学の口碑は明瞭《めいりょう》で解読可能であり、完全明瞭にほとんど全部が翻訳されていて、住民たちが補足した注釈、つまり生きた資料による注釈書がついているわけである。

以上の考察から、民族誌的現地調査は、次の三つの方法によって行なわなければならないことになる。

1　部族の組織とその文化の解剖学は、明瞭で確実な枠組《わくぐ》みのなかで記録されなければならない。具体的な統計的資料の作成が、このような枠組みを作る方法である。

2　この枠組みのなかに、実生活の不可量的部分と典型的行動が盛られなければならない。それらは、詳細な観察によって集められ、住民たちの生活との密接な接触によって作られる一種の民族誌学日誌というような形で記録される。

3　民族誌学的な供述、特色ある物語、典型的な発言、伝承や呪文《じゅもん》などは、口碑文として、つまり住民たちの考え方の記録として発表されなければならない。

以上、三つの接近の道筋は、民族誌学者が見失ってはならない最後の目標に通ずる。この目標は簡単にいうと、人々のものの考え方、および彼と生活との関係を把握《はあく》し、彼の世界についての彼の見方を理解することである。われわれは人間を研究しなければならない。人間のもっとも本質的な関心、いいかえれば、人間をつかんでいるものを研究しなければならない。文化が異なるにしたがって、価値はすこしずつ異なってくる。人々は異なった目標を追い、異なった衝動にしたがい、異なった形式の幸福にあこがれる。

文化が異なれば、異なった制度のなかに人間は生活の利益を追求し、異なった習慣によって自分の願望を満たし、異なった法律と道徳とが、人間の徳に報い、人間の欠陥を罰する。これらの人々が何をよりどころに生きるかを感じとり、彼らの幸福の実質が何であるかを理解したいという気持をもたずに、彼らの制度、習慣、法律を研究したり、行動や心理を調べることは、私にいわせれば、人間の研究から期待しうる最大の報酬を失うことである。

このような一般法則が、読者は以下の章に示されているのをごらんになるだろう。そして、未開人が欲望を満足させ、彼なりの価値を獲得し、彼なりの社会的野心にしたがおうと努めているのを了解されることと思う。彼らが呪術的、英雄的な冒険の伝統のもとに、危険で困難な事業をやりぬくのをみるであろうし、彼らの伝えるロマンスに誘われて行動するのをみるであろう。

この遠い国の習慣の説明を読んでいるうちに、おそらく、これらの住民たちの野心と努力にたいするある連帯感が、読者の胸中に生まれるかもしれない。おそらくかつてたどったことのない道にそって、人間の心があきらかになり、近づいてくるだろう。われわれとは遠く離れ、不思議な姿をとって現われた人間性を理解することによって、おそらく、われわれ自身のうえに若干の照明があてられるだろう。

こうして、また、それだからこそ、これら住民たちと、その制度と、習慣とを理解したかいがあった、われわれはクラからある利益を得た、と感ずる根拠ができたといえるだろう。

注

〔1〕　これらの遠征船団は、モトゥ族のあいだでヒリ hiri と呼ばれる。ヒリについては、C・G・セリグマン（六八ページ注（2）参照）の『英領ニュー・ギニアのメラネシア人』*The Melanesians of British New Guinea.* Cambridge, 1910 第八章のなかで、F・バートン大佐が、きわめて詳細、かつ明快に述べている。

〔2〕　この方法論においても、真に科学的に問題を扱う手段を導入したという点で、ケンブリッジ学派の人類学者の貢献は大きい。とりわけ、ハッドン、リヴァーズ、セリグマンの著述では、推論と観察のあいだに明白な一線が画されているので、仕事がどのような状況下に行なわれたかが、はっきりとわかるのである。

〔3〕　科学では用語を正確に用いる有益な習慣があるが、私はそれにならって、民族誌学 ethnography という語を、人類の科学の経験的、記述的な結果にたいして用い、民族学 ethnology を思弁的、比較的理論にたいして用いる。

〔4〕　現地住民が習慣をもたず、ただの獣のようなものにすぎないと考えた、伝説的な「むかしの権威」たちも、南マッシム人について語った現代の一人の著者にはかなわない。その人は何年ものあいだ、南マッシム人と「密接な接触をたもちつつ」働き、ともに暮らしてきたのであるが、「……法をもたぬ人々が従順になるように、非人間的な人々が愛を知るように、野蛮人が野蛮人でなくなるようにと、われわれは教えている」。しかし、「行動を導くものとしては、本能と生まれつきの好き嫌いしかなく、抑えることのできぬ激情に駆られる……」「法をもたぬ、非人間の、野蛮人ども！」。宣教師の見解をもじって茶化したいと思っても、これほど真相を野卑に誤り伝える言い方をくふうすることは不可能だろう。ロンドン伝道協会のC・W・アーベル師『ニュー・ギニアの未開生活』*Savage Life in New Guinea*（発行年不詳）から引用した。

〔5〕 この方法を採用してじきに、私は著名なエジプト学者であるA・H・ガーディナー博士から一通の手紙を受けとった。彼はそのなかで、私のしようとしているまさにこのことを、ぜひともやるようにとはげましている。当然のことながら、彼は考古学者としての見地から、民族誌学者が、古代文化の残した、書かれた資料と似たものを入手する大変な可能性をもつばかりか、研究対象としての生きた文化全体を身をもって知ることによって、その資料に照明をあてる可能性をもっていることをみてとった。

(1) パプアは、ニュー・ギニアをさす。メラネシアは、オセアニアのなかで、中央および西太平洋の一部を占める区域をさし、ビスマルク諸島、ニュー・ギニア東部、ソロモン諸島、ニュー・ヘブリデス諸島、フィジー諸島その他を含む。パプア＝メラネシア人とは、メラネシアのなかで、ニュー・ギニア東部と、その周辺に住む人々のことをさす。

(2) チャールズ・ゲイブリアル・セリグマン（一八七三〜一九四〇）。現代イギリス人類学の草分けの人で、はじめ病理学を専攻したが、一九〇四年トレス海峡調査に参加してのち、人類学の分野に足をふみいれた。その後、ニュー・ギニア、セイロン、スーダンなどの調査を行ない、自然人類学、考古学、文化人類学などの領域で多くの報告を残した。「セリグマン教授の著書」とは、『英領ニュー・ギニアのメラネシア人』（六七ページ注〔1〕参照）のことである。

(3) 英語に、中国語・マライ語などの混合した、中国、東インド諸島などで使われる通商英語のこと。

(4) 未開社会においては、親族組織が基本原理となって社会が構成されるのが一般的なので、いろいろな関係にある親族の一人一人を、どのような名称で呼びあうかをあきらかにすることが重要である。

(5) アドルフ・バスティアン（一八二六〜一九〇五）。ドイツの旅行家、民族学者。『歴史における人間』*Der Mensch in der Geschichte*, 1860 その他の著書がある。

(6) エドワード・B・タイラー（一八三二〜一九一七）。イギリスの人類学者。『原始文化』*Primitive*

Culture, 1871その他の著書がある。系統的に比較の方法を用いて、諸文化の相互的研究をはじめた学者の一人に数えられる。

(7)　ルイス・H・モーガン（一八一八～八一）。アメリカの人類学者。マルクス、エンゲルスに大きな影響を与えた『古代社会』*Ancient Society*, 1877の著者として有名だが、人類学史上では、はじめて野外調査によって報告を書いた学者の一人として、また親族名称の重要さを示した人として、また十九世紀の進化主義を唱えた代表的な学者として知られている。

(8)　民族心理学とは、人間の社会生活の精神的所産を、全人類的、ないしは各民族別に心理学的に記述しようとする学問である。十八世紀のヴィコの哲学などにその原形が認められる。ここでマリノフスキがさしているのは、ドイツのラツァルス（一八二四～一九〇三）、ヴント（一八三二～一九二〇）などによる動向である。

(9)　フェティシズムは、十八世紀末、ドブロスが西アフリカの黒人の歯・爪・貝崇拝を見て、彼らがこれらのものを呪物として崇拝するのだと考え、宗教の原始形式とみなしたものである。この考え方には、それ以後多くの批判が出ている。

(10)　アニミズムは、エドワード・B・タイラーによって唱えられた概念である。タイラーは、生物・無生物を問わず、万物に霊魂が宿り、その霊魂はその宿るものから離れても存在する、という考え方が原始宗教の根本にあったと規定している。この考え方は、人類学者たちに大きな影響を与えたが、宗教の起源はもっと直観的、情緒的であり、また未開人の考え方も、かならずしもタイラーの言うような形式をとらない、という批判もある。

(11)　エミール・デュルケーム（一八五八～一九一七）。フランスの社会学者。二十世紀のイギリスの社会人類学者に大きな影響を与えた。すなわち、社会的事実は、人間の精神の外に存在し、相互に関連しあった部分からなる組織体として、分析の対象になりうる、という彼の考え方が、人類学者の実地調査による未開社会の構造分析に理論的根拠を与えたのである。

(12) ウィリアム・H・リヴァーズ(一八六四～一九二二)。イギリスの心理学者、生理学者、人類学者。一八九八年にトレス海峡調査に参加し、のち南インドでも調査を行なった。彼は親族名称と社会組織の関係の研究において、人類学に貢献した。著書に『メラネシア社会の歴史』*History of Melanesian Society*, 1914 その他がある。

(13) survival.「残存」ともいう。時代的に古い要素が現代文化のなかに残ったものを意味し、タイラー(六九ページ注(6)参照)が『原始文化』のなかでその重要性を指摘した。十九世紀の民族学者、人類学者のなかには、「遺存」研究が古代文化の再構成の有力な手がかりになると考えた人たちが多かった。

(14) フリジアのゴルディウス王の作ったかたい結び目、転じて解答困難な問題をさす。この結び目を解いた者はアジアを征服するとの神託を聞いて、アレクサンドロス大王が剣で一刀両断にしたという有名な伝説がある。

(15) アルフレッド・C・ハッドン(一八五五～一九四〇)。動物学の出身だが、セリグマンなどとともに一八八八年のトレス海峡調査に加わり、以後人類学的研究を行なった。

第一章　トロブリアンド諸島の住民

1

アンフレット諸島の、青銅色の岩と暗いジャングルから北に向って舟を進め、平坦《へいたん》な珊瑚《さんご》島からなるまったく別の世界、パプア＝メラネシアのほかの地域とは異なる、たくさんのきわだった風俗、習慣をもつ民族誌的地区にはいっていこう（二八ページ地図1参照）。

いままでわれわれは、真っ青な明るい海の上を渡ってきた。浅い場所では、さまざまな色と形のサンゴの海底にすばらしい植物や魚の生活が観察され、それ自体魅惑的な眺《なが》めであった。熱帯の密林、火山の風景、いきいきとした水流、滝、かなたの谷の奥ふかくにたなびく白雲、このようなみごとな光景にとりまかれた海とも別れを告げて、いまや北に進んでいく。アンフレット諸島の輪郭は、まもなく熱帯のもやのなかにかすんでいき、高くそびえるコヤタブのすんなりした山容ばかりが水平線上に残る。優美な山の姿は、キリウィナ湾までわれわれを見送ってくれる。

こうして不透明な緑の海の世界にはいる。その単調さは、わずかに砂州のおかげで救われる。海面すれすれの裸の砂州もあれば、砂中にうずくまった形のパンダナスの木が気根をた

地図４　トロブリアンド諸島。ボヨワまたはキリウィナとも呼ばれる

らしている砂州もある。この砂州には、アンフレット諸島の住民たちがやってきて、ウミガメやジュゴンをとりながら何週間も過ごすのである。原初のクラに関する神話上の出来事のいくつかも、ここを舞台としてくりひろげられた。さらに前進すると、水の飛沫《ひまつ》を通して、あたかもかすかに鉛筆でなぞったかのように、水平線がところどころ太くなる。これがしだいにはっきりして、あるものは長く太く、あるものはくっきりした小島の姿となったころ、われわれはトロブリアンド諸島の大きな入り江にはいる。最大の島は右手に見えるボヨワで、北、北西には、人の住む島、無人の島がたくさんある。

浅瀬のいりくんだ水路を通って入り江のなかを進み、本島に近づくにつれて、あちこちに低いもつれた密林が切りひらかれて、その奥には支柱にささえられたヤシの森が見通せる。これは集落のある証拠である。こういう場所の海岸線は、いつも泥《どろ》とごみが積もり、高いかわいた場所にはカヌーがひきあげられているものである。われわれはこのありふれた風景の浜辺に上陸し、森を通って集落にはいっていく。

まもなくわれわれは、屋根のはりだしたヤム芋小屋の前に築かれた壇の一つに腰かけている。裸の足と体にこすられてすべすべになった灰色の丸太、集落の大通りのふみかためられた土、まもなくこの訪問者を取り囲むおおぜいの人々の褐色《かっしょく》の皮膚、これらが描きだす青銅と灰色の色調は、私のようにこういう現地人のあいだで暮らした者には忘れがたいものである。

民族誌学者がこれから自分の野外調査の舞台となる場所に足をふみいれたときにおぼえるはげしい興味と緊張の感情を伝えるのは、むずかしい。調査地の特性を表わすいくつかの顕著な特徴がすぐに彼の注意をひきつけ、希望または危惧《きぐ》の入りまじった思いでいっぱいにする。住民たちの様子、態度、行動の型などを見ると、たやすくすみやかに調査を行なえる可能性があるかないか、推測がつく。民族誌学者は、なにか深い社会学的な事実のしるしはないかと緊張し、ありふれた状況の背後に神秘的な民族誌的な現象がたくさんかくされていないかと疑ってみる。

あの奇妙な様子をした、りこうそうな住民たちは、たぶん有名な呪術師《じゅじゅつし》だろう。おそらくあの二つのグループの男たちのあいだには、なにか重大な競争心か復讐心《ふくしゅうしん》があって、それを調べさえすれば、この民族の慣習や特徴がかなりはっきりするかもしれない。ボヨワに到着した日、ぺちゃくちゃとしゃべっているトロブリアンド島人の群れを見つめながらすわっていたときの私の思考と感情は、すくなくともそのようなものであった。

ボヨワに着いてまず驚くのは、住民たちの肉体的特徴が種々雑多なことである。〔1〕背が高く、りっぱな態度で、優美な顔つきをし、鷲鼻《わしばな》のくっきりした横顔と広い額、形のよい鼻と顎《あご》をもち、賢そうな率直な表情をした男女がいる〔写真5、9、12〕。またこのほかに、突顎《とつがく》(1)で黒人的な顔、幅広く厚い唇《くちびる》、狭い額、粗野な表情の者もいる〔写真6〕。顔つきのよい者は、また、目だって淡色の皮膚をもっている。髪の毛も、かなりまっすぐなのから、メラネシア人に典型的な、ちぢれた雑巾箒《モップ》状の毛髪まで、いろいろとある。

彼らは、ほかのマッシム人と同種の装飾品、主として植物繊維製の腕輪・帯・ウミガメの甲羅《こうら》の耳飾り、ウミギクで作った円盤などを身につけ、身体装飾に花や香《かお》りのよい草を用いるのが大好きである。だが、いままで出あったどの人々とくらべても、どれよりも自由で、親しみぶかく、ものおじしない様子をしている。興味をひく見知らぬ人間がやってくるやいなや、村の半分ほどの人が回りに集まって、声高にしゃべり、その男について、しばしば無作法な批評をし、概しておどけた親しみの気分を表わす。

社会学的な特色の一つ、つまり身分《ランク》と社会的分化があるということが、新来の観察者の注意をすぐにひきつける。住民たちのなかには——多くのばあい、他の人たちより上品な様子の人たちであるが——ほかの者からきわだった尊敬の念をもって扱われている者がある。これらの首長や身分の高い人々は、新来の客にたいして、常人とはまったくちがったやり方でふるまう。実際、彼らは、ことばの真の意味で、卓越したふるまいを示す。

首長のいるところでは、平民は彼より高い場所に位置しようとはしない。つまり、体を曲げるかしゃがみこむのである。同様に首長がすわれば、だれもあえて立とうとしない。

一種の原初的な宮廷儀式や、身分と権威のしるしをともなった、これほど極端な尊敬の表現がみられる首長制度は、メラネシア人の部族社会の精神とはまったく異質のものである。そのため、これをひと目見ただけで、民族誌学者は、別の世界に連れてこられたような感じがする。われわれの調査が進むにしたがって、キリウィナの首長の威光をたえず見せつけられることになるだろう。そして、この点で、トロブリアンド島人が他の島々の人とまったくちがっており、部族の習慣はそれに応じて修正されていることに気づくだろう。

2

訪問者がいやでも気のつくもう一つの社会学的特徴は、女性の社会的地位である。冷たくうちとけないドブーの女や、新来の客をさもいやそうにもてなすアンフレット諸島の女たちに出あったあとでは、この島の女性たちの行動は、友好的な親しみの情を示しているので、ほとんどショックをおぼえるほどである。もちろん、ここでもまた、身分の高い女のふるまいは下層の平民とまるでちがう。しかし、全体として、身分の高い者も低い者も同様に、けっしてゆかしいとはいえないが、親切な、気持のよい近づきやすさをもっており、非常に顔だちのよい者もたくさんいる〔写真7〕。

彼らの衣装も、いままで見たものとはちがう。ニュー・ギニアに住むメラネシアの女性は

3　マッシム区域のシロシロの海岸

4　南マッシム地域におけるソイの祭

5　キリウィナの身分の高い人たち

6　テヤヴァの漁夫

植物繊維製のスカートをはいており、南マッシム人では、スカートが膝《ひざ》より下にとどくほど長いのにたいし、トロブリアンド島のはずっと短くふっくらとして、襟《えり》ひだのように体の回りに巻きつけたものがいくつも重なっている〔写真3、4のマッシム人の女と、写真2のトロブリアンドの女を比較されたい〕。いちばん上のスカートを作るいくつもの重ねぎれに三色で施した入念な飾りのおかげで、この衣装の極度に装飾的な効果が高められる。概して、これは若い女によく似合い、ほっそりした小さな少女に、優雅な妖精《ようせい》のような趣を与える。

貞節とはこの住民には知られざる徳である。信じがたいほど小さなうちに、彼らは性生活の手ほどきを受ける。むじゃきにみえる子どもの遊戯も見かけほど無害なものではない。成長するにしたがって、乱婚的な自由恋愛の生活にはいり、それがしだいにかなり恒久的な愛情に発展し、その一つが結婚に終わるのである。しかし、こうなるまでは、未婚の少女はかなり好きなことをする自由を持つと、一般に考えられている。集落の少女たちは、群れをなしてほかの場所に出かけていき、そこでずらりと並んでその土地の少年たちの検査を受け、自分を選んだ少年と一夜を共にする。これがカトゥヤウシである〔写真8〕。

また、訪問団がほかの地区からやってくると、未婚の少女たちが食物を持ってくるのであるが、彼女たちは訪問客の性的欲求を満足させることをも期待される。

大きな葬式の通夜《つや》には、死者のなきがらの回りに、近隣の集落の人々が大集団をなしてやってきて、ともに嘆き歌う。訪問組の少女たちは、習慣にしたがって、死者の出た集落の少年たちを慰めることを期待されるのである。そのため、相互の正式の恋人にひどい苦痛を与えるほどである。

儀礼として認められた形式の一つに、女たちがおおっぴらに性の手ほどきをするという驚くべき形式がある。野良《のら》仕事の季節に、女たちは共同で除草作業をするが、その場所をたまたま通りかかった見知らぬ男は、だれでも大変な危険にさらされる。女たちは彼を追いかけてつかまえ、恥部おおいの木の葉をむしりとり、大騒ぎしながらひどく破廉恥なやり方でその男を扱うのである。

このように認可された儀礼的形式と並んで、普通の生活でも、不義密通はたえず行なわれ、とくに畑仕事や交易のための遠征のように、ことが目だたないとき、または部族のエネルギーと注意が作物の取入れに集中しているときに、ひどい。

結婚は私的、公的な儀礼をほとんどともなわない。女は夫の家に出かけていき、いっしょになるだけである。のちに一連の贈物交換があるが、これとて妻を買う金と解釈することはできないのである。実際問題として、トロブリアンド島人の結婚のもっとも重要な特徴は、妻の家族の側が贈与しなくてはならないこと、それも彼女の家庭の経済にひびくほどにすること、そして、さらに妻の家族は、夫のためにあらゆる奉仕をすることである。

結婚生活では、女性は夫に忠実であることを期待されるが、この規則はそれほど厳密に守られもしないし、強要もされない。あらゆる点で、彼女は大きな独立を保有していて、夫は妻を尊敬の念をもって手厚く遇さなければならない。もしそうしなければ、妻は彼をおいて、実家に帰るだけのことである。そして原則的にみて、夫は彼女のその行為によって経済

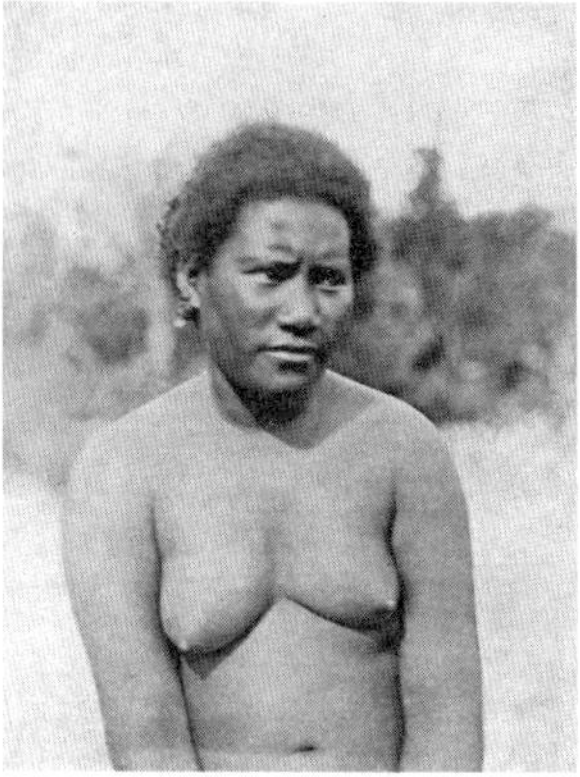

7　ナクブクワブヤの未婚の娘

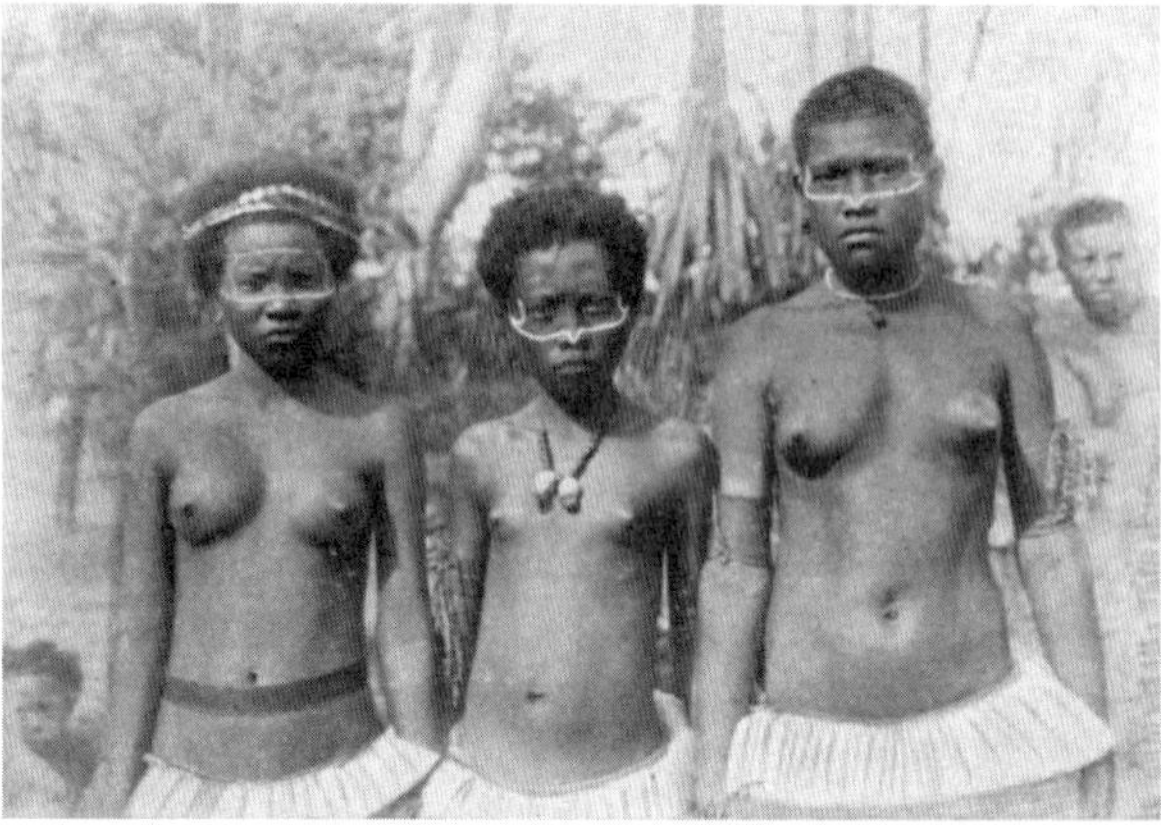

8　ボヨワの女性たち

的な損害を受ける側であるから、贈物や説得によって彼女を取りもどそうと努力する。もし妻がその気なら、永久に夫を捨てることができるし、結婚する相手はいつでも見つかる。

部族生活のなかでの女の地位も、やはり非常に高い。女たちは、原則として、男子の会議には加われないのだが、いろいろな問題で独立に行動をし、部族生活のいくつかの面をコントロールする。たとえば、畑仕事のいくつかは女たちの受持ちであり、これが、義務であるとともに特権であると考えられている。ボヨワ人の入念で完全な葬儀にさいして、食物の大規模な分配の儀式が行なわれるが、そのいくつかの段階を女性が牛耳《ぎゅうじ》っている〔写真2〕。呪術《じゅじゅつ》のいくつかの形式――長子誕生のときの呪術、部族の儀式での美の呪術、幾種類かの妖《よう》術《じゅつ》――もまた、もっぱら女性によって行なわれる。

身分の高い女は、その身分に付随する特権を享受する。身分の低い男は彼女たちに腰をかがめ、首長にたいすると同じタブーと必要な形式をすべて守る。首長の地位にある家から出た女は、平民と結婚してもその地位を保有する。彼女の夫にたいしても優位にたち、身分にふさわしい待遇を受けることになる。

トロブリアンド島人は、母系的である。すなわち、出自をたどり、相続を定めるばあいに、母方の系統にしたがう。子どもは、母の氏族、村落共同体に属し、社会的地位も富も、父から息子《むすこ》でなく、母方の伯父《おじ》から甥《おい》へ相続される。この規則は、いくつかの重要かつ興味ある例外を認めているが、やがてその問題にぶつかるだろう。

3

われわれがトロブリアンド島の海岸に到着したと想定した、最初の舞台にもどろう。住民たちの外見、ふるまいを十分にのみこんだあと、次になすべき興味ある仕事は、村を歩き回ることである。そうするうちに、訓練を積んだ目なら、深い社会学的な意味のある事実を汲《く》みとれる、多くのことがらにぶつかるであろう。しかし、トロブリアンド島では、まず奥にある大きな村の一つを観察するほうがよいようである。

これらの村は、一定様式にしたがって築くことができるようにと、十分に面積のある平地に位置している。海岸集落は、沼沢性の土地や露出した珊瑚礁の上にあって、土地の不規則性と狭さのために、集落の様式どおり作れず、まったく混乱した様子をしているのである。だが、中央地区の大集落はすべて、ほとんど幾何学的な規則性をもって作られている。

中央には、大きな円形の広場があって、ヤム芋小屋に取り囲まれている。小屋は杭《くい》の上に建てられ、装飾のある美しい正面をもち、大きな丸太をたがいちがいに積み重ねて、丸太のあいだの広いすきまからヤム芋が見えるようになっている〔写真9、23〕。この小屋の幾軒かは、他のものより建築がりっぱで、大きく高いことがすぐ目につく。これらは、切妻の回りに、または切妻と交差してつけられた大きな装飾板で飾られている。これが首長、または身分の高い人のヤム芋小屋である。またヤム芋小屋には、原則として、そのまえに小さな壇がしつらえられてあり、夕方になると、ここに男たちが群れをなしてすわっておしゃべりをし、訪問客もここで休むことができる。

このヤム芋小屋が環状に配列された外側に、同心円状に住宅用の小屋が並ぶ。したがって、集落を一周する大通りは、これら二つの列のあいだになる〔写真1、2〕。住居はヤム芋の家より小さく、杭の上ではなく、地面の上に直接建てられている。内部は暗くて風通しもわるく、内部にはいるための戸のほかには入口がない。これも普通は閉じられている。一軒の小屋には一家族、つまり夫と妻と小さい子どもたちが住み〔写真9〕、成人や成熟した少年・少女は、二人ないし六人を入れる別の独身者用の家に生活する。首長や身分の高い人々は、妻の家のほかに、自分用の特別な家をもっている。首長の家は、広場に面する倉庫の丸い列のなかに建っていることが多い。

こうして集落をざっと調べてみると、身分のしるしとしての装飾の役割、独身の男女の家の存在、ヤム芋の収穫の重要視、というようなことがわかる。これらすべての徴候を追っていくと、ここの住民の社会学の問題の本質に深くはいっていくことになる。さらに、このような調査によって、部族生活のなかで集落のさまざまな部分が演ずる役割についても、深くさぐりを入れていくことになるだろう。

その次に、バクと呼ばれる中央の円形広場は、ダンス〔写真10〕、食料分配、部族の祭、通夜のような公共の儀式と祭祀《さいし》、一言でいって、村を一体として表現するような、あらゆる行事の行なわれる舞台である、ということがわかるだろう。倉庫と住居のあいだの環状通り

9　オマラカナの一家族

10　バクにおけるダンスの光景

では、毎日の生活、すなわち食物の調理、食事、ゴシップの交換、通常の社会的交歓が行なわれる。家の内部は、夜か雨の日だけに使われ、住む家というより寝る家である。家の背後、および、それにつづく森は子どもたちの遊び場であり、女たちの仕事場でもある。さらに向こうの森の奥は、衛生的な目的のために留保されており、そこに両性はそれぞれの便所をもっているのである。

バク〔中央広場〕はもっとも色どりゆたかな場所で、この場所の茶と灰色の少々単調な色彩を破るものは、ヤム芋小屋のきれいな正面や、けばけばしい装飾の上にたれさがる森の樹木の緑と、ダンスや儀式が行なわれるときに人々がつける飾りだけである〔写真9、23〕。ダンスは年に一度だけ、ミラマラと呼ばれる収穫祭に関連して行なわれる。その時節には、死者の霊もトゥマ〔下界〕から、彼らの出身地の集落へと帰ってくる。

ダンスの時期はほんの数週間、またはわずか数日間しかつづかないこともあり、期間を延長してウシゴラというダンスのための特別な祭となることもある。このような祭の期間には、村の住民は、連日、一ヵ月かそれ以上ものあいだダンスをする。まず祭は祝宴にはじまって、途中いくどか休止し、最後に打ちどめの大規模なダンスをするのである。たくさんの集落から見物人が来て、食物の分配が行なわれる。

ウシゴラのあいだ、盛装して、つまり、顔を色どり、花で飾り、貴重な装飾品、白いバタンインコ鳥の羽の頭飾り〔写真10〕をつけて、ダンスをする。出し物はいつも、歌と太鼓にあわせて、輪になって踊るダンスで、輪のまんなかに立った一群の人々が歌い、太鼓をたたくのである。彫刻したダンス用の楯《たて》を持って踊ることもある。

社会学的にみて、村は、トロブリアンド島の重要な単位である。トロブリアンドのもっとも勢力のある首長ですら、その権勢をふるうのはもっぱら彼自身の村のなかであり、地区全体にたいする影響力は二次的なものである。村落共同体は、いっしょに畑で働き、儀式を行ない、戦争をし、交易遠征隊を組織し、同じカヌーまたは一群のカヌー船団を作って航海する。

村をざっと調べると、当然、その回りの土地をもっと知り、叢林《そうりん》のなかを散歩してみたくなるだろう。しかし、ここではなやかな変化に富んだ景色を期待すると、たいへん落胆することになる。広く平らなこの島は、ただ一つの肥沃《ひよく》な平野でできているのであって、海岸のところどころに低いサンゴの小丘があるだけである。規則的に数年ごとに開墾されるので、島の叢林はけっして高くならない。低い密林がからみあってこんもりと茂っており、実際、島のなかでは、どこへ行っても変化がなく、見通しのわるい二つの緑の壁のあいだを歩くことになる。この単調さを破るのは、ふつう禁断《タブー》の場所となっている、切られずに残された古木の茂みか、この人口の密な土地にあるたくさんの集落のどれかに、一、二マイルごとにお目にかかるときだけである。ゆたかな色どりと民族誌学的興味の二つを与えてくれるのは、住民たちの畑である。毎年、全域の四分の一か五分の一の面積が、畑として耕作されるが、手入れがゆきとどいて、灌木《かんぼく》の単調さにここちよい変化をもたらす。時期が早いと、畑は裸の開墾地にすぎず、遠く東方にサンゴの丘を見、水平線上に散在する、集落か禁断の木の茂みのある証拠である高い森を見はるかすことができる。やがてヤム芋、タロ芋、サトウキビが育ち、芽ぐむと、褐色《かっしょく》の裸の土は、やわらかい植物の新鮮な緑におおわれる。さらにもうすこしたつと、がんじょうな長い柱がヤムのかたわらに立てられ、これに蔓《つる》がからみつき、葉がこんもり茂って陰を作り、まるで繁茂した大きなホップ畑のような印象を与える。

4

住民たちの働く生活のなかばは、この畑で過ごされ、おそらく彼らの興味、野心のなかば以上がこれにつぎこまれる。そこでわれわれもここにとどまって、人々が畑仕事にたいして示す態度を理解することに努めねばならない。彼らの仕事の典型がここにみられるからである。

もし読者が、住民たちは楽天的な怠《なま》け者の自然児で、できるだけ労働と努力を避け、気まえのよい熱帯の自然がゆたかに恵んでくれる熟した果物《くだもの》が、口のなかに落ちてくるまで待っているのだ、というような誤解をしていたら、クラやその他の事業をする彼らの目的と動機を、ぜんぜん理解することができないだろう。それどころか、彼らはいっしょうけんめいに働く能力があり、事情によっては実際にいっしょうけんめい働くし、目的をもって忍耐強く組織的な仕事を行ない、直接的な必要のために労働をよぎなくされるまで待っているなどということはない。

たとえば、農耕を例にとると、住民たちは、実際に必要とするより以上に生産する。平作の年でも、食べうる量のおそらく二倍も作るだろう。こんにち（一九二一年）では、生じた余剰は、ヨーロッパ人によってニュー・ギニアの各地に送られ、そこの農園の労働者の食料とされるが、むかしは腐るにまかせたものだった。くりかえしていえば、彼らは食用作物を得るのに、必要とされる以上の労働をして、このような余剰をつくりだすのである。

あらゆる小石を取りさって、きれいなこざっぱりした畑を作り、みごとでがんじょうな垣《かき》根《ね》を結い、ヤム芋用の強く大きな柱を立てるなど、審美的な目的に、たくさんの時間と労働を捧《ささ》げる。これらの仕事は、あるていど植物の成育のために必要であるが、住民たちが純粋な必要性の限度以上に、良心的にやることは疑いない。野良《のら》仕事においては、非実用的な要素がみられるが、呪術的儀礼のため、または村の習慣にしたがって、まったくの装飾のために行なういろいろな仕事に、いっそうはっきりとそれが現われている。たとえば、土地が慎重に開墾され、植えつけの準備ができると、住民たちはそれぞれの畑を、一辺数メートルずつの小正方形に区切るのだが、これは、畑を小ぎれいにみせるための習慣に従っているにすぎない。自尊心のある人間が、それをしわすれるようなことは、とても考えられない。

また、とくにきれいに手入れした畑では、美しくみせるために、長い水平な棒がヤム芋のつっかえに結びつけられる。もう一つ、非実用的な仕事のおそらくいちばんおもしろい例は、カムココラと呼ばれる、切り口が三角形の大きな柱であろう。これは呪術的、装飾的な目的には役だつが、作物の成育にはなんの関係もない。

畑仕事と関係し、これを規制する力と信仰のなかでは、おそらく呪術がもっとも重要だと思われる。呪術にはそれ自体の領分があり、畑の呪術師は、首長と妖術師についで、村の最大の重要人物である。その地位は世襲で、集落ごとに特別な呪術体系《システム》が世代から世代へと母系的に伝えられる。

私がこれを体系《システム》と呼んだのは、労働と並行して、呪術師が一連の儀式、呪文を畑に施さなければならないし、また実際、仕事の各段階や作物の生命の新しい発展は、これらの儀式、呪文によって促進されるからである。畑作りがぜんぜんはじまらないうちに、呪術師は、村じゅうの男が参加する大きな儀式を行なって、畑を清めなくてはならない。この儀式を行なってこそ、その季節の畑作りが公にはじめられるので、それまでは、村民は割当地に生《は》えた灌木《かんぼく》を切ることはない。それから呪術師は、一連の儀式によって、次にやってくる諸段階、つまり灌木林の焼却、開墾、植えつけ、除草、収穫の各段階の開始をつかさどる。彼はさらに他の一連の儀式と呪文を行ない、植物を助けて、発芽させ、つぼみや葉を発生させ、蔓をのばし、叢葉《そうよう》をゆたかに形成させて、食用茎を育たせるのである。

住民たちの考えでは、呪術師は、このようにして人間の仕事と自然の力を管理するのである。彼は耕作の監督として直接に行動し、人々が仕事を怠けたり、遅らせたりしないように注意する。だから呪術は、畑仕事を組織化し、規制し、管理する影響力をもつことになる。これらの儀式を行なうとき、呪術師は模範を示し、人々に仕事をわりあて、時間どおりにうまくその仕事をやりとげさせる。

それに付随して、呪術はタブーや規則を課し、一見必要のないたくさんの余分な仕事を部族の人々にやらせることになる。しかし、長い目でみれば、呪術は作業を秩序づけ、組織化し、規制するうえでの影響力によって、現地住民にとっては経済的にきわめて有意義なものである。

ここで、すっかりたたきつぶしておかなければならない別の概念がある。それは、現代の経済学の教科書に書いてある〝原始的経済人〟という考え方である。この非現実的な、まぬけな人間は、通俗的ないし半通俗的な経済学の文献に執拗《しつよう》に生存しつづけ、その影は有能な人類学者の頭にもおおいかぶさって、その視野を先入観によってくもらせているのである。

この幻想的な〝原始人ないし野蛮人〟は、あらゆる行為を、私利私欲を求める合理的な考えにうながされて行ない、目的を直接的に、かつ最少の努力で達成する。人間、とくに低い文化水準にある人間が、開化した利己主義からくる経済的動機に純粋にしたがって行動するという仮定が、いかに途方もないばかげたものであるかは、たった一つのはっきりした実例をあげれば、あきらかになるだろう。

未開のトロブリアンド島人は、この誤った理論に矛盾する一つの例を示してくれる。彼はきわめて複雑な社会的、伝統的性格の動機にうながされて行動するのであって、目前の欲求の満足を志向し、功利的目的を直接に達成するのではないのである。だから、まずまえにもみたように、仕事は最少努力の原理にもとづいて行なわれるのではない。それどころか、多くの時間とエネルギーとが、功利主義的見地からすれば、まったく不必要な努力に費やされるのである。さらにまた、仕事と努力とは、単なる目的のための手段ではなくて、ある意味でそれ自体を目的としている。

トロブリアンド諸島のよき農耕民は、彼のなしうる労働量と、耕す畑の大きさから威信を獲得する。「よき畑作り」「有能な畑作り」を意味するトクワイバグラという称号には、尊敬の念がこめられており、そう呼ばれるのは、彼らの誇りである。トクワイバグラとして有名な私の友人たちは、どれほど長時間働くか、どれほどの土地を耕すかを自慢したし、彼らの努力を、それほど有能でない男たちのそれと比較するのがつねだった。

労働の進行中には、共同作業のばあいでも大変な競争が行なわれる。男たちは、大きな棒を畑に運ぶとき、また収穫したヤム芋を運ぶとき、スピード、完全さ、持ちあげるものの目方をおたがいに競いあう。

しかしながら、ここでもっとも重大な点は、彼の労働によって得られた収穫の全部、またはほとんど全部、または余分に働いて獲得できる余剰が、努力した彼自身でなく、姻族にいってしまうことである。収穫物の分配組織の社会的な仕組みはかなり複雑であって、トロブリアンドの親族組織と親族の概念をまえもって説明しなければ理解しにくいので、その詳細にたちいることはやめ、ここでは、その男の収穫物の四分の三は首長への貢納品、および彼の姉妹の〔または母の〕夫とその家族への供与として供出される、とだけ言っておこう。

しかし、功利的な意味では、収穫のうちから実際上個人的な利益をあげられないにしても、耕作者は収穫の量と質によって、直接、状況に応じて賞賛と名声を博する。というのは、収穫のあと、すべての作物は、葉の茂ったヤム芋の蔓で作った小さな日おおいの下に円錐形《すいけい》にきれいに積みあげられて、しばらくのあいだ展示されるからである。一人一人の収穫は、このように各自の畑に展示されて批評を受ける。住民たちは組をつくって畑から畑へと歩き回り、感心したり、比較したり、最優秀な成績をあげたものをほめたりするのである。

首長の権力がいまよりずっと尊ばれていたころは、身分の高くない者や、高位の人のために働く男が、首長の収穫と比較してあまりにみごとな収穫をあげることは危険だったということからみても、この食物の展示がいかに重要であるかわかる。

収穫が多そうな年には、首長はカヤサ収穫、つまり食物の儀式的、競合的な展示を命ずる。よい結果を得ようとする意欲やできばえへの関心は、いっそう高まるわけである。カヤサ型の儀式にはあとでふれるが、これがクラのなかでそうとう重要な役割を果たしていることがはっきりするだろう。これらのことから、血のかよった本当の現地住民たちは、抽象的な経済学がその行動を想像し、そこから多くの学問的な結論を引きだした幻の〝原始的経済人〟とは、ぜんぜんちがうものだということがわかる。[2]

トロブリアンド島人は、多分に仕事自体のために働き、畑の外観や体裁《ていさい》が美しく磨かれているようにとずいぶん工夫する。彼らは第一に、欲求をみたしたいという願望に導かれて働くのではなくて、伝統の力、義務、呪術信仰、社会的野望、虚栄などの複雑な要因の組合せに導かれて働くのである。彼らは、もし男であれば、よき耕作者、万事によき働き手として、社会的栄誉を手に入れたいのである。

農耕におけるトロブリアンド島人の動機と目的に関して、以上の点をながながと述べたのは、以下の章で経済活動について述べるから、いろいろな具体例によってあらかじめ説明しておいたほうが、読者が住民たちの態度を理解しやすいだろうと思ったからである。この問題でトロブリアンド島人について述べたことは、すべて付近の諸部族にもあてはまる。

5

住民たちの心理、収穫物の分配の社会的機構に関して以上のような新しい解釈をもってもらえば、首長の権威の性格を説明するのは容易になる。トロブリアンドの首長制は、二つの制度の結合したものである。第一は、集落の筆頭者あるいは権威者としての制度であり、第二は、氏族組織すなわち共同体を、それぞれ一定の高低の序列をもった階級またはカーストに分ける、トーテム的氏族の長としての制度である。

トロブリアンドのどの社会にも、たいしたものではないが、最大の権威をもつ男が一人いる。多くのばあいこの男は、すべての重要問題をいっしょに検討し、合意によって結論を出す村の長老たちのなかでの首相格《プリムス・インテル・パーレス》である。現地の社会では、ものに疑問をさしはさんだり、慎重に考慮する余地はあまりないことを忘れてはいけない。社会も個人も、伝統的、慣習的な線にそってしか動かないからである。だから、村の頭《かしら》は、原則として部族の儀礼をつかさどり、必要なさいに部族の内外で発言する代表者にすぎないといってよい。

しかしこの地位は、彼が高位の人であるばあいは、はるかに高いものとなる。とはいえ、頭《かしら》がつねに高位の人であるとはかぎらない。トロブリアンド島には、四つのトーテム氏族が存在し、それぞれ多くの小さな亜氏族《サブ・クラン》に分かれる。亜氏族の成員は、一人の共通の祖先〔女性〕から出たと信じており、それぞれ一定の特殊な身分をもっているから、この亜氏族を家族またはカーストと呼べるかもしれない。これらの亜氏族は、また地域的性格をもっている。なぜならば、最初の女性の祖先は、原則としてそれらの村落共同体の付近にある、大地の穴から出てきたからである。

トロブリアンドの亜氏族はすべて、自分たちの祖先がはじめて日の光をあおいだ原初の場所を指摘できる。サンゴの露頭、泉水の穴、小洞穴《どうけつ》が、ふつう初めの「穴」であり、彼らの言い方を借りれば、最初の「穴」または「家」である。このような穴は、まえに述べた禁断の木の群れに囲まれていることが多い。多くは集落をとりまく森のなかにあり、少数は海岸近くにあるが、耕地には一つもない。

最高の亜氏族は、マラシ・トーテム氏族に属すタバルである。キリウィナの首長トウルワはこの亜氏族に属し、オマラカナの村に住んでいる。彼はまず第一に彼自身の村の長であり、下級の長たちとはちがって、まったく大変な権力をもっている。彼の高い身分は、回りの者にきわめて純粋な、最大の尊敬と畏怖《いふ》を与え、白人官憲がおろかにも彼の特権と影響力とをうちくずそうとしてあらゆることをしたが、その権力はいまだに驚くほど大きい。

首長——私はこのことばを、高位の頭《かしら》の意味で使う——は、彼自身の村のなかで高度の権威をもつだけでなく、その影響範囲は自分の集落をはるかに越えている。たくさんの村が彼にみつぎ物を捧《ささ》げるし、いくつかの点で、彼の権威に服している。戦争のさいは、それらは首長の同盟軍となり、彼の村にはせ参じなければならない。ある仕事をするために首長が男たちを必要とするとき、輩下の村々に使いをやって招集することができ、それらの村は労働者を提供する。

大きな祭式には彼の地区にある村々が参加し、首長は儀典長として行動する。しかし、提供されるこれらの奉仕にたいして、首長は支払いをしなければならない。彼は、みつぎ物を受けとるときにも、たくわえた富によって支払いをする。トロブリアンド諸島では、富は権力の外面的なしるしであり、その実質でもあり、また権力を行使する手段でもある。しかし、彼はどのようにして富を得るのか。ここでわれわれは、首長に従属する村々のおもな義務について説明しなくてはならない。従属するそれぞれの村から、首長は妻をもらうが、妻の家族はトロブリアンドの法によって、彼に多量の作物を供給しなければならない。この妻は、隷属する村の頭《かしら》の妹か親類であるのがつねであるから、実際にはその共同体全体が首長のために働かねばならない。

むかしは、オマラカナの首長は四十人もの妻妾《さいしょう》をもち、キリウィナの耕地の全収量のおそらく三割から五割を受けとったと思われる。妻の数がたった十七人になってしまった現在でも、巨大な倉庫をもち、収穫のたびごとに、これが屋根までヤム芋でいっぱいになる。

この供給のおかげで、彼の必要とする多くの奉仕に支払いをし、大きな祝祭や部族の共同採集や遠征などのさいに、食料を与えることができる。食料の一部は、住民たちの奢侈品《しゃしひん》を入手し、あるいはそれを作らせるのにあてられる。簡単にいえば、一夫多妻婚ができるという特権を利用して、首長は食物や貴重品の形でいつもゆたかに富の供給を受け、彼の高い地位を維持するためにその富を消費する。すなわち、部族の祭祀《さいし》や事業を組織したり、自分に認められた多くの個人的な奉仕にたいし、習慣にしたがって支払いを行なったりなどして、その富を消費する。

首長の権威に関して、次の点はとくに述べておく価値がある。権力を握ることは、利得を得る可能性を持つばかりでなく、処罰の手段をも持つことを意味する。トロブリアンド島ではこれが原則として、間接的に、妖術《ようじゅつ》によってなされる。首長はつねに、地区の最良の妖術師を意のままにすることができる。もちろん彼らが彼のために働いたときには、支払いをしなければならない。もし何者かが首長の感情を害したり、その権威を侵害したら、妖術師を呼び、黒呪術[2]を用いて犯人を殺すように命ずる。しかもこれを公にして、犠牲者を含めてだれもが、首長の背後に妖術師がいることを知るという事実は、首長が目的を果たすうえに、強力な助けとなる。

住民たちは妖術を心底からほんとうにこわがっているので、ねらわれているという感じをいだき、死を予告されたと想像するだけで、ほんとうに運命の宣告を受けたと信じこんでしまう。犯人に直接刑罰を科するのは、極悪犯のばあいだけである。首長は、一人ないし二人の世襲の部下をしたがえており、死をもってしかつぐなえないほどのひどい罪を自分にたいしておかした人間を殺させる。だが、実際には、このような事件は、ごくまれにしか記憶されておらず、もちろん今日ではまったくなくなっている。

　したがって、首長の地位を理解するためには、富が非常に重要であることを理解し、自分にたいして義務づけられた、拒むことのできない奉仕に至るまで、あらゆることに首長が支払いを行なわねばならないことを理解しなければならない。くりかえしていうが、この富は、彼の姻族からもたらされるのであり、一夫多妻婚を行なう権利を通してのみ、首長は高い地位を実際に獲得し、権威を行使することができるのである。

　このようにかなり複雑な権威の機構と並んで、高い特権をもっていること、彼の個人的優越性が直接に認められていることによって、首長に無限の権力が与えられるのであって、その力は彼の支配地区の外にまで及ぶ。同等の身分をもった二、三の者を除けば、首長が近づいてきたとき、立ったままでいる者はトロブリアンド島には一人もいないだろう。今日のように、部族が解体しつつあるときですら、しかりである。どこへ行こうが、彼はもっとも重要な人物であり、高い壇にすわり、尊敬をもって扱われる。もちろん、彼が大変な尊敬を得ており、あたかも至高の専制者のように遇せられているからといって、一族郎党とのあいだに、完全によき社交的、友好的関係が結ばれていないというわけではない。彼とその臣民たちのあいだには、興味とかものの見方にちがいはないのである。ともにすわり、しゃべり、村のゴシップを交換しあう。ただ一つのちがいは、首長はいつも用心ぶかく、家来に劣らず好奇心があるのに彼らよりだまりがちで、そつがない点である。首長はそれほど年をとっていなければ、ダンスをし、ゲームにまで加わり、当然のこととしてその口火を切るのである。

トロブリアンド島人やその近隣の人々の社会的諸条件を理解しようと思えば、彼らの社会組織がいくつかの点で定義しがたく、複雑であることを忘れてはならない。厳格に遵守《じゅんしゅ》されるはっきりした法もあるが、不思議な慣行や格付けのあいまいな規則があり、そのほかにも例外があまりに多くて、規則を明瞭《めいりょう》にするというより骨抜きにしてしまうものがたくさんある。

自分の地区以外をみることのない住民たちの社会的視野の狭さ、ならびに多くの不可思議な慣行や例外は、ここの住民の社会の最大の特性の一つであるが、その特性がいままでいろいろの理由から十分に認識されえなかったのである。しかし、以上に述べた首長制の概略によって、この社会の特性、彼らの制度の若干のニュアンスについて、明確な概念を得ることができるだろう。事実、クラにおける首長の役割を理解するためなら、それで十分といえよう。しかし、トロブリアンド島の政治的区分に関する、具体的なデータによって、あるていどその補足をする必要がある。

もっとも重要な首長は、すでに述べたように、オマラカナに住み、農業的にもっともゆたかで重要な地区であるキリウィナを支配している。彼の家族、つまりタバルの亜氏族は、この多島海全域で、とびぬけて高い地位にあると認められている。彼らの名声はクラの全域にひろがっており、キリウィナの地域全体が、首長のおかげで特権を享受している。そこの住民たちはみな首長個人のタブーを守るが、これは義務であるとともに、名誉でもある。

　この高位の首長についで、二マイルほど離れた集落に住む一人の男がおり、ある面では首長の家来であるのに、そのおもだった競争相手であり、敵でもある。これがカブワクの長、ティラタウラ地区の支配者である。この支配者の肩書を有するのは、モリアシという名の年とった悪党である。むかしはときどき、この二つの地区のあいだで戦いが起こり、十二ほどの村が戦闘に加わることもあった。このような戦争は、流血の惨もなく、長くはつづかなかった。ドブー島人や南マッシムの人々とはちがって、首狩り、人食いの風俗がボヨワ島〔トロブリアンド諸島の中の最大の島〕になかったので、戦争といっても、いろいろな点で競争的であり、スポーツでもするように争ったのである。しかし、敗北は深刻な問題だった。それは負けた集落が一時的に破壊され、一、二年のあいだ集落から追いだされることを意味した。そのあとで和睦《わぼく》の儀式が行なわれ、敵味方こぞって村の再建をするのだった。

　ティラタウラの支配者は中間的な身分であって、彼の地区以外ではたいした特権を享受しないが、内部では相当な権力と、貯蔵食物、儀礼用品の形で大きな富をもっている。彼の支配下にあるすべての集落には、もちろん独立の長がいるが、彼らは身分が低いので、わずかの地域的な権威をもつにすぎない。

　ボヨワ島の北半をなす広い地域の西部には、ほかに二つの地区があり、以前にはよくおたがいに戦争をした。

　その一つはクボマであり、キリウィナの首長よりも下位だが、身分の高いグミラババの首長に支配され、約十ほどの内陸の村からなり、産業の中心としてきわめて重要である。この村のなかには、ヤラカ、ブドゥワイラカ、クドゥクワイケラがある。これらの村でキンマを⑶かむときに用いる生石灰が作られ、また生石灰用の壺《つぼ》も作られる。壺に石灰のすぐれた模様を焼きいれる技術は、これらの村の人のお家芸であるが、残念ながら急速に衰えつつある。

ルヤの住民は籠《かご》作りで有名で、全島でもっとも美しい籠は、彼らの作品である。だが、すべての集落のなかでもっとも注目すべきはブウォイタルであって、そこの住民は島のなかでいちばん軽蔑《けいべつ》される人々であると同時に、いちばん恐れられている妖術師であり、いちばん器用で勤勉な職人でもある。彼らは村の付近から出た若干の亜氏族に分かれ、伝承によれば、その辺から、最初の妖術師がカニの姿で地中から現われたという。彼らは叢林《そうりん》の豚の肉を食い、アカエイを捕食する。この二つは、北ボヨワの他の住民が心から嫌悪《けんお》し、厳重なタブーの対象とするものである。

こういうわけで、彼らはほかの住民から軽蔑され、不潔だとみなされている。むかしはだれよりも低く身をかがめ、いやしい様子をしなければならなかったようである。結婚だろうと不義だろうと、ブウォイタルの者とあえて交わろうとする男女はなかった。しかし、木彫り、とくにすばらしい丸皿の細工や、繊維の編物、櫛《くし》の製作にかけては、だれよりも熟練しており、またそれを認められている。彼らは輸出用に大規模な製造を行なっており、他の集落にはこれにかなうような仕事をする者はない。

この島の北半分の西海岸で、潟《かた》にのぞむあたりに五つの村があり、これらがクルマタ地区をなしている。これはすべて漁村であるが、おのおのやり方がちがっていて、専用の漁場と、漁場を開拓する独特の方法をもっている。この地区は、いままでに述べたどの地区よりも等質性を欠いている。全体の首長というものがなく、戦争でさえ、集落は一団となることがない。しかし政治組織の細部にはいることは、ここではできない。

ボヨワの南には、まずルバ地方があり、これがせばまって長い地峡をなす島の腰部に位置している。この部分は、オリヴィレヴィに住む高位の首長に支配される。この男はオマラカナの首長と同じ家系に属し、南部のこの領域は、三世代まえに、新しい系列がその家系から分かれてできたものである。その事件は、ある戦争に負けたあと起こった。キリウィナの全部族は、ルバの南にのがれ、仮の村に二年間生活した。大部分はのちにもとの村にもどったが、首長の弟とともにあとに残る者も多く、こうしてオリヴィレヴィの集落ができたのである。

以前にはたいへん大きな集落であったワウェラには、いまは二十軒ちょっとの小屋しかない。東海岸では、海ぎわにある唯一の集落であって、美しい浜辺にとりまかれた広い湾を見おろす、絵のような場所である。ここは天文学の知識の伝統的中心地として重要で、何世代にもわたってこんにちに至るまで、住民たちの暦が決定されてきた。このことは、いくつかのたいせつな日どりがきまっていることを意味し、とくに例年の大祭ミラマラは、満月の日に行なわれることになっている。また、ワウェラは、呪術《じゅじゅつ》の第二の型式、つまり空飛ぶ魔女の呪術の、トロブリアンド島における中心である。住民たちの信ずるところでは、この型の妖術は島の南半分だけにあり、北の半分の女は関知しないのだが、南の魔女はボヨワの全域をその行動範囲にしているという。

ワウェラは東にのぞみ、キタヴァ島およびマーシャル・ベネット諸島の他の島々の集落と密接な関係があって、ワウェラとこれらの島々には、飛翔《ひしょう》し、呪術で人を殺し、死体を食って生き、とくに窮地にたった舟乗りにとって危険な女がたくさんいる、といううわさが共通に存在する。

トロブリアンド湾の西岸をさらに南へ下ると、シナケタの大集落があり、そこの六集落は、たがいに数百メートルたらずの距離に分布し、それぞれ集落の長がおり、あるていど地域的な特色をもっている。しかし、戦争とクラのときには、全村が一つの共同体となる。シナケタの首長たちのなかには、自分が最高の地位にあると称する者もあるし、平民の者もあるが、全体として身分の原理と首長の権力は、南に行くにしたがってうすれてくる。

シナケタの先にもいくつか集落があって、地域的なクラを行なっている。

シナケタについては、あとでくわしく説明することになろう。島の南部はカイブワギナと呼ばれることもあるが、北の諸地区のように、はっきりした政治的単位をなしていない。

最後に、本島の南に、狭い水路によってへだてられたヴァクタという半月形の島が横たわり、ここに四つの小集落と一つの大集落がある。近ごろ、おそらく四ないし六世代まえのことだが、最高の地位にある首長の家族、タバルの傍系のものが、この大集落にやってきた。しかし、彼らの勢力はシナケタの小首長ほどにもならなかった。ヴァクタでは典型的なパプア＝メラネシア型の政治組織、つまり、集落の長老たちによって組織され、その一人が他の者よりも上位に立つが、最高支配者ではないという形式が完全に守られている。

シナケタとヴァクタの二大集落がクラにおいては主要な役割を果たしており、赤い貝の輪が作られるのは全トロブリアンド諸島でこの二共同体だけである。のちにみるように、貝の輪の製作は、クラと深い関係がある。政治的にはシナケタとヴァクタは競争相手であり、むかしはときどき戦争をした。

はっきりした政治的、文化的な単位をなすもう一つの地区は、西方の大きな島カイレウラである。住民は漁師、カヌー作り、商人であって、西部ダントルカストー諸島に大遠征隊を送り、キンマの実、サゴヤシ、土器、ウミガメの甲羅《こうら》などを自分たちの製品と交換する。

クラを理解するには、おもな政治制度をしっかりつかんでおくことが必須なので、いままで首長制度と政治区分について、やや詳細な記述を行なったわけである。部族の生活、宗教、呪術、経済の各分野は、相互に関連しあっているが、しかし、すべてのものの基盤にあるのは、部族の社会組織である。だから、トロブリアンド諸島は、同じ言語をしゃべり、同じ制度をもち、同じ法と規則を守り、同じ信仰と慣習に縛られた文化的単位をなすということを心にとめておく必要がある。トロブリアンド諸島を分割する前述の諸地区は、政治的には異なっているが文化的には同じ地域なのである。すなわち、それらは類似した住民たちからなっているが、ただ、それぞれの利益を追求し、戦時に戦うために、おのおのの首長に服従するか、すくなくとも首長というものを認めるのである。

さらに、一つの地区のなかで、いくつかの村落共同体が、強固な独立性をもっている。村落共同体は一人の長によって代表され、成員は一体をなして、畑の呪術師の指導のもとに耕作するのである。それぞれ、村の祭、儀式を行ない、死者をみなで葬い、死者を記念して、一連のはてしない食物の分配を行なう。大事件にさいしては、それが地区にとってであろうと、部族にとってであろうと、村落共同体の構成員は集まって、一つの集団として行動する。

6

政治的、地域的な区分を横に切るものに、トーテム氏族がある。そのおのおのは関連ある一連のトーテムを持ち、なかでも主要なものは鳥である。〔3〕これら四つの氏族の成員がボヨワ島の部族全体のなかに散らばり、それぞれの村落共同体の人々は、四氏族に分かれる。一つの家を例にとっても、すくなくとも二氏族が存在する。というのは、夫は妻および子どもと別の氏族でなければならないからである。氏族のなかには、ある程度の連帯感があり、それはトーテムの鳥か獣への共通の親縁関係をもつという、きわめて漠然《ばくぜん》とした感情にもとづくわけだが、実際には、それ以上に一氏族の成員を結びつけるある種の儀式、とくに葬式を行なうというような社会的義務にもとづくものである。

亜氏族は氏族の地域的細分であり、成員は共通の祖先に属し、それゆえ、肉体的に真に一つのものであると信じ、彼らの祖先たちが現われた場所から離れないのである。一定の身分の観念が結びついているのは、これらの亜氏族である。トーテム氏族の一つであるマラシは、もっとも貴族的である亜氏族タバルを含むとともに、ブウォイタルの、ある地域に住むもっとも低い亜氏族をも含む。タバルの首長は、自分がアカエイを食う連中のだれかと同じマラシであり、縁がつながっているということをすこしでもほのめかされると、非常に侮辱されたと感ずる。トーテムに分かれ、これに階級の原理が結合されているのは、トロブリアンドの社会だけで、ほかのパプア＝メラネシア諸部族ではまったくこういうことがない。

親族について記憶すべきことは、ここの住民たちは母系であるという点である。身分の継承、社会集団への参加、財産の相続は、母系的になされる。少年の母の兄弟はその少年の真の保護者と考えられ、相互に一連の義務があって、両者のあいだに重要な関係をつくりあげる。

真の親族関係、真の身内は、男とその母方の親族のあいだにだけ存在すると考えられている。そのなかで、彼の兄弟姉妹は、いちばん彼に近い。ある男の一人または複数の姉妹が成長し、結婚するやいなや、彼は彼女らのために働かねばならない。それにもかかわらず、きわめて厳格なタブーが彼らのあいだにあって、しかもかなり幼いうちにこれがはじまる。姉妹のいるところでは、勝手なおしゃべりをしたり、冗談口をたたいたりしないばかりか、彼女らのことを見ようともしない。人のいるところで、兄弟姉妹の、密通であれ、結婚であれ、その性的な事件をほんのわずかでもほのめかされることは、彼にとって致命的な侮辱であり、ひどいはずかしめを与える。自分の姉妹のしゃべっている席へ一人の男が近づくと、姉妹のほうが退散するか、または自分のほうがよそにいく。

父の、子にたいする関係は、驚くべきものである。生理学的な父親という概念は知られておらず、母親の夫と妻の子どものあいだのきずなを除けば、父と子とのあいだには親族・血縁のきずなは存在しないと考えられている。しかしながら、父は子どもたちにとりわけ近い、もっとも愛情のゆたかな友達である。男であれ女であれ、一人の子どもに事故があったり、病気だったり、だれかがその子のために危険や困難に身をさらす必要が生じたときに、心配してあらゆる艱難辛苦《かんなんしんく》にたちむかおうとするのは、いつも父であって、けっして母方の伯父《おじ》ではないことを、私はきわめて多くのばあいに観察することができた。このことは、かなりはっきりと住民たちの間で認められており、あからさまにそう表現する者もある。相続問題や所有物の処分のばあいには、男は自分の姉妹の家族への義務を考えつつも、できるだけ自分の子どもたちのためにしてやる傾向がつねにある。

少年とその母方の伯父、息子《むすこ》と父という二つの関係にみられる差異を、一、二語で端的に言い表わすことは困難である。それを簡単に表現すれば、近い親族としての母方の伯父の立場は、法と慣習による権利として認められており、一方、子どもたちにたいする父の関心と愛情は、感情や両者のあいだに存在する親しい個人的なつながりによる、というのがもっともよいかもしれない。父は子の育つのを眺《なが》め、幼児にたいする母親のやさしい小さな愛護をなにかと助け、子どもを抱いて歩き、その子が年上の者の働くのを眺め、しだいに彼らにまじっていくようにさせるというような意味での教育を与えるのである。相続の点では、父はできるだけ子どもに与え、しかも惜しげもなくよろこんで与えるが、母方の伯父は習慣の強制のもとに、彼が自分自身の子どものためにとってあるものを、やむをえず、甥《おい》に与えるのである。

7

トロブリアンド島人の呪術、宗教の観念について、もうすこし述べておく必要がある。死者の霊の信仰に関して私を驚かせたおもなことは、彼らには幽霊に対する恐怖がほとんどなく、死者がもどってきはしないかとこわがるときの、不気味な感覚をぜんぜんもっていないことである。住民の恐怖はすべて、黒呪術、空飛ぶ魔女、病気をもたらす悪霊《あくりよう》、そしてとくに妖術師と魔女に向けられる。霊魂は死の直後、ボヨワ島の北西にあるトゥマ島に移り、そこにしばらくのあいだとどまる。そのとき、地下にいるのだという者も、姿は見えないが地上にいるのだという者もある。

霊魂は年に一度、もとの村に帰ってきて、ミラマラの年次大祭に参加し、供物をもらう。この季節には、ときとして生者に姿を見せることもあるが、見たものは驚かない。一般に、霊魂は、人間に良いことも悪いこともたいしてしない〔4〕。多くの呪術的儀礼では、祖霊を呼び迎えることがあり、若干の儀礼では、霊魂が供物をもらう。しかし、宗教儀礼の本質である人間と霊との親密な協同とか、相互関係は、すこしもない。

しかし、特別な知識によって人間が自然力を直接支配しようとする試みは、トロブリアンド島に広くみられ、きわめて重要である。妖術と畑の呪術についてはすでに述べた。ここでは、自然にたいして決定的に働きかける方法は、すべて呪術をともなっている、ということをつけ加えるだけにしよう。

すべての経済活動は、呪術をともなう。愛も赤ん坊の幸福も、才能も技術も、美も機敏さも、すべて呪術によってはぐくまれ、また挫折《ざせつ》させられる。クラ——これは住民たちにとってたいへん重要なことがらで、彼らの社会的情熱、野心のほとんどすべてがそこから生まれる——に関して、別の呪術組織のあることは、すぐあとで述べるが、そのとき、この問題全体を詳細に検討する必要が出てくるだろう。

病気や健康や死もまた、呪術、対抗呪術の結果として起こる。トロブリアンド島人は、これらの問題についてじつに複雑で、はっきりした理論的見解をもっている。もちろん健康は、第一に自然で、正常な状態である。軽い病気は、感染、食いすぎ、過労、わるい食物、そのほかありふれた原因で起こりうる。このような病気はけっして長くはつづかず、ほんとうにわるい結果をもたらしたり、すぐに危険をまねくことはない。しかし、長いこと病気で、力がほんとうに抜けたようにみえるときは、わるい力が働いているのである。黒呪術のきわめて普通の形は、ブワガウと呼ばれるもので、どの地区にもおおぜいいる黒呪術専門の妖術師が行なうものである。

どの集落にもたいてい一人か二人、ブワガウとして多少とも恐れられている者がいる。それになるには、呪文《じゅもん》の知識が必要なだけで、特別な秘伝はない。呪文を習うには――つまり、一般に認められるブワガウとなるまで習得するには――高価な支払いをすればよいが、例外的な事情によることもある。たとえば、父は息子にいつも、支払いを求めずに呪術を「授ける」。また、平民は高位の人に、男は姉妹の息子に教えようとする。このあとの二つのばあいには、きわめて多額の支払いをしなければならない。彼らの親族組織の特徴として重要なのは、子どもは、伝統的親族組織の上では血縁関係のない父から、呪術をただで教えてもらうのにたいし、その跡継ぎであるはずなのに、母方の伯父には支払わねばならない点である。

黒呪術の仕方を覚えると、まず最初の犠牲者に呪術をかけてみる。つねにこれは、彼自身の家族のだれかでなくてはならない。ある男の妖術をほんものにするには、まず母か姉妹、または母方の親類にかけなくてはならないというのが、あらゆる住民たちのあいだで確固たる信念になっている。このような母殺しの行為によって、彼は真のブワガウとなる。こうして黒呪術を他人にかけることができると、これで安定した収入源を得ることになるのである。

妖術に関する信仰は複雑であり、本当の妖術師から習ったか、部外者から習ったかでちがうし、おそらく地域的差異があり、あとから加えられた解釈によって、信仰が明らかに層をなしていることもある。ことはあきらかである。次に概略を述べることにしよう。

妖術師がだれかを襲おうとするとき、まず相手が始終出かけていく場所で簡単な呪文を唱える。その呪文によって、相手は軽い病気にかかり、家でふせることをよぎなくされ、家で火にあたり、体を暖めて病をなおそうとするだろう。カイナゴラといわれる最初の病気は、体内に〔われわれの見方からすれば〕リュウマチ、風邪《かぜ》、流行性感冒、そのほかの病気の初期の徴候のような苦痛をひきおこす。犠牲者が火のそばで床につき、それも普通は小屋の中央にある火のそばに寝ていると、ブワガウがそっと家に近づいてくる。彼はフクロウ、ヨタカのような夜の鳥を連れて見張りの役をさせ、伝説めいた恐怖の後光につつまれている。そこで、住民たちはみな、そのような夜の訪問者に出くわすと考えただけで身ぶるいするのである。

それから、彼は草ぶきの壁のすきまに死の呪文を封じこんだ草の束を、長い棒の先につけて押しこみ、病人の寝ているそばの火に落とそうと試みる。うまくいけば、焼ける葉の煙を病人は吸いこむわけである。この葉には、彼の名前が呪文とともに封じこめてある。すると、彼は、一定の徴候や呪術的病因をともなった致命的な一つの病気にかかるだろう。住民たちはそのような病気を、ずらりと数えあげることができる。このように、犠牲者は死の呪術を家のなかでかけられるのだから、最初の妖術は、彼を家に閉じこめるために必要だったわけである。

もちろん、病人も防戦する。まず第一に、友人や親類たちが病人をしっかりと守る。これが、妻の兄弟の主要な義務の一つである。槍《やり》をもって小屋の回りにすわり、接近するあらゆる者を待ちかまえる。私が夜おそくある村を散歩していると、このような徹夜の見張りと出くわすことがよくあった。次に、だれか競争相手となるブワガウを呼びよせる〔というのは、殺す術も、なおす術も、同一人の手で施されるからである〕。彼が対抗呪術の呪文を唱えると、ときには、最初の妖術師が恐るべきトギニヴァユの儀式にのっとって草を燃やすことに成功したばあいでも、その努力が無効となるのである。

もしこうなれば、呪術師はもっとも致命的、最終的な儀礼、つまり尖《とが》り骨の術を試みる。強力な呪文をつぶやきながら、ブワガウとその助手一、二名は、ジャングルの奥の空地で小さな鍋《なべ》にココヤシの油を煮たぎらす。草の葉を油に浸し、次にアカエイの鋭いとげか、それに似たものを包み、なによりも恐るべき最後の呪文をその上で唱える。それから、ブワガウは村に忍びこみ、犠牲者を見つけると、灌木《かんぼく》か家の背後にかくれて、呪術の匕首《あいくち》を犠牲者のいる方向に突きつける。ちょうど、犠牲者を刺し、刃で傷をえぐるかのように、実際に匕首を空中で回すのである。もしこれをうまく行ない、かつ、もっと強力な呪術師によって対抗呪術が施されなければ、この方法で人を殺しそこなうことはけっしてないだろう。

妖術師も素人も、病気や死をひきおこすと信じている黒呪術のかけ方を、段階順に、以上に簡単に要約してみた。実際に妖術は、黒呪術の力を所有しているとみずから信じている人間によってかけられるということは、疑う余地がない。同時に、ブワガウに命をねらわれているということを知ったときの人の、神経的な緊張はきわめて強い。そして、妖術師の背後に首長の力があると知ったときには、おそらくもっと事態は深刻である。この不安が、当然、黒呪術の成功をもたらすのにたいへん有効に働く。

他方では、首長はたとえ呪術で攻撃されても、身を守る護衛もあり、彼を支持するきわめて強力な魔女もいるばかりか、彼にたいして陰謀をたくらんでいる嫌疑《けんぎ》のある者を、直接に処分する権威をもっているわけである。したがって、妖術は既存の秩序を維持する手段の一つであり、裏がえせば、その秩序によって強化されるものだということができる。

不可思議なものや超自然的なものに関するいっさいの信仰の例にもれず、ここでも、対立する力〔対抗呪術〕があって逃げ道をつくっている。また、タブーを破ったり、呪文を唱えそこなったり、そのほか、いろいろな原因で十分に呪術が行なわれなかったという言いのがれ方もある。犠牲者は暗示によって強い影響を受けて、本来の抵抗力をなくしてしまう。さらにまた、すべての病気のもとは、だれか妖術師までたぐっていくことができ、その妖術師のほうでも、自分の評判を高めるために、自分が妖術を実際にかけたときはもちろん、たとえかけないときでも、自分がやったとあっさり認めてしまう。以上のことを考えると、なぜ黒呪術の信仰がさかえるか、なぜ経験的な証拠でそれを駆逐できないか、また、なぜ犠牲者に劣らず、妖術師も自分の力に信をおいているかを、理解することができるだろう。すくなくとも、これを説明することのむずかしさは、祈りと献身による治癒《ちゆ》、あるいは、クリスチャン・サイエンス[4]やルルド[5]のような奇跡とか信仰による治癒というような、現代の文明国の例を説明するむずかしさと変わりない。

ブワガウは、病気や死をひきおこす者のなかで、とりわけ重要ではあるが、その一例にすぎない。よくうわさにのぼる空飛ぶ魔女は、いつも島の南半から、あるいは東部のキタヴァ、イワ、ガワ、ムルアからやってくるが、ブワガウよりも恐ろしい。

　きわめて急性の猛烈な病気、とくに直接知覚できる症候群をともなわない病気は、ムルクワウシと呼ばれる者に帰せられる。これは、空を飛び、木、家のてっぺんなどの高い場所にとまるが、目に見えない。そこから男や女に飛びかかり、「中身」を、つまり肺、心臓、腸、脳、舌などを取りさり、かくしてしまう。別の魔女をわざわざ呼んで、十分な支払いをし、なくなった「中身」をさがしてもとにもどさなければ、犠牲者は一、二日のうちに死んでしまう。もちろん、そのあいだに食事をするようなことがあれば、手おくれのこともよくある！　そうして犠牲者は死んでしまう。

　別の強力な死の使いは、タウヴァウといい、人間の姿をしているが、人間ではない。あらゆる伝染病はタウヴァウによって起きる。

　雨季の終わりに、熟さない新しいヤム芋が集落にはいってくるころ、赤痢が猖獗《しょうけつ》をきわめて村人を死に追いやったり、あるいは、暑い湿気の多い年に伝染病が地区を襲って死亡者がたくさん出るのは、タウヴァウが南からやってきて、石灰入れのヒョウタンをがらがらいわせながら村々を歩き回り、棍棒《こんぼう》の刀か杖《つえ》で犠牲者をなぐると、相手はすぐに病気になり、死んでしまうからである。タウヴァウは、自由自在に、人間の姿にも爬虫類《はちゅうるい》の姿にもなれる。それは蛇にもカニにもトカゲにもなれるが、人を避けようとせず、また原則として皮膚になにか光る色をもっているので、見ればすぐわかる。このような爬虫類を殺せば、自分も死んでしまう。これはむしろ注意ぶかくつかまえて、首長のように取り扱わなければならない。つまり、高い壇の上にのせ、みがいた緑石の小刀、一対《いっつい》の貝の腕輪、ウミギクで作った首飾りといった富のしるしを捧《ささ》げ物として、前に供えなければならない。

タウヴァウがノーマンビー島の北海岸のドゥアウという地区、とりわけセワトゥパという場所からやってくると信じられているのが、非常に注目される。ここは、ドブー島人の信仰や神話によれば、彼らの妖術の生まれたところである。だから、もとの場所に住む部族からみれば、男たちがやる普通の妖術であるが、遠いかなたに住む異邦の部族からみると、それは、姿を変えたり、ものをかくしたりするような超自然力や、ねらえばかならず死を直接にもたらす方法をともなった非人間的な力のようにみえるのである。

タウヴァウは、女たちと性交することもある。現在も若干の例が記録され、タウヴァウと親しくなった女たちは危険な魔女となるのだが、彼女らがどのようにして妖術を行なうのかは、住民たちにもよくわからない。

トクワイという木の精は危険性がずっと少ない。木や岩に住んで、畑やヤム芋小屋から作物を盗み、軽い病気を起こす。以前に何人かの男が、トクワイから妖術のやり方を教わり、それを子孫に伝えたという。

このように、よくかかる急性のごく軽い病気を除けば、あらゆる病気は妖術のせいにされることがわかる。事故ですらも、原因なしに起こるとは、信じられていない。溺死《できし》にしてもその例にたがわないことは、トロブリアンド島人の危険な航海を追いかけるときに、もっとくわしくわかるだろう。老衰による自然死は可能性を否定されてはいないが、老衰が死因であることがあきらかな、いくつかのばあいに、なぜこれこれの男が死んだかをたずねると、いつもブワガウがその背後にあるという返事を受けた。しかし、自殺と戦死だけは、住民たちの頭のなかで別の場所を占めている。戦争で殺された者、自殺をとげた者、妖術で殺された者は、それぞれあの世へ別の道を通っていくという信仰によっても、このことは裏書きされる。

トロブリアンドの部族生活、信仰、習慣のスケッチは、このくらいにしておく。しかし、私の研究でもっとも重要なこれらの問題を、さらに展開する機会があるだろう。

8

クラ貿易が、出発点に戻る前の周遊で通過しなければならない、さらにふたつの地域に関してまだ述べていなかった。そのひとつは、北マッシムの東の部分であり、マーシャル・ベネット諸島（キタヴァ、イワ、ガワ、クワヤワタ）、ウッドラーク（ムルア）島およびナダ諸島の小さな島々が含まれる。もうひとつの地域は、住民たちがマシマまたはミシマと呼ぶ聖エイニャン島に、パナヤティという小さな島を加えた地域である。

岩だらけのボヨワの海岸のもっとも狭い岬から見ると、縁どられた白い波浪の上に、またつねに青く明るい海上のほとんど真東に、低い岩棚の平らな頂きが見える。これがキタヴァである。東部地区のトロブリアンド島民たちにとって、この島およびその背後にある島々は、まさしく南部ボヨワの島民たちにとってドブーがそうであるような、クラの約束の土地である。

しかしそこでは、南と異なり、方言の差しかないじぶんたち自身の言語を話し、非常によく似た制度と習慣をもつ部族民と取引きしなければならない。実際、もっとも近くのキタヴァ島は、トロブリアンド諸島とはほとんど相違点がないのである。もっと遠くにある島々、とくにムルア（ウッドラーク）島は、ほんの少ししかちがわない型のトーテム信仰を持ち、亜氏族に伴う身分の観念をほとんど持たず、したがってトロブリアンド島的な首長制はないけれども、その社会組織は西部地方におけるものとほとんど同じである。私が住民たちを知っているといっても、彼らがひじょうに頻繁に、群をなしてトロブリアンド島にクラ遠征のためやって来るので、知っているにすぎない。

しかし、ムルア島のリコヤス村で、私は現地調査のため短期間を過ごした。外貌、衣服、装飾品および習慣において、そこの住民たちはトロブリアンド島民と見分けがつかない。性、結婚、および親族関係に関する彼らの考えや習慣は、ボヨワのそれと同じで、細部がちがうにすぎない。信仰と神話においても、彼らは同じ文化に属する。

トロブリアンド島民にとって、東方諸島は、恐れられたムルクワウシ（空飛ぶ魔女）の主な住みかであり、砦であった。イワ島に起源をもつ恋の呪術はそこからやって来たし、神話的英雄トゥダヴァが航海し、やがてはどことも知れぬ場所に姿を消してしまった遠い海岸があった。もっとも最近の説によれば、この英雄は白人たちの国でその経歴を閉じたらしいということになっている。現地の信仰によれば、邪術によって殺された死人の魂は東方の諸島に旅し、ただしそこには止まらず雲のように空中をただよったのち、北西のトゥマ島に向かう、ということになっている。

　これらの島々から、多くの重要な産物がボヨワ（トロブリアンド）にくる。しかし、そのいずれも、固く均質な緑色岩の半分ほども重要ではない。過去においては、この石であらゆる道具が作られ、また現在に至るまでそれで儀式用の斧が作られている。これらの場所のいくつか、とくにキタヴァは、ヤム芋の菜園によって知られ、黒檀《こくたん》にほどこされた最上の彫刻もそこの産であることが知られている。この地区の住民たちとトロブリアンド島民のもっとも重要な相違点は、葬儀用の食料分配のやり方に見られる。

　ムルア（ウッドラーク）島からクラの航跡はふたつの線を描いて南に湾曲し、そのひとつはトゥベトゥベに向かい、もうひとつはミシマ、そして次にトゥベトゥベとワリに向かう。わたしはミシマ地区についてはほとんどなにも知らない――この島の人々と一、二回話したことがあるだけである。また、わたしの知るかぎりこの地区に関して、信頼できる刊行物はない。そこでこの点に関してはほとんどなにも言わずに話を進めざるをえない。しかし、これはたいして重要な問題ではない。

　というのは、わたしが彼らに関して持つ僅かの知識からしても、そこ本来の住民たちが他のマッシムの住民たちと本質的にちがわないことはたしかだからだ。彼らはトーテムと母系制を持ち、首長を持たない。また権威の形態は南マッシムにおけると同様である。その妖術師や魔女たちは、南マッシムおよびドブーのものと類似している。製造においては、カヌー建造が特技であり、パナヤティという小さな島ではガワおよびウッドラーク島の住民たちと同じ型の船を作るが、それはトロブリアンドのカヌーと比べてほとんど差がない。ミシマ島では、ひじょうな量のアレカ（キンマ）が生産される。これは人の死後この実が大量に植えられる習慣があるからである。

クラの最後の環《わ》をなすトゥベトゥベとワリの小島は、すでに南マッシム区域に含まれる。実際のところトゥベトゥベ島は、セリグマン教授が詳細に研究した場所であり、その民族誌的記述は、頻繁に引用される論文の中で南マッシムの区分をかたちづくる三つの並行した専門論文のひとつである。

最後に、くりかえし指摘しておきたいのは、本章および前章で述べたさまざまなクラの地域の記述は、詳細にわたって正確なものであるけれども、部族の徹底的な民族誌的記述を意図しているものではない、ということである。それはさまざまな型の地域住民や国や文化の生き生きとした、いわば個人的な印象を写しだすために、ほんの軽いタッチで描きだしたものにすぎないのである。もしさまざまな部族のそれぞれについて、すなわちトロブリアンド島民について、アンフレット島民、ドブー人、および南マッシム人などについて、その相貌を描きだすことに成功し、彼らに対する関心を喚起することに成功したならば、主な目的は達成されたわけであるし、クラの必要な民族誌的な背景は述べられたわけである。

注

〔1〕すでにC・G・セリグマン博士が指摘したところであるが、北マッシム人――トロブリアンド島人はその西部の住民である――のなかには、きわだってみごとな身体特徴をもった人々がある。この人々は、「鼻梁の非常に低い、広顔・広鼻の型の個体にくらべて、一般にしばしばきわめて目だつほど背が高い」

〔2〕これは、経済学の一般的な結論がまちがっているという意味ではない。人間の経済的性格について、想像上の未開人を引き合いに出して説明するのは、たんに教育上の目的のためにそうするのであって、実際には、これらの著者たちの結論は、発達した経済段階にみられる諸事実の研究にもとづいている。しかし、それはともかくとして、虚偽を導入することによって問題をより単純にみせるということが、教育上、まちがった原則であるという事実を除いても、自分たちの研究領域に、外部から誤った事実を導入されることにたいして抗議するのは、民族誌学者の義務であり権利である。

〔3〕連鎖トーテムの存在を発見し、この用語をはじめて使ったのは、C・G・セリグマン教授である。前掲の『英領ニュー・ギニアのメラネシア人』九、一一ページ参照。同書の索引も参照のこと。

〔4〕私は宗教と呪術という語をジェームズ・フレイザー卿の区別（『金枝篇』第一巻）にしたがって用いている。フレイザーの定義は、他のどのような定義よりも、キリウィナの事実にはるかによく合致する。実際には、私は、野外調査をはじめたとき、『金枝篇』で展開されている宗教と呪術の諸理論は適当でないと確信していたのであるが、ニュー・ギニアでのすべての経験から、フレイザーと同じ意見にならざるをえなかった。

（1）突顎は、「プログナティック」prognatic の訳である。咀嚼器が前につきだし、顔面角が小さい風貌。

（2） 黒呪術とは、人に危害を加えるために、悪魔の力を借りて行なう呪術である。その反対を白呪術という。

（3） betel. コショウ科の植物。その葉にビンロウジと、少量の石灰を包んだものを、東インド諸島の先住民は常習的にかむ。

（4） 一八六六年、アメリカのメリイ・ベイカー・エディ（一八二一～一九一〇）がはじめたキリスト教の一派で、信仰療法を特色とする。

（5） フランス南西部ピレネー地方の町。この町の洞窟に聖母マリアが現われて、そこにわきでる泉に病をいやす力を与えたという信仰がある。

第二章　クラの本質

1

以上で、舞台と登場人物について述べたから、いよいよ演技に話を進めよう。クラとは、部族間で広範に行なわれる交換の一形式である。それは、閉じた環《わ》をなす島々の大きな圏内に住む、多くの共同体のあいだで行なわれる。この環は地図5に見られるように、ニュー・ギニア東端の北および東にある多数の島を結ぶ線によって表わされる。このルートにそって、二種類の、また二種類にかぎる品物が、つねに逆の方向に回りつづける。

このうちの一つの品物は、つねに時計の針の方向に回っている。すなわち、ソウラヴァと呼ばれる赤色の貝の、長い首飾りである〔写真11〕。逆の方向には、もう一つの品物が動く。これは、ムワリという白い貝の腕輪である〔写真12〕。

これらの品物はそれぞれ、閉じた環のなかを動いていくあいだに、種類のちがういろいろな品物とであい、つねにそれらと交換されていく。クラの品物の移動、取引きの細部は、すべて一定の伝統的な規則と慣習によってきめられ、規制されており、また、クラの行事のいくつかは、念のいった呪術儀礼と公的な儀式をともなう。

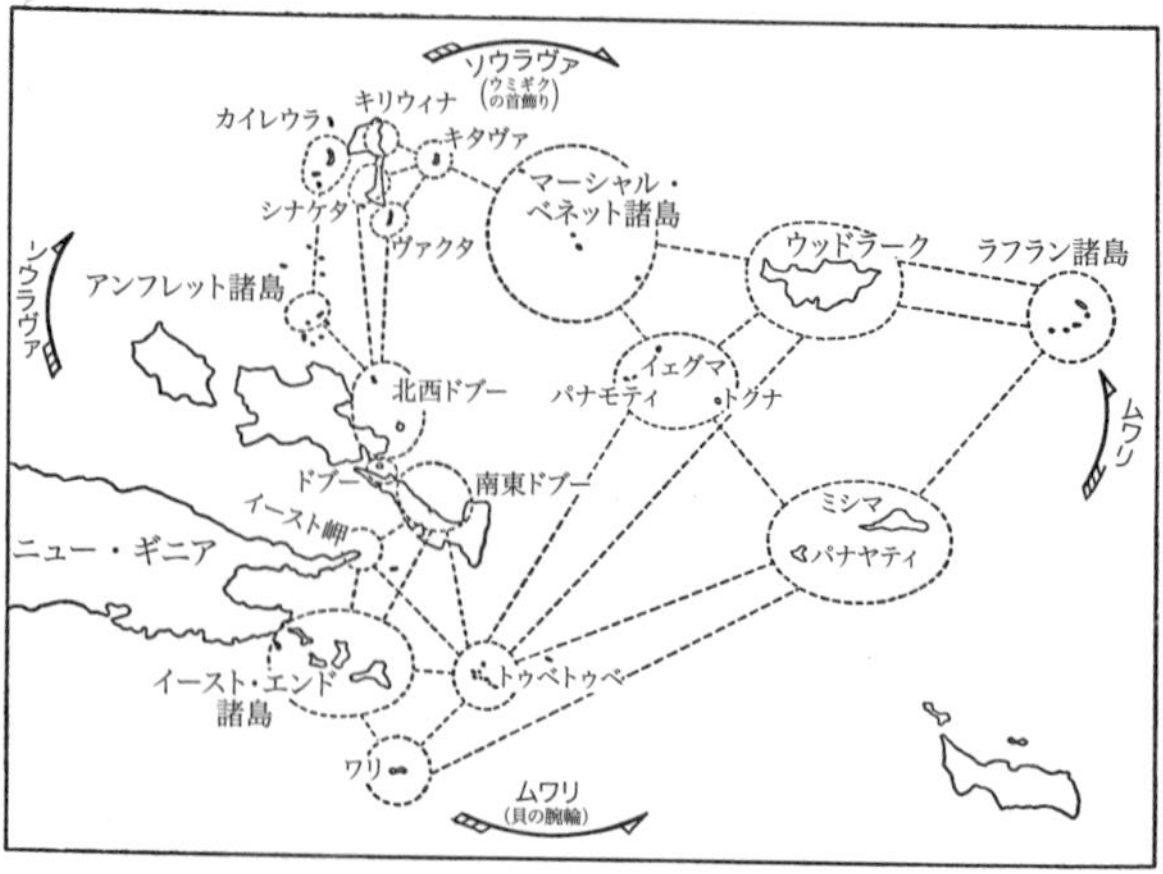

地図５　クラの環

どの島でも、どの村でも、程度の差こそあれ、かぎられた数の男たちがクラに参加する――すなわち、品物を受けとり、これを短期間所有して、それから次に送る。だから、クラに関係するすべての男は、規則的にではないが、ときどき一ないし数個のムワリ〔貝の腕輪〕かソウラヴァ〔赤い貝の円盤形の首飾り〕を受けとり、それを取引相手の一人に渡さねばならない。その相手からは、交換に反対の品物を受けとる。このようにして、品物のどちらをも長期にわたって所有しつづけることはない。

一つの取引きで、クラ関係が終結するのではない。「いちどクラにはいれば、ずっとクラに属する」のが規則であって、二人のあいだの相互関係は、終生つづく永続的なものである。また、任意のムワリまたはソウラヴァはいつも旅をつづけ、所有者を変えているのであって、それが一ヵ所に落ち着くなどということはない。だから、「いちどクラにはいれば、ずっとクラに属する」という原理は、財貨自体にもあてはまる。

　この二つの品物を儀式的に交換するのが、クラの主要な、基本的な側面である。しかし、そのかげにかくれて、これと関連した二次的な活動や特徴がたくさんあることをわれわれは発見している。つまり、腕輪と首飾りの儀礼的な交換と並んで、住民たちは通常の交易を行なう。すなわち、どの地区でも不可欠の日用品のうち、輸入しなければ手にはいらないものがいろいろあるので、これらを島から島へと運んで物々交換するのである。また、遠征のための遠洋カヌーの建造、大規模な葬式、準備のためのタブーなど、クラのための予備的な活動、またはクラと結びついた活動がある。

　だからクラは、地理的な広がりからいっても、その構成要素の多様性からいっても、極度に大きく複雑な制度である。それは多数の部族を結びつけ、おたがいに関係しあった諸活動の巨大な合成物をその内容とし、こうして一つの有機的全体を形成するのである。

　しかし、われわれからみても広範で複雑な、それでいて秩序だった制度とみられるものは、法も目的も、はっきりと定められた憲章も持たない「野蛮人」が行なう、非常に多くの行動と仕事の結果であることを記憶しておかなくてはいけない。彼らは、社会構造の全体的輪郭について、知識をもっていない。自分自身の動機は知っているし、個々の行為の目的や、それに該当する規則も知っているが、これらからどのように全体的制度が形づくられるかという問題は、彼らの知能の範囲を越えている。

11　首飾りをつけた女

12　腕輪をつけた青年

どんな頭のよい住民でも、組織化された大きな社会構成物としてのクラについて明瞭《めいりょう》な観念をもっていないし、いわんやその社会的機能、意味あいといったものはわからない。もしクラとは何であるかを問うと、住民は若干のこまかな事実をあげ、おそらくクラに関する自分の個人的経験と主観的見解を述べて答えようとするが、まえにあげた定義に近い答えはなにも得られない。部分的に一貫した説明すらもできないだろう。総合的な図式は、彼の頭のなかにない。彼は全体のなかにあるのであって、外からそっくりそれを見ることはできないのである。

観察した細部を総合したり、あらゆる扱うに足るさまざまの徴候を社会学的に組み立てることは、民族誌学者の仕事である。なによりも民族誌学者は、ちょっと見には無関係で支離滅裂にみえる諸行為が意味をもっていることを見いださなければならない。次に、このような行為で何が恒常的で扱うに足るものであるか、何が偶然的で非本質的であるかを、つまり取引き全体の法と規則とを見いださなければならない。

さらにまた、民族誌学者は、つねにだれの手にもとどくところにありながら、一貫した解釈がなされていない実験資料から理論をつくりだす物理学者のように、大きな制度の図式を構成しなければならない。序論〔5、6節〕のなかでこの方法の問題にふれたけれども、あえてここでくりかえすのは、住民のなかに存在する諸条件の正しい見方を失わないためには、そのことを理解しておくのが必要だからである。

2

以上にクラの抽象的で簡潔な定義を述べたのは、普通の研究の仕方と順序が逆であるが、それもやむをえなかった。だいたい民族誌学的な現地調査では、一般的な推論というものは、長い調査と骨の折れる帰納の結果として得られるのである。クラの一般的な定義は、今後詳細で具体的な記述を進めて行くとき、一種の見取図または図式として役だつだろう。クラは富と有用物の交換に関することであり、したがって、それは経済制度であるから、そのことがさらに必要となる。そして原始生活の諸側面において、経済に関する問題ほどわれわれの知識がとぼしく、理解が浅薄で、誤った概念化がはびこっている分野はないのだから、いかなる経済問題にアプローチしようとするときでも、基本概念をあきらかにすることがたいせつである。

そういうわけで、序論ではクラを「交易の一形態」と呼んで、他の物々交換制度と並べて扱った。もしも「交易《トレード》」という語を十分広義に解釈し、それによって財貨の交換をすべて表わすならば、この呼び方は正しい。しかし、「交易」という語は、現在の民族学や経済学の文献で非常にまちまちな意味で使われているので、事実を正確に把握《はあく》するためには、まちがいを起こしやすい先入観を、すべて払いのけなくてはならない。

天下りの通念によると、原始的交易は、欠乏必要にうながされて、たいした儀式も規制もなく、有用なあるいは不可欠の品物の交換を、不規則かつ間欠的に行なうことであるとされている。この見方にしたがえば、だれもが損をしないように警戒しながら直接的に物々交換をするか、もし「野蛮人」がきわめて臆病《おくびょう》で、相互の信頼がなく、直接接触できないばあいには、重い罰則を定め、課せられた義務が履行されるように、ある種の慣習的なとりきめをするか、そのいずれかの仕方で交易が行なわれるということになっている。〔1〕

これがどのていど妥当であるか、一般的であるかという問題をしばらくおいて――私は、右のような考え方は誤解を生むものだと思うが――、われわれは、クラがほとんどすべての点で、右の「野蛮人の交易」の定義と矛盾することを、はっきりと理解しておかなくてはならない。クラは原始的交換を、まったく異なった光のなかに照らしてみせるだろう。

クラは不安定な、内密の交換形式ではない。まったく逆で、神話に根ざし、伝統的な法にささえられ、呪術《じゅじゅつ》的な儀礼にとりまかれたものである。その主要な取引きは、すべて儀式をともない、公的な性格をもち、一定の規則によって行なわれる。それは偶発的に行なわれるのではなく、まえもってきめられた日に、規則的に行なわれ、きめられた約束の場所に向かう一定の交易ルートにそって行なわれる。社会学的にみれば、言語、文化、そしておそらく人種さえもちがう部族のあいだで取引きされるのではあるけれども、クラは一定の不変の状況をふまえて、何千という人々を二人ずつ組ませ、共同関係にまとめあげることを根本として行なわれる。

この共同関係は、一生つづくものであり、いろいろな特権や相互的義務を含み、一種の大規模な部族間関係をなしている。取引きの経済機構についていえば、それは、特殊な信用の形式に基礎をおき、高度の相互信頼と商業道徳を必要としている。クラにともなう小さな副次的交易にも、同じようなことが認められる。最後に、クラの主たる目的は、実用性のない品物を交換することにあるのだから、なんら必要に迫られて行なうものではない。

この章の初めに書いた簡潔な定義からみると、クラは、余分な粉飾を取り除いたぎりぎりの本質においては、ごく簡単なことがらであり、一見、平凡で退屈にさえみえるかもしれない。結局、これはがんらい装飾用に作られながら、けっして日常の装飾としては用いられない二つの品物を、無限にくりかえして交換することにつきる。しかし、二つの意味のない、まったく無用な品物をつぎつぎに交換するというこの単純な行為が、部族間にまたがる大きな制度の土台となり、ほかの多くの活動をともなってきた。神話、呪術、伝統はクラをめぐる一定の儀式儀礼の諸形式を築きあげ、住民の心のなかでは、クラに価値とロマンスの後光を与え、この単純な交換への情熱を彼らの胸中に注ぎこんだのであった。

二つの品物の単なる交換が、どのようにして、これほど深く根をおろして複雑で広範にわたる制度となったかを、はっきりと理解するために、いまやクラの定義を発展させて、その基本的な特徴と主要な規則を一つ一つ記述しなければならない。

3

まずはじめに、交換される二つの主要な品物である腕輪〔ムワリ〕と首飾り〔ソウラヴァ〕について多少述べなければならない。腕輪は、大きな円錐《えんすいけい》形の貝〔*Conus millepunctatus*〕の先端と細いほうの端を取りさって、残りの輪状部をみがきあげたものである。この腕輪は、ニュー・ギニアのパプア＝メラネシア人の渇仰の的で、湾岸に住む純粋のパプア人の地区にまでひろがっている。〔2〕腕輪のつけ方は写真12に示されているが、これは、男たちが写真をとるためにわざわざつけてみせたのである。

ソウラヴァは赤いウミギク（*Spondylus*）の小円盤から作られるが、その小円盤の使用もまた、きわめて広い範囲にみられる。ポート・モーズビーの村の一つに製造の中心地があり、そのほか、東部ニュー・ギニアの若干の場所、またとくにロッセル島、トロブリアンド諸島でもさかんに作られる。ここでわざわざ「使用」といったのは、泥褐色《でいかっしょく》から淡紅色までいろいろな色をし、まんなかに穴のあいた丸い平らな円盤からなるこれらの数珠玉《じゅず》が、さまざまの装飾品として用いられるからである。べっこうの環《わ》で作る耳飾りの一部として用いられることがもっとも多い。耳飾りは耳たぶにつけられ、ここに貝製円盤の束をぶらさげる。

この耳飾りは、ずいぶん広く使われていて、とくにマッシム人の間では、男女とも二人に一人は耳にこれをつけている。そうでない連中は、貝製円盤なしのべっこうだけで作った耳飾りで満足している。とくに少年少女がありふれた飾りをつけているのをよく見かけるが、これは一個ないし数個のコヤス貝製垂れ飾りのついた、赤いウミギク製円盤の首飾りで、ちょうど首に一巻きする長さである。これらの貝製の首飾りは、祭のときだけ着る各種の入念な装飾品の一つとして使ってかまわないし、実際にも用いられている。このとき使われるのは、ウミギク製円盤をつらねた、二ないし五メートルに及ぶ長い首飾りである。これには二種類あって、一つは大きな貝の垂れ飾りのついたりっぱなもので、もう一つは大きな円盤でできているが、中央にコヤス貝か黒いバナナの種子をつけたものである。

　貝の腕輪と長いウミギク製首飾りという、クラの二つの主要な物品は、まず本質的には装飾品である。それらは、たいへん凝《こ》ったダンス衣装を着るときにだけ飾りとして用いられ、とくに、大きな儀式的舞踊、大祝祭、写真4に見られるようないくつもの村から人の寄る大きな集まりなど、重要な行事のときに身につける。けっしてこれらは日常の装飾に用いることはできないのである〔写真8、10〕。村内の小さなダンス、収穫の祭、恋を求める遠征といった、あまり重要でないばあいには、顔に彩色したり、花で飾ったり、ふだん用ともいえないが小さな装身具をつけるだけで、右の二つの飾りは使うことができない。これらの品物を使用することは不可能でなく、ときには実際に使われるにしても、それは主要な機能ではない。

　だから、首長はいくつかの貝の首飾りと、二、三の貝の腕輪をもっているかもしれないが、大きな舞踏会が、彼自身の村あるいは近辺の村で行なわれるとしても、おしゃれをしてダンスをするつもりがなければ、出かけるときこのような装身具をつけることはないだろう。しかし、彼の親類、子ども、友人、あるいは家来でも、求めればそれを使用できる。もし、祭やダンスに出かけていって、おおぜいの男がこの飾りをつけているのを見、それはだれのものかと、任意の人にたずねれば、彼らの半数以上は、自分たちは所有者ではなく、その品物を貸してもらっただけだ、と答えるだろう。これらの飾りは、使うために所有されるのではない。それで自分の身体を飾る特権が、所有の真の目的ではないのである。

実際、腕輪の大部分、おそらく九割以上は、小さな少年少女がつけるにも、サイズが小さすぎるのである。これは、意義ぶかいことである。若干の腕輪はあまりに大きく、貴重であり、十年に一度くらい、きわめて重要な人物が、きわめて壮大な祝祭のときにつける以外は、ぜんぜん用いられない。また、すべての貝の首飾りは、首につけることができるけれども、そのなかには、やはりあまりに貴重であるとみなされ、始終使うのはもったいないので、ごくまれにしか使われないと思われるものもある。

このように否定的な記述をしてみると、いったいなぜこれらの品物は価値があるのか、いかなる目的に役だつのかという疑問が残る。この質問にたいする十分な解答は、以下の章に述べる話全体において示されているが、だいたいの概念をここで説明しておかねばなるまい。既知のものを通して未知のものを考えるのがつねに正道であるから、われわれのあいだにも同じように所有、使用され、同じような役割を演ずる同じような種類の品物がないかどうかを、しばらく考えてみよう。

南海とオーストラリアに六年間過ごしたあとで、私はヨーロッパにもどり、エディンバラ城に初めて見物に出かけ、戴冠式《たいかんしき》用の宝石を見せてもらった。案内人は、どのような機会に、どのような王さまや女王さまがこれをつけられたか、そのあるものをロンドンに持っていってしまったことが、当然ながらどれほど全スコットランド国民を怒らせたか、それがどのように返還されたか、いまやっと錠をおろされて安全に保管され、だれも手を触れることができなくなって、みなどれほど喜んでいるか、というような話をした。私は宝石を眺《なが》め、なんと醜く、無用であるか、みっともなく、ぶざまですらあると考えているとき、なにか似た話を最近聞いたような気がし、類似の印象を与えるこの種の品物をたくさん見たことがあるような感じがした。

やがて私の脳裡《のうり》に、珊瑚島《さんごとう》の住民の村の光景が浮かんできた。不細工な小さな壇にパンダナスで屋根をふき、回りにはおおぜいの褐色《かっしょく》の裸の男たちがいる。その一人が私に、長い紐《ひも》を通した細い赤い物と、使い古された大きな白い物体を見せてくれる。どちらも見ぐるしく、さわるとべたべたしている。うやうやしく彼はそれらの名前を言い、いつだれがそれを身につけたか、どのように所有者が転々と変わってきたか、それを一時的に所有することが、どれほど重要な地位のしるしであり、村の栄光であるかなどという歴史を語りたがる。

ヨーロッパとトロブリアンドのヴァイグア〔キリウィナ語の財宝〕にみられる類似性を、もうすこし正確に浮彫りにしてみる必要がある。戴冠式用の宝石をはじめ、佩用《はいよう》するにはあまりに貴重で扱いにくい家宝というものは、ただ所有せんがために所有されるという点、およびそれらを所有していることが代々評判であったという点で、トロブリアンドのヴァイグアと同じタイプに属する。家宝とヴァイグアはともに、それにまつわる歴史的感傷のゆえにたいせつにされる。

醜く、ものの役にたたず、現代の標準からいえば無価値であっても、それが歴史の舞台の上で輝き、歴史的人物の手をへて伝えられ、たいせつな歴史上の思い出を無尽蔵に封じこめた容器であるかぎり、それは、われわれにとって貴重なわけである。歴史的感傷は、過去の出来事を研究する一般的関心のなかで、実際大きな役割をもつのであるが、それは南海の島々にも存在するのである。

真にすぐれたクラ用品は、固有の名前をもち、それをめぐる住民たちの伝説には、一種の歴史とロマンスがある。戴冠式の宝石と家宝は、それぞれ高位のしるしであり、富のシンボルである。むかしのヨーロッパでも、数年まえまでのニュー・ギニアでも、身分と富とは相ともなったのである。おもな相異点は、クラの財貨がほんの一時的に所有されるのに、ヨーロッパの宝物が完全な価値をもつためには、永久に所有されねばならないという点である。

この問題をもっと広い民族学的観点から考えると、クラの財宝は、多くの「儀式用」の宝物――装飾や彫刻のある大きな武器や石器、自家製ないしは工場製の品物で、あまりに装飾的なため実用に向かないもの――の一つに分類できるだろう。これらは「儀式用」とふつう呼ばれている。このことばはたくさんの意味をもっているようだが、ぜんぜん意味をもたないことが多い。使用法や性質についてなにも知られていないという理由だけで、ある品物が「儀式用」と呼ばれることは、とくに博物館の展示説明によくある。

ニュー・ギニアからもってきた展示品だけについていっても、いわゆる儀式用品には、大きくなりすぎ、それを作るのに費やされた労働量と材料の貴重さとによって、経済的価値が凝集され貯蔵されたにすぎないものが多い。またほかに、祝祭のとき使用されるが、儀礼や儀式ではなんら役割を果たさないで、装飾としてしか用いられないものがある。こういうものは、正確には誇示用品と呼ぶべきだろう。

最後に、これらの多くの宝物には、呪術、宗教儀礼の道具として実際に機能し、ほんらい、儀式の道具に属すものがある。このようなものだけが、まさしく「儀式用」と呼びうると思う。

南マッシムのソイ祭のとき、彫刻のある美しい柄《え》のついた磨製石斧《せきふ》をになった女たちが、太鼓の音に合わせてリズムをとり、豚を連れ、マンゴーの若枝をかざしながら村にはいってくる〔写真3、4〕。これが儀式の一部であり、斧《おの》は不可欠な付属品であるから、このばあいの斧の使用法は、「儀式的」であるというのが正しいだろう。また、トロブリアンドの呪術の儀式では、トウォシ〔畑の呪術師〕は肩に柄つきの斧をになわねばならない。彼はそれでカムココラ構造〔第一章4節。写真35も参照〕に儀礼的な一撃を加えるのである。

ヴァイグア——クラの財宝——は、一面からみると、実用には向かないぶざまな品物である。しかし、それは、正確な狭い意味での儀式用品でもある。以下の説明をお読みになればあきらかになるであろうが、最後の章でこの点にもどって考えてみよう。

ここでは、クラの財宝が住民たちにとって何であるかについて、明瞭《めいりょう》ないきいきとした観念を示そうとしているのであり、それに付随する細部的なことがらを記載したり、正確な定義をくだそうとしているのではないことをことわっておく。ヨーロッパの家宝や戴冠式用の宝石との比較をしたのは、この所有形式が、われわれの観念に翻訳することの不可能な奇妙な習慣で、南海だけにあるわけではないということを示そうと思ったからである。

ぜひ強調したい点であるが、私の比較は、純粋に外見だけの皮相な類似性にもとづいているのではない。そこに働いている心理学的、社会学的な力は同じものであり、われわれにとって家宝を価値あらしめるとまったく同じ心のもち方が、ニュー・ギニアの住民たちにヴァイグアを価値あらしめているのである。

4

腕輪と首飾りという二種のヴァイグアを交換するのがクラのおもな行為である。この交換は、そういう機会が訪れて右から左へ勝手になされるのではない。実際にはきびしい制限と規則にしたがうのである。この規制の一つは、交換の社会学と関係があり、クラの取引きが、きまった相手とだけで行なわれることを定めている。クラに参加する一人の男——この地区のだれもがクラをやれるわけではない——は、わずかの人々とだけそれができる。

この共同関係《パートナーシップ》は、若干の形式をふんだ一定のやり方で結ばれ、終生の関係をつくりあげる。一人の男がもつ相手《パートナー》の数は、その身分と重要度によって異なる。トロブリアンドの平民は、ほんの数人しか相手がないが、首長は何百人も相手がある。ある人の相手の数を制限し、ある人の相手の数をふやすための特別な社会機構はないが、だれでも自分の身分地位からいって、何名の相手をもてるかを当然知っているのだろう。

また、先祖の例が、いつも彼にそのことを教えてくれる。身分の差がそれほどはっきりしない部族でも、地位の高い老人とか、集落や村の頭《かしら》は、何百というクラの相手をもっているが、あまり重要でない男は、ほんのわずかしか相手をもたない。

二人のクラ仲間は、おたがいにクラをする義務があり、そのおりに他の贈物をも交換する。彼らは友人としてふるまい、二人の村のあいだの距離や、相互の身分によって異なるが、たくさんの相互的義務を負っている。平均的にみて、一人の男は、近くに数人の相手があって、それは原則として、姻族か友人であり、彼らとは一般にきわめて仲がよい。

クラの取引同士の関係とは、ここの住民たちのいちじるしい特徴となっている、贈物と奉仕の相互交換という長期的関係を、二人の男のあいだに作る特殊なきずなの一つなのである。また一般人は、自分の、あるいは近隣の地区にクラをする一、二名の首長をもっている。このばあい、彼は首長たちにいろいろな仕方で奉仕し、手つだいをする義務があり、新鮮な収穫物があると、そのなかからよりすぐっていいところを提供しなければならない。その代わり、首長たちが自分に気まえよくしてくれることを期待するわけである。

一方、海のかなたの取引相手は、不安で危険な土地で彼を客人としてもてなす主人であり、保護者、味方である。こんにちでも危機感はまだ残っており、人々は、知らない土地で安心感やくつろいだ感じをもつことはないが、この危険はむしろ呪術的な危険として感じられており、彼らを襲う恐怖は未知の妖術にたいするものである。むかしはもっと直接的な危険が恐ろしかったわけで、クラの仲間が、安全を保証してくれるたのみの綱であった。この仲間が食物を与え、贈物をくれる。そこで眠ることはけっしてなかったけれども、彼の家が、村にいるあいだ会合できる唯一の場所であった。だからクラの共同関係のおかげで、だれでもその環《わ》のなかで、身近な人を何人か、遠くの危険な未知の土地に味方を何人かもつことができる。この人たちとだけ、彼はクラを実行できるわけだが、もちろんその相手のだれに、どんなものをあげるかは自分の自由である。

さてここで、共同関係の規則の累積的結果についてざっと調べるとしよう。クラの環《わ》の全体にわたって、網の目状の関係があることをわれわれは了解している。当然のことながら、その全体はひとつに織り込まれた布のようなものである。おたがいに何百マイルも離れて住んでいる人たちが、直接または間接の共同関係によって結ばれ、相互に交換し、たがいに知りあい、ときには大きな部族間の集まりでいっしょになる〔写真13〕。一方が与える品物は、しばらくして、非常に遠くにいる間接の相手のところにとどく。これには、クラの財宝だけでなく、さまざまな什器《じゅうき》や、ちょっとした贈物などもいろいろある。長いあいだには、物質文化ばかりでなく、習慣、歌、芸術の主題その他文化全般の影響が、クラの道にそって伝播《でんぱ》することが容易に理解される。これは巨大な制度であって、部族間に広大な網目状の関係を作り、クラの交換への共通の情熱と、それとともに、多くの興味ときずなで結ばれた何千という人間を包含するのである。

ここでふたたびクラの個別的実態を調べるとして、たとえば、南トロブリアンド諸島にあ

13　シナケタの海岸でのクラの集まり

るクラの重要な中心地シナケタ村に住む普通人を、例にとろう。この男は遠くにも近くにも若干のクラの相手をもっており、それらの相手は、腕輪をくれる人と、首飾りをくれる人の組に分かれる。というのは、腕輪と首飾りは逆の方向に動くので、この二つを同じ人から受けとることはけっしてないというのが、クラの鉄則だから当然である。もし一人の相手が腕輪をくれれば、私はその人に首飾りでお返しするわけで、それ以後のやり方は同じ形式でなくてはならない。そのうえ、シナケタの男である私と、私の相手との交易の仕方は、クラのルートにたいする相対的位置できまってくる。

たとえば、シナケタに住む私は、北と東から腕輪だけを受けとり、南と西からは首飾りだけをもらう。もし東か北の隣家に相手がいるとすれば、彼は腕輪をくれつづけ、こちらから首飾りをもらいつづける。もしのちに、彼が村内で引越しすることになっても、もとの関係がそのままつづく。しかし、彼がこちらからみて西か南の村落の成員になれば、関係は逆転することになる。シナケタの北の村々すなわちルバ、クルマタ、キリウィナの地区では、相手はすべて腕輪をくれる。これを私は南の相手に渡し、彼らからは首飾りをもらう。このばあいの南とは、ボヨワ南部地区、アンフレット諸島、ドブー島を意味する。

このように、だれでも取引きに関する地理的方向の規則にしたがわねばならない。クラの環のなかのどこでも、もしある男が環の中心部のほうに向いて立っていると仮定すれば、彼は左手で腕輪を、右手で首飾りを受けとり、それらを次に渡すのである。いいかえれば、彼はつねに腕輪を左から右に、首飾りを右から左に伝えるのである。

この個々の行為の規則を全クラの環に適用すれば、ただちにその総合的結果がどうなるかを理解できる。交換の総体は、二種の品物の無意味な流れ、腕輪と首飾りの偶然な往来ではなくなるだろう。一つは時計の針の向きに回る首飾り、一つは逆の向きに回る腕輪の、二つの連続的な流れが動きつづけるだろう。だから、クラの循環的交換、移動する品物の輪、あるいは環というのは、まったく正しいということがわかる〔地図5〕。この環のなかでは、村々はおたがいにはっきりときまった位置にあって、ある村は他の村の腕輪側にあるか、首飾り側にあるかがきまっている。

次に、これもきわめて重要な、もう一つのクラの規則にふれてみる。すでに説明したように、「貝の腕輪と首飾りは環のなかでつねにそれぞれの方向に回りつづけ、どのようなことがあっても、逆の方向に交易されることはない。またそれは、とどまることがない。最初は信じがたいことのようにみえるが、クラの財宝を長期にわたって保有する者はいないというのは事実である。実際には、トロブリアンド諸島全体で、一つか二つの特別に美しい腕輪と首飾りがあって、家宝として永久に所有されている。しかし、これは特別な種類であり、クラから永劫《えいごう》に除外されたものである。それゆえ、クラにおける『所有』は、きわだって特殊な経済関係である。クラ圏のなかにある男は、財宝をまず一、二年以上は保有することがない。このくらいの期間、手もとに置くだけでも、欲が深いといって非難され、『のろい』とか『がめつい』とかいう悪評をたてられる地区もある。しかし、だれもかも、一生のあいだに莫大《ばくだい》な量の財宝をやりとりするのだから、人々は、一時的な所有を喜び、しばらく保管するのである。財宝を所有するからといって、ほとんど使用するわけではなく、それをクラ仲間のだれかにじきに渡す義務がある。しかし、この一時的所有のために大変な名声を得ることができ、彼は品物を誇示し、どのようにして入手したか、その後にだれにあげるつもりかを語る。これが、部族生活の会話やゴシップで好んで話題にのぼり、首長や平民たちがクラでなしとげた功績や栄光が、飽きずに議論されるのである〔3〕」

こうして、どの財宝も一方向にのみ動き、逆にもどることなく、またとどまることなく、一周するのに、原則として、二年から十年くらいかかるのである。

クラのこのような特徴は、もっとも注目すべきものである。なぜなら、それは新しい所有の形式をつくりだし、二つのクラの品物を独特の種目として位置づけるのだから。ここでまた、ヴァイグア〔キリウィナ語の財宝〕とヨーロッパの家宝との比較の問題にもどることができる。両者の比較は一つの点で一致しない。ヨーロッパのこの種の宝物においては、世襲的な権威や身分との結びつき、あるいは一家族との永続的な結びつき、つまり永久の所有権が主要な特徴の一つである。

この点でクラの宝物は、家宝とちがっていて、むしろ別のタイプの貴重品、つまり優秀さの尺度であるトロフィー、ないし優勝杯と似ている。これは一名であろうとチームであろうと、いずれにしても勝者がしばらく保有する。それは一定期間だけの預かり物で、実際の役にはたたないけれども、保有者はそれをたんに所有するということ、たんにその資格をもつということから、一種独特の喜びを得る。

ここでもまた、その類似は外的、皮相的なものばかりではなく、同じような社会的とりきめに支えられたまったく同一の心の態度が認められるのである。クラでは功績にたいする誇りの要素があり、これはトロフィーを保持する人またはチームが感ずる喜びのなかの主要な成分である、というくらいまで両者は似ているのである。クラでの成功は、主として呪術による個人の特殊な力に帰せられ、人はそれを誇りとする。また、とくにみごとなクラのトロフィーを村の一人の人が獲得すれば、全共同体がそれを光栄と感ずるのである。

いままでに列記した規則は、——個別的な観点からみると——取引きの社会的規模と方向を定め、同時に品物を所有する期間を限定する。全体としての効用という見方からすれば、それらはクラの全体の輪郭を定め、それに二重の閉じた環といった性格を与える。ここでさらに、個々の取引きの商業的技術に関する性格について、多少述べねばならない。きわめてはっきりした規定が、ここにも存在している。

5

実際の交換を規制している規定の根底にある大きな原理は、クラとは儀式的に贈物を与えることだという点にある。その贈物には、ある時間をおいて等価のお返しをしなければならないのだが、その支払いまでに経過する時間は、ときには一年あるいはそれ以上になることもあるが、数時間でも数分間でもかまわない。[4] しかし、議論したり、せりあったり、胸算用をしたりして二つの物品の価格を合わせ、その場で相互に交換することは、ありえない。クラ取引きの作法は厳格に守られ、非常に重んじられる。

住民たちはこの取引きを、物々交換とはっきり区別する。物々交換は広く行なわれ、それについて彼らは明瞭《めいりょう》な観念をもっており、きまった用語もある。すなわち、キリウィナ語のギムワリである。ときにクラの手続きを誤ったり、性急にしたり、作法を守らなかったときに、彼らはこれを評して、「彼はまるでギムワリでもあるかのように、クラをした」というだろう。

第二の重要な原理は、お返しとしての品物の見積もりは、それをくれる人にまかされていて、いかなる強制もしてはならないということである。クラの贈物を受けた人は、公正に同等の価値のあるものを返すことを期待される。つまり、受けとった首飾りと同じくらいの価値の腕輪を与える、ないしは、この逆のことをするように期待されている。また、非常にりっぱなものでも、それと等価の一個の品物で返さねばならず、何個かの価値の劣る品物で返してはならない。もっとも、真の支払いが行なわれるまでに、時間をかせぐために、中間の贈物をすることはある。

お返しとしてもらった品物が等価でないとき、受けとった人は落胆し憤慨するが、これを救う方法はなく、相手に強要したり、すべての取引きを停止することはできない。それでは、取引仲間をして約束を守らせるように働く力は何であろうか。

ここでわれわれは、富と価値にたいする住民たちの心の態度にみられる、もっとも重要な特徴に気がつくのである。「野蛮人」が経済的性格だけをもつとする大きな誤解は、次のような誤った結論を導きかねない。

獲得の情熱、失ったり譲歩したりすることへの嫌悪《けんお》が、富にたいする人間の態度の基本的かつもっとも原始的な要素である。原始人においてこそ、この原始的特徴がもっとも単純にして、もっとも純粋な形で現われるであろう。つかんではなすなというのが、原始人の生活を支配する原理である。[5]

この推論の根本的な誤りは、こんにちの未開人に代表されるような「原始人」が、すくなくとも経済的問題において、慣習と社会的拘束《こうそく》に縛られずに生きていると仮定している点にある。事実はまったく逆である。すべての人類と同様、クラの人々も所有することを好み、したがって獲得することを願い、失うことをきらうけれども、ギヴ・アンド・テイクに関する諸規定という社会的な掟《おきて》が、彼らの生来の利欲的傾向よりはるかに強い力を発揮しているのである。

しかしながら、クラの住民たちにみられる社会の慣例は、生来の所有欲を弱めるどころではない。かえって逆に、所有するのはすばらしいことであり、富は社会的な身分の不可欠な付属物であり、個人の徳に付随するものだ、ということになる。しかし、重要な点は、彼らにとって、所有するとは与えることだという点である。この点でここの住民たちは、われわれとひどくちがう。

　ある物を所有する男は、人とそれを共有し、分配し、そして、その管理者であり分与者であることを期待される。かつ身分が高ければ高いほど、義務も大きい。当然、首長は食物を未知の者、訪問者、村境を越えてやってくる浮浪者にまで与えることを期待されている。彼は持ちあわせているビンロウジの実やたばこを、人と共有にすることを期待されるだろう。だから、身分の高い人は、将来使うために保存しておきたい品物の余剰をかくさねばならなくなる。

　ニュー・ギニア東端では、トロブリアンド諸島で作られる三段の大籠《かご》が、偉い人々のあいだで人気がある。理由は、小さな宝物を下のほうの段にかくしておくことができるからである。こうして有力者の主要なしるしは、富めることであり、富のしるしは気まえのよいことである。実際、気まえのよさは善の本質であるのにたいして、けちは最大の悪であり、住民たちがはっきりした道徳的反応を示す唯一のものでもある。

　この道徳的要請とそれにともなう気まえのよさの習慣は、皮相的に見られ、誤解されやすいものであり、未開人の原始共産制という、一般に流布《るふ》する誤った概念を作った原因である。この概念は利欲心が強く、徹底した握り屋の人という概念と正反対であるが、決定的にまちがっている。そのことは、以下の章で十分あきらかにされるはずである。

　したがって、この問題において住民たちのもつ道徳律の根本原理から、クラの取引きで、人はそれぞれ公正な分け前を与えられる。そして、重要人物であればあるほど、気まえよくふるまって目だちたいのである。高い身分に伴う義務というものが、実際に彼らの行動を規制する社会的規範である。しかし、このことは、人々がつねに満足しているということを意味せず、取引きにさいして口論や反感、ときには深い恨みまで生ずることさえある。

人は、受けとった品物にたいして、等価のものを返したいと思っても、そうできないこともあるのは、あきらかである。そこで、もっとも気まえのよい与え手になろうとするはげしい競争がつねにあるので、自分が与えたより少ないお返しを受けとった男は、不満を胸のうちにしまっておけなくて、自分の気まえのよさを自慢し、それと相手のけちくささを、比較しようとする。相手は怒って、喧嘩がいまにもはじまりそうになる。しかし、現実には口論になることはなく、また、相手から甘い汁を吸う傾向のないことを理解するのが、ぜひとも必要である。与える側も受ける側も、理由はちがうが、贈物をするのに熱心である。もちろん、クラで気まえがよく、きれいな男には、けちな男よりも、たくさんの品物が流れこんでくる傾向があるのは、考慮に値する重要な点である。

二つの重要な原理、すなわち、クラはある時間的間隔をおいてお返しのくる贈物であって物々交換ではないこと、および、等価物の選択は与える側にあり、これを強要することはできず、また値を争ったり、交換を取り消すこともできないことの二つが、あらゆる取引きの根底にある。この二つの原理が、実際にどのように働くかということについて、具体的に大要を述べれば、読者に十分な予備的知識を与えることができよう。

私がシナケタ村の男で、一対《いっつい》の大きな腕輪をもっていると仮定しよう。ダントルカストー諸島のドブーから、海洋遠征隊が私の村にやってくる。私はホラ貝を吹きながら、その腕輪をもち、海の向こうから来た相手方に、「これがヴァガ〔手はじめの贈物〕だ。しかるべきときに、おまえはこれに見あう大きなソウラヴァ〔首飾り〕を返してくれよ！」というようなことを言って、それを提供する。翌年、私が相手の村をたずねると、彼は等価の首飾りをもっていて、これをヨティレ〔お返しの贈物〕として私にくれるか、あるいは、私がこのまえにやった贈物にふさわしい、よい首飾りがないか、そのどちらかである。ないばあいには、私の贈物と等価でないことを認めながら、小さな首飾りをくれるだろう。これはバシ〔中間の贈物〕としてくれるのである。このことは、主要なお返しはまたの機会に支払われることを意味し、バシは善意のしるしとしてくれるのである。しかし、それにたいして、私は、さしあたり小さな腕輪のお返しをしなければならない。取引き全部のけりをつけるために私にくれる最後の贈物は、それゆえ、バシにたいして、クドゥ〔けりをつける贈物〕と呼ばれる。〔注〔3〕論文、九九ページ〕

値切ったり、価格の協定をしたりすることは、クラでは認められないが、相手がもっていることがわかっているヴァイグア〔財宝〕をくれという、習慣的な方法があり、これは規則に違反しない。それは、誘いの贈物と呼べるような品物を提供することによって行なわれ、それについて若干の方法が知られている。

もしシナケタの住人である私が、普通より上等な腕輪をたまたま手に入れたら、評判になるだろう。第一級の腕輪と首飾りは、どれも固有の名前とそれ自体の歴史をもっており、それらがクラの大きな環《わ》をめぐっている途中で、どこにあるか知れわたってしまうし、それらがある地区にやってくれば、いつもセンセーションをまきおこすということを記憶しておかなくてはいけない。そこで私の相手たちが――地区のなかか、海のかなたかを問わず――私のこの特別な品をもらおうとして争い、とくに熱心な男は、私にポカラ〔供物〕やカリブトゥ〔おねだりの贈物〕を贈って、それを手に入れようと努力する。前者〔ポカラ〕は原則として、豚、とくにみごとなバナナ、ヤム芋、タロ芋であり、後者〔カリブトゥ〕は価値の高いもの、たとえば、貴重な大きな斧《おの》〔ベクという〕か、クジラの骨の石灰質のスプーンである。

このおねだりの贈物への支払いの複雑さといくつかの特別な方法、それと関係する特別な表現などは、のちに述べることにする。

6

クラのおもな規則について、予備的な定義としては十分な程度に列記したので、こんどは、クラにともなう活動と、クラの二次的な様相について、若干述べなければならない。交換が、ときには危険な海でへだてられた二地区のあいだで行なわれねばならず、おおぜいの人が海を越えて、約束の日にまにあうように航海せねばならない、ということを考えれば、遠征隊を送るのによほどの準備が必要であることが、すぐにわかるだろう。とくにカヌーの建造、航海用具の用意、遠征隊の準備、日時の決定、このクラ事業のための社会編成などがそれである。

これらはみな、クラを遂行するために行なう一連の付随的なことがらであるから、クラの記述には、これらの準備活動の説明を含めなくてはならない。カヌー建造、それに結びつく儀式、付随的な呪術儀礼、進水と試航、装備に関連する習慣などのくわしい説明は、以下の数章で記述することにする。

クラと密接に結びついたもう一つの重要な事業は、副次的交易である。自分の国にはない天然資源に恵まれた、遠い国々へ航海して、クラの舟乗りたちは、これら遠征の収穫を満載してもどってくる。出発にあたって、外海用のカヌーは、海の向こうの地区でいちばんほしがることのわかっている品物を、クラの相手への贈物として積みこむ。

このなかには、相手方に贈物としてやってしまうものもあるが、故郷へ持ち帰りたい品物にたいする支払いのために運ぶものもたくさんある。あるばあいには、遠征する住民たちが、外地の天然資源を、旅行の途中、自分たちで収穫する。たとえば、シナケタの人は、サナロア湾でウミギクをとるために水にもぐるし、ドブー島人はトロブリアンド諸島の南の浜で魚をとる。

副次的交易は、たとえば、シナケタのようなクラの大きな中心地のいくつかが、ドブー島人にとって、とくに価値の高い製品を十分に産出しないという事実のために、いっそう複雑となる。そこでシナケタの人々は、クボマの内陸の村々から、必要な品物を入手しておかなければならないのだが、彼らはこのために、クラに先だって小交易団を送るのである。

しかしながら、クラと関連したこのような副次的な活動については、おもな取引きとの関係、および相互の関係において、適切な位置づけをしなければならない。カヌー作りも、通常の交易も、本来のクラにたいして、二次的または副次的なものだと述べた。しかし、これには但《ただ》し書きがいる。この二つは重要度においてクラに劣るものだと私が言うとしても、これらの活動の相対的価値について、社会目的論の見地から哲学的な考察とか個人的な意見を述べているわけではない。

実際、これらの行為を、比較社会学者として外側から眺《なが》め、その有用度をはかるならば、交易とカヌー作りが真に重要な活動であるようにみえ、クラは住民たちに航海と交易への刺激を与える間接の刺激としての意味しかないと考えてしまうだろう。しかし、私は社会学ではなくて、純粋に民族誌学的な記述を行なっているのである。私の社会学的分析は、ことばを定義し、誤解を避けるのに絶対必要欠くべからざるものにかぎっている。[6]

クラが主要な一次的な活動であり、ほかは二次的なものであるというのは、前者の重要性がいろいろな制度に現われているということである。住民たちの行動や問題の習慣のすべてを研究すると、クラこそあらゆる点での主要目的であることがわかる。日どりがきまり、下ごしらえをし、遠征隊を組織し、社会組織が決定されるのは、交易ではなくて、クラとの関係においてである。

遠征隊が出発するときに行なわれる大きな祭事は、クラに関係しているし、手に入れた品物を数え、計算する最後の儀式もクラに関係がある。最後に、いっさいの手続きのなかでの主要な因子の一つである呪術は、クラにのみ関係するのであり、カヌーにたいして行なわれる呪術の一部ですらそうである。一周するあいだに行なわれる儀礼には、カヌーのためのものもあり、クラのためのものもある。カヌーの建造は、つねにクラの遠征と直接に関係する。もちろんこのことは、詳細な説明をしなければ、はっきりとはわからないだろうし、説得力もないだろう。しかし、この段階で、おもなクラと交易との関係について、正しい見方を示しておくことが必要だった。

もちろん周辺の部族は、クラについては関係しないが、カヌーを作り、交易遠征隊を作って勇敢に遠くへ出ていくものがたくさんあり、クラ圏内、たとえば、トロブリアンド諸島のなかにすら、クラをしないのに、カヌーを持ち、精力的に遠洋交易をする村がいくつかある。しかし、クラを行なうところでは、クラがその他いっさいの関連した活動を支配し、カヌー作りと交易は従属的となるのである。そしてこのことは、クラという制度の性質や、すべてのとりきめの行なわれぐあいを見ていてもわかるが、他方、住民たちの行動や、はっきりと口に出しての説明によってもあきらかなのである。

クラは――読者にとって、だんだんはっきりしてきたと思うが――、その中核となるものは些細《ささい》にみえようとも、複雑な大制度なのである。住民たちにとって、それは生活のもっとも重大な関心事の一つであり、それゆえ儀式的な性格をもち、呪術に取り巻かれているのである。貴重品が儀式または儀礼をともなわずに授受される図を想像するのはむずかしくないが、クラではけっしてそういうことは考えられない。ときどき一、二隻のカヌーからなる小遠征隊が航海し、ヴァイグア〔クラの財宝〕を持ち帰ることがあるが、そのときでもいくつかのタブーが守られ、出発、航海、到着は、慣習にしたがった経路をたどる。

一隻からなる最小規模の遠征隊でさえも、全地区に知れわたり、話題とされる、部族全体にとっての重要な出来事である。しかし、もっともクラらしい特徴が現われるのは、相当数のカヌーが参加して一定の組織を作り、全体が一体となって行動する遠征隊である。祭事、食物の分配、そのほかの公の儀式が催され、遠征隊の長すなわち指揮者がおかれ、通常のクラのタブー、しきたりのほか、いろいろな儀礼が加わる。

呪術が有効だとの信仰は、住民たちの他の多くの部族的活動の場合と同じく、クラでも支配的な力を持っている。外海用のカヌーを作るとき、それも速く安全に走らせるため、呪術の儀式が行なわれなければならない。クラで幸福に恵まれるように呪術を行ない、航海中の危険を取り除くためには別の呪術儀礼の体系によらねばならない。海外遠征と結びついた呪術の第三の体系は、ムワシラすなわち本来のクラ呪術である。これは、多くの儀式や呪文からなり、そのすべてがクラの相手のこころ（ナノラ）に直接はたらきかけ、その男をやわらかく不安定にして、クラの贈り物をくれるように仕向けるのである。

クラの儀式的性格は、儀式の別の面、つまり呪術と密接に結びついている。クラのように、呪術的、儀式的要因と密接な関係をもつ制度は、確固たる伝統の土台にのっているだけでなく、たくさんの伝説をもっていることは、あきらかである。

クラの神話は豊富にあり、神話上の祖先が遠方に勇敢に出かけていった往古の時代について、いろいろな話が伝わっている。彼らは呪術の知識をもっていたおかげで、危険をのがれ、敵に打ち勝ち、障害を克服することができたのである。また、その働きのおかげで、部族民がこんにち厳格に守っている呪術の先例の多くがつくりあげられたのである。しかし、子孫にとって重要なのは、彼らが呪術を伝えてくれ、あとの世代がクラを行なえるようにしてくれたという事実である。

大きなクラ遠征隊になると、一地区全体から多数の住民が参加する。しかし、遠征隊員が招集される地理的境界は、はっきりきまっている。地図5を見よう。（一一二ページ）

〔地図には〕たくさんの丸があるが、その一つ一つが、私がクラ共同体と呼ぶ社会学的単位を表わす。一つのクラ共同体は、一村または多数の村からなり、それらの村人たちは、大海洋遠征隊に加わっていっしょに出かけ、クラ取引きで一体となって行動し、全体のリーダーをもち、まとまった一つの社会圏をなして、その内部において、また外部とのあいだに財宝の交換を行なっている。というのは、クラはまず第一に、クラ共同体または隣接する共同体のなかでの、小さな内部的取引きと、第二に、海洋遠征による取引きからなり、後者によって、海でへだてられた二つの共同体のあいだで品物が交換されるのである。前者では二つの村、または一村の内部で品物の小規模な動きがたえまなく行なわれる。後者では、ときには品数が一回に千にも達する多数の財宝が、大きな取引きで、というよりは、もっと正確にいえば、同時に行なわれる多数の取引きで、交換される。

クラ交易は、そのような定期的な海洋遠征隊によって行なわれ、これが種々の島のグループを結びつけ、ヴァイグアや、付随的な交易品を毎年、地区から地区へと移動させるのである。この交易品は使用され、なくなってしまうが、ヴァイグア——腕輪と首飾り——は環にそって回りつづける。

この章では、クラの問題を要約して短い定義を下した。住民の習慣、信仰、行動に現われたもっとも目だつ規則、もっとも顕著な特徴を、一つ一つあげてみた。クラの実態を詳細にしるすまえに、この制度の概念を与えるために、このことが必要だったからである。しかし、人間の社会制度を読者に完全に理解してもらえるような、簡略な定義などというものはない。そのためには、実情を具体的に説明して、読者に住民たちとじかにふれてもらい、各段階で住民たちがどのように行動するかを示して、抽象的に表現された一般的規則が、現実にどのように生かされるかを記述する必要がある。

右に述べたように、クラ交換には二種類の型がある。一つは、程度の差こそあれ、相当量の財宝がいちどきに交換される大海洋遠征隊の例である。もう一つは島内交易で、品物が数マイル動くあいだに数人の手をへることもしばしばある。

大海洋遠征隊は、クラのなかで、とりわけ劇的である。これはまた、公的儀式、呪術的儀礼、しきたりなどをより多く含んでいる。準備や予備的活動が必須であることはいうまでもない。だから、内部的交換よりも、海洋遠征のクラのほうを、よけいに話すことになろう。

私がクラの習慣と信仰を調査したのは、主としてボヨワ、つまりトロブリアンド諸島であり、それもボヨワからよそを眺める方法をとったのであるから、まずはじめに、トロブリアンド諸島で、海洋遠征隊がどのように準備され、組織され、実行されるか、その典型的な筋書を説明しよう。カヌーの建造からはじめ、進水の儀式、カヌーを紹介する形式的な訪問に話を進め、その次に、シナケタの社会を選んで、住民たちにくっついて海洋遠征に出かけ、その詳細を記述することにしよう。したがって、次の章では、カヌーの記載からはじめて、トロブリアンド諸島におけるクラの予備的段階を述べてみよう。

注

〔1〕「通念」というのは、教科書とか、不用意に吐かれることばのなかにみられる見解を意味し、経済学や民族学の文献でちょくちょくみかけることがある。実際問題として、経済は、民族学に関する理論的著作でも現地調査の記述でも、ごくまれにしかふれられることのない主題である。私はこの欠陥について、「原始経済学」についての論文〔『エコノミック・ジャーナル Economic Journal』誌 March, 1921〕でくわしく論じたことがある。多くの欠点があるが、K・ビュッヒャーの『産業の進化』Industrial Evolution〔英訳、一九〇一年〕に、未開社会の経済問題の最良の分析がみられる。しかし、原始交易に関する彼の見解は不適当である。未開人は国家経済をもたないという彼の一般的見解にしたがって、ビュッヒャーは、住民たちのあいだでの品物の流通はすべて、盗み、貢物、贈与のような非経済的要因によって行なわれると主張する。本書にしるされている事実は、ビュッヒャーの見解と矛盾するし、彼が、もしバートンのヒリに関する記述〔セリグマン『英領ニュー・ギニアのメラネシア人』に掲載〕を知っていたら、あのような見解はもたなかったであろう。

原始経済学の研究の概要は、W・コパース師の「民族学の経済研究」Die Ethnologische Wirtschaftsforschung〔『アントロポス *Anthropos*』誌、一〇〜一一巻、一九一五〜一六年、六一一〜六五一ページと九七一〜一〇七九ページ〕にみられるが、これはたまたま、真の健全な研究がどれほどわずかしかなされていないかを示す仕儀となった。この論文で著者は、他の学者たちの見解を要約しており、非常に有用である。

〔2〕C・G・セリグマン教授は、モトゥ人がトエアと呼ぶ貝製腕輪が、ポート・モーズビー地区から、西はパプア湾まで交易されると述べている〔前掲書九三ページ〕。ポート・モーズビー近くに住むモトゥ人とコイタ人では、この腕輪は高い評価を受けており、こんにちでは非常な高値で、三十ポンドにもなる。これは、マッシム族で同じ品物にたいして支払われる額よりはるかに大きい。

〔3〕この引用および以下の諸引用は、『人間 *Man*』誌の一九二〇年七月号に掲載されたクラに関する著者の予備報告的な論文から引かれたものである。〔論文第五十一、一〇〇ページ〕

〔4〕「儀式」ceremonial という語を散漫に使うことによって矛盾におちいらないように、これを手短に定義してみよう。もしある行為が、(1)公的であり、(2)特定の手続きを守って行なわれ、(3)社会的、宗教的あるいは呪術的意味をもち、義務を課するばあいに、私はこれを儀式的行為と呼ぶことにする。

〔5〕これは、でたらめの意見を想像して勝手にこしらえたものではない。そのような意見が開陳されたことを証明する実例をいくつもあげようと思えばあげられるが、私はここで、現存する原始経済学の諸理論を批判しているのではないから、本章に引用文をやたらにのせたくはない。

〔6〕諸制度の起源や発達や歴史という問題を、いっさいこの書物から厳重にしめだしたとことわる必要は、ほとんどないだろうと思う。私の意見では、思弁的、仮説的見解を事実の説明とまぜこぜにするのは、民族誌学の方法にたいする許しがたい罪である。

第三章　カヌーと航海

1

カヌーは特定の規則にのっとって、一定の人間集団によって作られ、共同で所有、使用、享受されるものである。したがって、カヌーの(i)製作、(ii)所有、(iii)航海の基礎となる社会組織がある。この三つの項目に分けて説明するが、以下の説明においては、この骨組みに十分に肉づけを与えるよう、カヌーの社会学の骨組みを説明するつもりである。努力するつもりである。

(A)　カヌー建造における労働の社会組織

カヌーの建造を調べると、住民たちは大規模な経済的事業に従事していることがわかる。いろいろ技術的な困難があって、これを解決するには知識が必要であり、持続的、組織的な努力によってはじめて困難を克服することができる。仕事のある段階では、共同作業によって困難を克服する必要がある。このことはみな、ある社会組織の存在を意味する。作業の諸段階で、さまざまの人が協力しなければならないが、それには作業を組織化することが必要であり、先頭にたって、いろいろな決定を行なう権限をもつ人がだれかいなくてはならない。かつまた、建造を指揮する技術的な力をもつ人もいなくてはならない。

最後にキリウィナでは、共同作業にも、専門家の仕事にも支払いがなされねばならないから、そのためには、財産をもち、また支払い能力のある人がいなくてはならない。この経済組織は、(1)機能の社会学的分化、(2)労働の呪術的規制という、二つの基本的事実に基礎を置いている。

(1)機能の社会学的分化——なによりもまず、カヌーの所有者がある。それは首長、または村やそれ以下の単位の長であって、企画の責任を負う。彼らは仕事にたいする支払いをし、専門家を雇い、命令を発し、共同作業を指揮する。

所有者の次に、社会学的に重要な職務をもつ人がある。それは、専門家である。彼らはいかにしてカヌーを建造するか、どのように彫刻するか、そして最後に——重要度は劣らないが——どうやって呪術を行なうかを知っている人である。このような専門家の機能を、一人の男がになうこともあるが、かならずしもいつもそうではない。所有者はつねに一人であるのにたいし、専門家は、二人も三人もいることがある。

最後に、カヌー作りにおける第三の社会学的因子は、労働者である。彼らはさらに分類することができる。第一は、所有者や専門家の親類や近い友人たちの小集団で、建造の初めから終わりまで手つだう。第二に、彼らとならんで、村民の大多数が、共同作業が必要な諸段階で仕事に参加する。

14　マサワ・カヌー

15　帆を張ったカヌー

16　漁撈用のカヌー

17　カヌーを小屋にしまいこむ作業

⑵労働の呪術的規制――呪術の効能にたいする信仰は、ボヨワの住民のあいだできわめて強く、じぶんたちにとっての重要な関心事と結びつけて考える。呪術は、のちに述べる多くの生産活動、社会活動のなかに織りこまれており、危険性あるいは偶然性が目にたつすべての行為にもかかわりをもつ。カヌー作りの呪術とともに、幸運な航海、遭難、救助、クラ、交易、漁撈《ぎょろう》、ウミギク（*Spondylus*）とイモ貝（*Conus*）の採取、敵の攻撃にたいする防御などの呪術についても、述べなければならないだろう。

呪術が住民にたいしてもつ意味や、彼らの重要な仕事のなかで呪術の果たす役割を徹底的に理解することが必要であるから、キリウィナにおける呪術の観念と呪術の実際を説明するために、特別の一章をさくことにする。しかし、すくなくともカヌーの呪術に関するかぎり、ここでその概略を描くことが必要である。

住民たちの信仰と習慣の多くがそこなわれつつあるこんにちでも、住民たちが呪術の価値を信じこんでいることや、彼らの行為を調べてみると、この確信がすこしもゆるがないことを、まず理解しなければならない。そして、伝統の社会的な重み、つまり、ある社会共同体の行動が、部族の法と習慣によって影響される度合いについて一言する必要があろう。トロブリアンド諸島では、つねに呪術の指導にしたがってカヌーを作るべしという命令が、いささかの逸脱もなく守られている。それは、ここでは伝統の重みが非常に大きいからである。

こんにちまで、呪術なしに、または、実際すべての儀礼、儀式を完全に守ることなしに作られたマサワ・カヌー〔遠洋カヌー〕は一隻もない。住民たちを伝統的な行動の仕方につなぎとめる力は、第一に、全人類社会に存在し、あらゆる保守的傾向の基礎となる固有の社会的惰性であり、次には、伝統的なやり方を採用しなければ、わるい結果が起こるという強固な確信である。

カヌーのばあいには、呪術ぬきで作ったカヌーは耐航性がなく、走るのが遅《おそ》く、クフでは運がつかないと信じられているので、トロブリアンド島人には、呪術儀礼を省略しようなどと夢にも考える者はない。

他の個所で神話について述べるときに、カヌーにスピードやその他の特徴を与える力は呪術によると考えられていることは、はっきりとわかるはずである。住民たちは神話を文字どおり受けとり、深く信じているが、それによると、必要な呪術さえ記憶されていれば、空飛ぶカヌーを作ることすら可能だという。

呪術の効能と、技術の成果についての人々の考え方を、正しく理解することもたいせつである。この二つは不可欠のものであるが、両者は独立に作用すると考えられている。すなわち、呪術は効能があるが、まずい仕事の埋め合わせをしてはくれないことを、住民たちは理解していると思われる。この二つはそれぞれの領域をもっている。すなわち、カヌーを作る人は技能と知識によって、速く走る安定したカヌーを作り、呪術はそれに速度と安定性をさらに加えるのである。

もし、あきらかにカヌーの作り方がまずかったばあい、なぜそれがぶざまで速く走らないかを、住民たちは知っている。しかし、同じようにじょうずに作られた二隻のカヌーのうち、一方が他方よりある点ですぐれていれば、これは呪術のせいにされる。

最後に、社会学的な見地からいえば、カヌー作りの過程で、呪術の果たす経済的機能とは何であろうか。それは、実際の仕事や組織と無関係な、異質の働きにすぎないだろうか。以下の説明を読めば、呪術が種々の活動に秩序と段どりを与え、呪術とそれに関係のある儀式は、社会の協調、共同作業の組織を保証するうえに有用なことがはっきりするだろう。

まえにもみたように、呪術はカヌーを作る人々に、自分の仕事の有効性にたいする深い信頼感を吹きこむのであるが、この信頼感は、複雑で困難な事業にもっとも必要な精神状態である。呪術師はカヌーを制御する特別な力を与えられた人間であるという信念が、おのずと呪術師を指導者たらしめ、こうして彼は日程を定め、仕事をわりあて、労働者をいっしょうけんめいに働かせ、人々はその命令に服するのである。

呪術は無用の長物ではなく、仕事のじゃまになるどころか、心理的な影響を与えることによって、仕事がうまくいくという自信をもたせ、また一種の生まれながらの指導者を人々に与えるのである。したがって、カヌー作りにおける労働の組織は、一方では所有者、職人、手つだいという機能の区分に、他方では仕事と呪術の協調に、依存しているのである。

2

(B) カヌー所有の社会学

所有《オウナーシップ》という語にもっとも広い意味を与えるならば、これは、物と、それが存在する社会共同体とのあいだの、しばしば非常に複雑な関係である。民族学においては、このことばを、この定義よりも狭い意味で使わないことが、きわめてたいせつである。というのは、世界各地にみられる所有形式は、はなはだ多様だからである。

所有という語にわれわれ自身の社会が与えている一定の意味あいでこの語を使うのは、重大な誤りである。というのは、この意味内容は、われわれの社会のように、高度に発達した経済、法律の条件が存在することを前提とするのであるから、われわれが使う「所有する《オウン》」という語は、現地の社会に適用しても意味をなさない。もっとわるいことに、このような適用をすると、たくさんの先入観念がわれわれの記述にそっとはいりこんできて、住民たちの間の実態を説明するまえに、読者の見方を曲げてしまうからである。

現地の社会の型が異なるにしたがって、習慣、伝統により、所有という語に一連の異なった機能、儀礼、特権が与えられているから、あらゆる型の現地社会において、所有という語がまちまちの特殊な意味をもっているのは当然である。そのうえ、これらの特権を享受する人の社会的範囲もまちまちである。純粋の個人所有と共有制とのあいだには、あらゆる中間的混合型や組合せが存在する。

トロブリアンド諸島には、ほぼ所有を表わすといえることばがある。すなわち接頭辞のトリであって、このあとに、所有されるものの名がくる。たとえば、合成語〔ただし切らずに読む〕トリ＝ワガは、カヌー〔ワガ〕の「所有者」または「主人」を示す。トリ＝バグラは、畑〔バグラ〕の主人、トリ゠ブヌクワは、豚の所有者であり、トリ゠メグワは呪術の所有者ないし専門家である。この語は、住民たちの観念を理解する鍵《かぎ》として使う必要があるが、ここでもまた、このような鍵は、注意して使わなくてはならない。というのは、住民たちのいっさいの抽象語がそうであるように、この語は広範囲に使用され、文脈によって異なった意味をもつからである。

第一に、ただ一つの物にたいしてすら、たくさんの人間がそれにたいする所有権を要求する、つまりトリであることを主張するのである。第二に、ある物を使用する完全な事実上の権利をもつ人々が、自分たちを、その物のトリであると名のることが許されないこともあるからである。これは、カヌーの具体的な例によって、あきらかにされるはずである。

カヌーの例では、トリという語は一人の男にかぎられる。トリ゠ワガと呼ばれる男が、それである。ときには、兄弟や母方の甥《おい》のような、母方の親族が自分たちをトリ゠ワガと総称することがあるけれども、これはことばの濫用《らんよう》であろう。この呼称をひとり占めにするという特権だけでも、その特権は住民たちに非常に高く評価される。このトロブリアンドの社会心理学的な特徴、つまり、有名になりたい、人からよく言われたいという独特な願望、虚栄心、野心については、読者は以下の説明でよく理解されるだろう。

ここの住民たちにとって、クラと海洋遠征隊は重要なものであり、彼らはカヌーをそのトリ〔所有者〕の名で呼ぶ。彼らは、航海およびクラにおける舟の幸運と、彼の呪術力を同一視する。彼らは、だれだれがどこそこを帆走しているとか、彼は非常に速く航海しているとかいうが、このばあい、カヌーの名の代わりに、人の名前を使っているわけである。

マサワの所有権を決定する細目に目を転ずると、もっとも重要な点は、所有権がつねに首長または村の頭《かしら》に属すことである。トロブリアンド島人の社会学を説明したときに述べたように、村落共同体はつねに首長または村の頭の権威にしたがう。その権威の及ぶ範囲が地域的な小さな村であるか、地区全域であるかを問わず、これらの高位者はだれでも、一定の量の収穫物を蓄積する手段をもっている。首長のばあいにはこれが相当な量に達し、村の頭のばあいには比較的少ないが、あらゆる共同体の事業にともなう余分の支出をまかなうのに十分な蓄積がつねにある。

彼らはまた、ヴァイグアと呼ばれる価値ある品物の形に凝縮された、土着住民の世界の富を所有している。やはり村の頭は少しの、首長は多くの富を有する。しかし、のらくら者以外は、だれでも、すくなくとも二、三の石斧《せきふ》、ウミギク製数珠《じゅず》の帯、若干のクワ〔小さな首飾り〕を所有していなければならない。こうして首長または村の頭は、部族のあらゆる型の事業において、そのための支出を負担することができ、そしてまた、そこから利潤を引きだすのである。カヌーを例にとれば、まえにもみたように、首長はカヌー建造事業のおもな組織者として活動し、トリという称号を享受する。

この強い経済的立場と並んで、彼は、その高い身分、あるいは伝統的権威にもとづく、直接的権力を有する。小さな村の頭のばあいには、大親族集団〔トーテムをもった亜氏族〕の頭としての権力である。経済力と権力をかねそなえることによって、彼らは労働を求め、その報酬を支払うことができるわけである。

トリワガという称号は、それをもつ人に、社会的な優越性を与えるが、さらにその人間には、一連の特定の社会的機能が課せられるのである。

(1)　まず形式的、儀式的な特権がある。トリワガは、カヌーの建造や航海にあたって、彼の社会の代弁者として活躍する特権がある。会議を招集し、いつ航海するかという問題をとりあげる。会議には公式なばあいも非公式なばあいもある。建造でも航海でも、施行する日どりは、遠くの部族との相互関係、季節、習慣のような外部的原因によって決定されるのだから、この発議権は純粋に名目的なものである。とはいえ、この形式的特権は厳格にトリワガだけに与えられ、尊重される。儀典長、儀式の指導者、一般的代弁者としての地位は、カヌー作りの段階とその使用という段階を通じて存続し、クラの儀式のあらゆる面で、われわれはその卓越した地位をみることになろう。

(2)　カヌーに由来する経済的利益と使用の権利はトリワガだけのものではないが、それでも彼は最大最良の分けまえを得る。もちろん、彼はあらゆるばあいに、カヌーに乗り組む絶対的先取特権をもっている。また、あらゆる機会に、クラの財宝やその他の品物の大多数を受けとる。しかし、これは首長または村の頭としての一般的地位によるものであるから、ここで論ずるべきではないかもしれない。しかし、厳密に個人的で決定的な優位性は、カヌーを貸して、その支払いを得ることができるということである。

ある時期に航海する予定のない村の頭が、遠征にこれから出かけようとしている他の頭

――原則として別の地区の人――に、カヌーを貸すことがある。その理由は、借り主の首長や頭が、そのとき自分のカヌーを修理させられないか、新しいカヌーを建造できないからである。貸し料の支払いは、トグナと呼ばれ、ヴァイグアでなされる。そのうえ、遠征で得られた最良のヴァイグアは、カヌーを貸してくれた人に、クラされるだろう[1]。

(3)　トリワガは特定の社会的特権をもち、カヌーの航海で、特定の機能を果たす。たとえば、彼のカヌーに乗って航海する仲間を選び、彼にともなって遠征に出かける人を選択し、あるいは拒否する名目上の権利がある。もっとも、種々の事情で首長を束縛する制限のために、この権限は大幅に削減される。たとえば、彼のヴェヨラ〔母方の親族〕は、権利と法に関する住民たちの意見によれば、カヌーにたいして大きな権利を主張できる。

また、ある社会で身分の高い人が行きたがったとき、特別の難点がないかぎりは、これを遠征隊から除名することは困難である。しかし、もし難点があるか、首長を怒らせたことがあり、彼とうまくいかないならば、自分でもあえて参加しようとはしないだろう。そのような実例がいくつかある。航海する権利を実際にもつもう一つの種類の人々は、航海の熟練者である。

シナケタのような沿岸の村々には、このような人がたくさんいるが、オマラカナのような内陸の村には少ししかいない。そのため、内陸の地方のある土地には、カヌーを使用するたびに、いつでも乗り組むことになる男たちがいる。彼らは航海に関するあらゆる問題にたいする発言権をもっているが、トリワガという称号はあえて使おうとしないし、彼らがそう呼ばれたら、断固として否定するだろう。要約すれば、首長の選択権は、相手の身分と航海者の熟練という二つの条件で制限されることになる。首長は、すでにみたように、カヌーの建造に決定的な機能を果たす。彼が航海するときもまた、決定的な機能をもつことがやがてわかるだろう。

(4) トリワガという称号に含まれる特色は、呪術の義務を遂行する点にある。カヌー建造の過程における呪術は、専門家によって行なわれるが、航海とクラに関係する呪術は、トリワガによって行なわれるということを指摘しておきたい。その語意からいって、トリワガはカヌーの呪術を知っているべきである。クラにおける呪術の役割、それと関係のあるタブーや儀式活動および特別の習慣は、次に述べるクラ遠征隊についての説明のなかではっきりしてくるであろう。

注

〔1〕 マサワ・カヌー〔遠洋カヌー〕の借り方は、漁撈用カヌーを借りる普通の取引きとはちがう。漁撈用カヌーのばあいには、魚の水揚げの一部を与えることによって支払いが行なわれ、この支払いをウワガと呼ぶ。この名称は、借りた品物にたいするあらゆる支払いをさすのに用いられる。したがって、漁撈用の網、漁具、あるいは沿岸の交易のための小さなカヌーを借りだしたとき、利益の一部はウワガとして与えられる。

第四章　ワガの儀式的建造

1

遠洋カヌー〔マサワ〕の製作は、クラの行事全体と、不可分に結びついている。まえにも述べたように、クラを実行するすべての村で行なわれるマサワ・カヌーの製作、修理は、クラと直接の関係がある。クラの派遣を決定し、日どりがきまるやいなや、村のカヌーはすべて分解修理しなければならない。老朽がひどくて修理できなければ、新たに代わりのカヌーを作る必要がある。分解修理と建造とは、後半の儀式的な段階がちがうだけなので、この章の説明は両者にあてはまる。

住民たちにとって、カヌーの建造は、クラ実行のうえで、最初の環《わ》をなしている。木を切り倒す瞬間から、遠征隊が帰ってくるまで、規則正しい順序で、継続的に行事が行なわれる。それればかりではない。のちにみるように、造船の作業は、呪術《じゅじゅつ》儀礼によって中断され、区切りをつけられる。そのなかには、カヌーに関する儀礼とクラに関する儀礼とがある。だから、カヌー作りとクラの第一段階とは、かみあっているのである。さらにカヌーの進水と、とくにカビギドヤ〔カヌー紹介の公式の訪問〕は、カヌー作りの最後の仕上げの意味もあるが、ある意味ではクラ交易にも属する。したがって、カヌー作りを説明することによって、われわれは、クラの遠征という一連の出来事に、第一歩をふみいれるわけである。カヌー作りの部分を省いてしまったら、クラの説明は完全なものとはならないだろう。

この章では、日常の生活の流れのなかで、習慣の要求するところにしたがい、また信仰の指示するままに、起こる出来事を一つ一つ述べるつもりである。信仰はこのばあい、習慣よりも強く厳格にはたらく。以下の一連の説明を読むときに、諸活動の基礎には、はっきりとした社会機構があり、体系的ないろいろの観念が作用して労働と呪術を規制しているのを、わきまえておく必要がある。社会組織については前章で記述したが、所有者、一人ないし数人の専門家、手つだいの小グループと全共同体とが、それぞれ仕事を組織し実行するさいに、異なった機能を果たす社会的因子であることを記憶しておこう。さまざまの儀礼を支配する呪術の観念については、この章と以下の若干の章および第十一章で分析するはずである。ここでは、これらの呪術的観念は、相異なるいくつかの観念の体系に属すといえば、十分だろう。

空飛ぶカヌーの神話にもとづく呪術は、直接、カヌーと関係があり、カヌーの全体的な優秀性、とくに高速力の性能をカヌーに与えることを目的とする。そのほかの型の儀礼は、実際には、人々がたいへん恐れている邪悪な妖術《ようじゅつ》〔ブルブワラタ〕にたいするお祓いである。〔カヌー建造の途中で行なわれる〕呪術の第三の体系は、クラに関する一連の神話群にもとづいた呪術であり、カヌーにたいして行なわれるものであるが、トリワガ〔所有者〕がクラの取引きで成功することを目的としている。最後に、行事の初めにあたって、トクワイ、すなわち悪意をもつ木の精にかける呪術がある。

カヌーの建造は、二つのおもな段階に分けて行なわれる。この二つの段階は、作業の性格、それにともなう呪術、全体としての社会的背景を異にする。第一段階では、カヌーの構成部分がととのえられる。大木を切り、枝葉をとり、樹皮をはいで丸太にし、次にこれをくりぬいて、くり舟の本体を作り、厚板、薄板、柱、棒を用意する。この作業はゆうちょうで、暇がかかる。カヌー大工がこの仕事をするのだが、このさい数人の助手――普通は彼の親類や友人、ときにはトリワガの親類や友人が手つだう。この段階では二ヵ月から六ヵ月という長い時間をかけて、他の仕事の暇なときとか、その気持になったときに、思い出したようにやる。これにともなう呪文や儀礼は、トクワイの呪術および空飛ぶカヌーの呪術にかかわる。へさきの装飾板の彫刻をするのも、この第一段階である。彫刻をするのは時には舟大工であるが、彼が彫刻のできないときは、別の熟練者がする。

第二の段階は、はげしい共同労働によって行なわれる。原則としてこの段階は短期間であって、作業のあいだの休みをいれてもおそらく一、二週間である。全社会が労働に参加して、実際にいっしょうけんめいに働くのは、ほんの三日ないし五日である。この作業は、厚板やへさきの飾り板を組み立てたり、うまくくっつかないときには、適当に削って、それらを紐《ひも》で縛ったりするのである。次には舷外浮材《げんがいふざい》を組み合わせ、これを紐でゆわえ、カヌーの板のすきまに槙皮《まいはだ》を詰めたり、塗料を塗る仕事がある。帆の製作もこのときに行なわれるから、この段階に属する。カヌーの本体の建造は、原則としていっぺんにやり、一日で終わる。つまり、へさきに飾りをつけ、肋骨《ろっこつ》と舷側用の厚板を合わせ、削り、紐で結ぶ。浮きを取りつけ、舷外浮材の骨組みとデッキを連結する仕事に、もう一日かける。槇皮を詰める作業と塗装にもう一日かおそらく二日かかり、帆を作るのにまた一日要る。カヌーの大きさや、共同作業に加わる人の数はいろいろであるから、ここに書いた時間はおおよそのものにすぎない。

カヌー作りの第二段階では、クラの呪術、カヌーにたいする一連のお祓いと清めが行なわれる。呪術を行なう人はカヌーの所有者であり、大工や専門家ではない。一方、大工は、ほかの村からやってきた大工や航海の専門家、トリワガなどの重要人物の忠告と助力を得て、作業の技術面を指揮する。ワユゴというとくに強い蔓《つる》でカヌーを縛るときには、空飛ぶカヌーの呪術にかかわる、おそらくもっとも重要な儀礼を行ない、呪文を唱える。

2

ワガ〔カヌー〕を作ることが決定されると、船体の丸太に適した木を選ばなくてはならない。これは、トロブリアンド諸島では、そうなまやさしい仕事ではない。平地は全部畑として使われてしまうので、島の回りの珊瑚礁《さんごしょう》にある、地味の肥えたわずかの空地が密林におおわれているにすぎない〔ライブワグ〕。ここで木を見つけ、切り倒し、村に運ばなければならない。
木の選択が終わると、トリワガと舟大工および若干の手つだい人がその場所に出かけていく。そして木を切る作業のはじまるまえに、準備の儀礼を行なわなければならない。幹に小さな切り傷をつけ、ここに食物を少々、あるいは少量のビンロウジの実を入れることもある。呪術師はこうしてトクワイ〔木の精〕への供犠《くぎ》を捧《ささ》げてから、次の呪文を唱える。

ヴァブシ・トクワイの呪文

「降りてこい、おお、木の精よ、トクワイよ、枝に住む者よ、降りてこい。降りてこい、枝のまたに、若枝に住む者よ。降りてこい、ここへ来て、食べよ。向こうのサンゴの頭を出したところに行け。そこに集まり、群らがり、騒ぎ、叫べ」
「木からとことこ降りてこい、老人たちよ。これが評判のわるいカヌーだ、これがおまえたちをはずかしめ、逃げださせたカヌーだ。日が昇り朝となったら、おれたちがカヌーを切り倒すのを手つだってくれ。この大きな木を、老人たちよ、さあさ、切り倒そうではないか」

これは呪文の自由訳であるが、一語一語原文にごく忠実に訳してある。トロブリアンドの呪術の普通の例よりも、はるかに意味がはっきりしている。前半では、トクワイへの呼びかけがいろいろな名前でなされており、すみかを離れて他の場所に行き、そこで気らくに暮らすようにという誘いをかける。後半では、いろいろな修飾のことばを使ってカヌーのことが述べられているが、それはどれも非礼であるか不吉な形容である。これはあきらかに、トクワイが木から立ち去るように、という目的をもっている。

ボヨワでは、ヨバ、つまり追いたてるということは、状況によっては大いなる侮辱であり、ときには相手がただちに立ち去ってしまう。そうなるのは、いつも追いはらう側がその村の亜氏族で、追放される人がそうでないばあいである。しかし、ヨバは、いつもそうとう重大な行為であって、気やすく使ってはならない。この呪文でも、こういった社会的な連想を伝えている。まだ切り倒されてもいないのに、樹木は、「カヌー」〔ワガ〕と呼ばれているが、このように先を見越してこれからできあがるものの名で素材を呼ぶのは、ここの住民のことばの特徴である。

この呪文の目的は、そのあらゆることばのはしばしに明瞭《めいりょう》に表現されているし、住民たちも、トクワイを追いはらうことが絶対に必要なのだといって、それを裏づけている。しかし、トクワイが追いはらわれなければ、何が起こるかは、伝承でもはっきりいっていないし、呪文の儀礼から読みとることはできない。たずねてみると、ある人は、カヌーが重くなるだろうと答えたが、材木がふしだらけになるという者、カヌーに穴があくという者、カヌーがすぐ腐ってしまうという者もあった。

木の精トクワイを駆逐する根拠は、はっきりと説明はされないけれども、トクワイの邪悪な力と、それが存在することからくる危険性についての信仰があることだけはたしかである。それは、彼らの信仰のなかに描かれているトクワイの一般的特徴と合致する。トクワイの与える害は、せいぜい不愉快な小細工、つまり、突然人を驚かせたり、ずきずきする痛みを与えたり、盗みを働くぐらいのものだが、やはり有害な存在にはちがいない。この木の精は、樹木、サンゴの岩、大石にやどり、露頭や岩のある海岸の丘に茂る原始林、つまりライブワグによくいる。自由に姿をかくすことができるのだが、その姿を見た人たちもいる。皮膚はボヨワの人と同様に褐色《かつしよく》であるが、髪は長くすべすべして、長い髭《ひげ》をはやしている。しばしば夜やってきて人を驚かす。トクワイは、めったに見えないけれども、大木の枝から、そのなき声が聞こえる。普通よりも多くのトクワイがかくれている木が何本かあることは、彼らの声がそこでよく聞こえるのでわかる。人々がトクワイの声を聞き、恐れているような木にたいしては、前述の呪文と儀式が行なわれるのである。

人間と接触すると、トクワイは不快な一面を示す。つまり、ちょくちょく夜やってきて、食物を盗むのである。一見、人間の姿をしたものが、ヤム芋を小屋から盗みだしているのが見つかる例はたくさんある。しかし、驚くなかれ、近づくとそれは消えうせてしまう――彼はトクワイだった。それに、トクワイは人間を軽い病気にする。体のなかがうずくような、刺されたような、ずきずきする痛みもトクワイのせいである。というのは、彼はふちと先のとがった物体を、体のなかに突き刺す呪術を知っているからである。しかし、さいわいなことに、その物体を抜く呪術を知っている人々がある。妖術の一般的規則によって、そのような男は、もちろん同じ苦痛を与えることもできる。むかしトクワイは、有害な呪術と有益な呪術の両方をある人々に授けたのだが、それ以来、この妖術と、それに対処する治癒《ちゆ》の形式が世代から世代へと伝えられたのである。

それはさておき、カヌーの話にもどるとしよう。儀礼が行なわれたあと、木が切り倒される。むかし石器が使われていたころは、この仕事は骨が折れたにちがいない。おおぜいの人が斧《おの》をふるい、残りの人々は、にぶくなったり、折れたりした刃をつけなおしただろう。むかしの技術では、まるで木を一片一片かじりとるようなものだったから、木を倒せるほど深い刻みを入れるには、長い時間がかかったに相違ない。木が地面に横たわると、まずあら削りをする。枝を切りとって、適当な長さの丸太にする。できるだけ軽くなるように、丸太をざっとカヌーの形にする。それから村か浜辺まで引いていかなければならないからである。

丸太の運搬はらくな仕事ではない。岩だらけのでこぼこしたライブワグ〔原始林のある珊瑚性丘陵〕から引きだして、ひどい道を引っぱっていかなければならない。木を二、三メートル間隔で地上に並べ、丸太が岩やでこぼこの地面よりもすべりやすいように、滑材《ころ》として使う。それにもかかわらず、また、おおぜいの人が手つだいに招集されるにもかかわらず、丸太を引っぱる仕事は苦しい。男たちは代償として食物をもらう。豚肉が料理され、焼いたヤム芋といっしょに配られる。仕事のあいだ、緑のココナッツの汁を飲み、サトウキビから甘い汁をすすって、ときどき元気をつける。共同作業の支払いとして、仕事の途中で与えられる、このような食物の給与は、プワヤと呼ばれる。ときに、仕事がどれほど苦しいかを表現するために、ここの住民らしい比喩《ひゆ》的な言い方で、次のように言うだろう。「豚、ココナッツの汁、ヤム芋は終わった。なおもおれたちは引っぱる――とても重い！」

このようなばあい、住民たちは、カヌーを軽くするために呪術的な儀式に訴える。一枚のバナナの葉を丸太の上に置く。カヌーの所有者か大工が、乾いたララング草の束で丸太を打ち、次の呪文を唱える。

カイモムワウの呪文

「降りてこい、降りてこい、糞《くそ》にさわった汚物よ！　降りてこい、降りてこい、ごみにさわった汚物よ！　降りてしまえ、重さよ！　降りてしまえ、くされ物よ！　降りてしまえ、かびよ！……」などなどと、たくさんのきたないものの名を呼びながら、それらが丸太から立ち去るように命じ、いろいろな不潔なもののタブーのことばをつぎつぎに言う。いいかえれば、重さとのろさとが、これらの呪術によって、丸太からほうりだされるのである。

それから草の束を儀礼的に投げ捨てる。これは、モムワウ、すなわち「重い束」と呼ばれる。乾燥してしなびた長いララング草を新たに一つかみつまむ。これがガビレ、すなわち「軽い束」であり、ふたたびこれでカヌーを打つ。

この儀礼の意味は明白である。最初の草の束は、丸太の重さをそのなかに吸収し、第二の束は、丸太に軽さを与えるのである。両方の呪文は、この意味を平易なことばで表現している。第二の呪文は、ガガビレの束で丸太をたたきながら、次のように唱えられる。

カイガガビレの呪文

「あいつはおれを追いぬけない」〔なんどもくりかえす〕。「カヌーはスピードで揺れ動く」〔くりかえす〕。いくつかの翻訳不能のことばをつぶやき、それから祖先の名前をながながと数えあげる。「おれはおまえを縛るぞ、おお、木よ、木は飛ぶ。木は風の息吹《いぶ》きのようになる。木は蝶《ちょう》のようになる。木は綿毛のようになる。一つの太陽〔つまり時間〕は仲間のために、真昼の太陽よ、夕日よ。もう一つの太陽は、私のために……」〔ここで祈る人の名がつぶやかれる〕。「朝日、〔昇る〕日の光、小屋開き〔の時間〕、朝の星の昇る〔時間〕よ！」。あとの部分の意味は、「おれの仲間たちは日没に到着するが、おれは夜明けに到着する」の意味である〔自分のカヌーは彼らのものよりどれほど速いかを示すのである〕〔1〕。

この呪文形式は、村に引いていくために丸太を軽くするという現在の目的と、ワガ〔カヌー〕を作ったとき、それが大きな速度をもつようにという、将来の目的のために使われる。最後に丸太を村に引いてきて、バク、すなわち中央広場に置く。カヌーを引いてきた蔓《つる》——このばあいにはドゥクと呼ばれる——は、すぐには切らない。次の日か、ときには二、三日たってから、儀礼的に切るのである。共同体の人々が集まると、丸太をくりぬく大工

〔トタイラワガ、つまりカヌーを切る人〕が、呪術儀礼をとり行なう。

これがすむと、カヌー大工が丸太をくりぬく仕事にとりかかる。これは長期のきつい仕事であり、よほどの技術を要する。とくに最終段階では、くり舟の壁は十分に薄くしなければならないし、木は全面にわたって平らに削らなければならない。大工は、最初は何人かの男――息子《むすこ》、兄弟、甥《おい》たちが、彼の手つだいをしながら、この仕事を習う――に助けてもらうが、終わりごろは、一人で働かなければならない。そのため、いつも最後の段階でじつに長い時間がかかることになる。日ざしを避けるためにカヌーをヤシの葉でおおい、乾いて割れないように水をかけながら、手も触れないで、何週間ものあいだ寝かしておく〔写真18〕。それからまた大工は仕事をはじめ、数日間置き、また休む。ほとんどの村でカヌーは、中央広場か、大工の小屋の前に置かれる。東地区には、重い丸太を引っぱって、村とのあいだを往復するのを避けるために、くりぬき作業を浜辺でする村がある。

くりぬく仕事と並行して、カヌーのほかの部分がいつでも組み立てられるように準備する。四枚の幅広の厚板は舷側《げんそく》用になる。材木を肋骨《ろっこつ》用としてL字形に切る。長い棒は、肋骨をカヌーの縦軸にそってささえ、デッキのたるきとするために使われる。短い棒は、デッキの横板のささえ、舷外浮材のおもなささえとして用いられる。フロートを横棒に連結する小さな棒と、最後にフロートに使う長いかさばった丸太がいる。これらが、舟大工の作るカヌーの主要な構成要素である。もし彼が彫刻の仕方を知っていれば、四枚の飾り板も作るが、知らなければ、別の熟練者がこの部分の仕事を受けもたなければならない〔写真19〕。

全部の部品ができあがると、また別の呪術儀礼をしなければいけない。これは、「カピトゥネラ・ナノラ・ワガ」、つまり、「カヌーの心を切りはなす」と呼ばれ、心の変化、最終的決意という意味である。このばあいには、カヌーが速く走る決意をするのである。儀式は短く、初めのほうに若干のあいまいなことばがあり、そのあとに、ダントルカストー諸島のいくつかの場所に関する地理的な表現がある。数滴のココヤシの油にたいして、この呪文を唱え、それから、この油滴を小さな包みにまるめこむ。次に、同じ呪文をリゴグ〔手斧《ておの》〕の刃――あらかじめその回りにかわいたバナナの葉一枚を巻いてある――に向かって唱える。カヌーをひっくりかえして、ココヤシ油の包みをその上に置き、手斧で切る。こうして、カヌーを組み立てる準備が完了し、建造の最初の段階が終わるわけである。

3

まえに述べたように、仕事の性質とその社会的、儀礼的な背景からみて、二つの相異なる段階がある。いままでは、ごくわずかの男たちが木を切り倒し、くりぬき、カヌーの各部品を用意するのをみてきた。勤勉に、しかしゆっくりと慎重に、なんども休みながら、彼らは仕事に精を出す。小屋の前のふみかためられた褐色《かっしょく》の土の上に腰をおろして仕事をする。中央広場に置かれたカヌーをくりぬく作業もみられる。木を伐採する最初の仕事は、奇怪な形の珊瑚礁《さんごしょう》の回りにそびえ、これをふちどる、高い密林とびっしり生《は》えた下生えのなかで行な

18　村に置かれたくり舟

19　タブヨを彫るところ

われる。

いまや第二の段階となれば、舞台はサンゴの浜辺の、雪のように白いきれいな砂浜に移る。そこでは、何百人という人々が晴れ着を着て、できたてのカヌーの回りに集まる。黒、白、赤に塗られた飾り板、浜辺をふちどるヤシと密林の緑、青い海――これらがみな活気のある風景に色彩を添える。トロブリアンド諸島の東海岸で私が見たカヌー建造は、そのような背景のなかで行なわれていたのを思い出す。シナケタでは、広い青い海の代わりに、浜をふちどる砂州に静かな波が寄せて白い泡《あわ》の帯をつくり、入り江のにぶい泥褐色《でいかっしょく》と緑が、美しい海底の砂がすけて見えるエメラルドの海とたわむれる。

このどちらかの舞台にくり舟が運ばれていくと想像しよう。すでに準備はでき、首長あるいは村の頭《かしら》の発した集合命令は付近の村々に伝えられている。大首長のばあいには、何百人という人々が手つだいに集まり、行事をじっと見つめているだろう。二流の頭をいただく小共同体がカヌーを建造するときには、ほんの数十人の人々、つまり頭の姻族、そのほかの有力者、またその人々の親友たちがやってくるにすぎないだろう。

カヌーの本体とその付属品すべての準備が完了すると、行事はまずカトゥリリヴァ・タブヨと呼ばれる呪術儀礼ではじまる。この儀式は、ムワシラという特別な名で呼ばれるクラ呪術の一環をなし、カヌーの前後両端の溝《みぞ》に装飾板を挿入《そうにゅう》することと結びついている。カヌーのこの装飾板をなによりも先に挿入するが、これは儀式的に行なわれる。飾り板をはめこむときには、ハッカ〔スルムウォヤ〕の小枝数本を板の下につっこむ。そしてトリワガ〔カヌーの所有者〕がドブーから輸入した特別の石で板をたたき、ムワシラ呪術〔クラの呪術〕の呪文を一つくりかえして唱える。ハッカはムワシラでも、愛の呪文でも、美の呪術でも、重要な役割を演ずる。ある物体を魅了、誘惑、口説きの目的で使おうとするときはいつも、原則としてスルムウォヤが使用される。この植物は、若干の神話にも現われるが、そのなかでも類似の役割を果たす。たとえば神話の英雄がスルムウォヤを使って、敵を征服するとか、女をものにするとかいうたぐいである。

以下の説明では、もっとも重要なものを除いて、呪文の引用はしない。それらを一つ一つ短く要約するだけでも、語りを妨げることになるし、種々の活動をつぎつぎに説明するうえで、輪郭をすっかりぼかしてしまうことになるからである。呪術儀礼と呪文の複雑な内容は、第十一章で展開することにする。しかし、カヌー作りの途中、ムワシラ〔クラの呪術〕や、カヌーの速さの呪術や、邪悪な呪術にたいするお祓いやお清めのようないくつかの型の呪術が行なわれるが、これらの諸形式のどれにも、それ自体の神話的基礎があり、みな異なった地区から由来しており、もちろん呪文はちがうし、呪術儀礼にもわずかに差異があることを、ここでことわっておくのがよいかもしれない。

へさきの飾り板を取りつけ、次のちょっとした技術的にむずかしい仕事にかかるまえに、また別の呪術儀礼を行なわなければならない。いまや三色の飾り板がついてきれいになったカヌーの本体が、水中に押しだされる。ボビウと呼ばれる草の一握りの葉に、カヌーの所有者か舟大工が呪術をかけ、この葉によってカヌーを海の上で洗い清める。すべての男がこの清めに参加するが、この呪術儀礼は、ワガ〔カヌー〕に前述のような呪術をかけてもまだ残っているかもしれない邪悪な力を取り除き、カヌーが速く走るようにするのが目的である。ワガを洗いこすったあと、ふたたび浜に引きあげて、滑材《ころ》の丸太の上に置く。

ここで人々は、カヌー作りの仕事のなかでも、もっとも重大な部分に移ることになる。組み立てられたカヌーの凹所《おうしょ》を広く深くするために、くり舟のわきに舷側板《げんそくいた》を立てるのがその仕事である。舷側用の厚板は、十二本から二十本くらいの肋骨からなる内側の骨組みで、位置を固定される。これらはワユゴという特別な蔓《つる》で結びつけられ、穴やすきまには樹脂性の物質を詰める。

この仕事は、住民たちが造船の真の難問といかに取り組むかをあきらかにするので、技術的な見地からすればもっとも興味ぶかいのであるが、ここでは詳細に論じることはできない。彼らは組み立てるための部品のすべてを用意する。これらはよほどの精密度でぴったり組み立てなければならないのに、正確な計測手段をなにももっていないのである。長年の経験と器用さとで、おおよその見当をつけて、舷側板の相対的な形と大きさ、肋骨の角度と大きさ、幾種類もの柱の長さなどをきめる。それから、形をつけながら、仕事の中途で、大工はひとまず組合せぐあいをためしてみる。たいてい結果は良好である。

しかし、すべての部品を最後に組み立てるこの段になると、ほとんどのばあい、いくつかの場所がうまく合わない。すると、カヌーの本体をちょっと削ったり、舷側板や棒をちぢめたり、ときには木片を追加したりして、細部を調整しなくてはならない。

住民たちはある舷側板が短すぎたり、事故で先端が折れたりしたとき、それに材木を足して縛りつける、非常に有効な方法を知っている。全部がすっかり適合し、組立てがうまくいくと、肋骨の骨組みをカヌーのなかに入れて〔写真20〕、それをくり舟の本体および二本の縦の棒に結びつける仕事にとりかかる。

ここでワユゴという蔓草について、若干述べなければならない。小舟の組立てに使う蔓草としては、一種類の蔓草しか使われない。この蔓草が、じょうぶでいたんでいないことがだいじである。舟の各部が離れないようにくっつけておくのはこの紐《ひも》だけであり、荒天のさい、この紐がどれだけ緊張に耐えるかに舟の運命がかかっている。

カヌーの他の部分――たとえば、舷外浮材《げんがいふざい》用の棒――を検査するのは比較的容易であり、またじょうぶで弾性のある木から作るので、どんな天候にもかなりよく耐える。だから一隻のカヌーに乗って危険または不安定な状態が起これば、それは主として蔓草のせいなのである。それゆえ、蔓の呪術が、カヌー作りでもっとも重要な儀礼項目であるとみなされるのも不思議ではない。

実際、蔓草の名であるワユゴは、カヌーの呪術の総称としても使われている。ある男が速く走るすぐれたカヌーを作るか、所有しているという評判がたつと、それを説明するのに彼は「よいワユゴ」をもっている、あるいは知っている、というのが普通である。

他のすべての呪術と同様に、ワユゴの呪文にはいくつものタイプがある。儀式は実際上つねに同じである。つまり、まえの日に五本の蔓を大きな木皿にのせ、所有者の家で所有者自身が、これにまじないをかける。この呪術を大工がするのは例外である。翌日、それをうやうやしく木皿にのせて浜辺に持ってくる。

ワユゴを儀礼的に唱えおわると、カヌーをゆわえはじめる。まず第一に肋骨、次に舷側板を結びつけ、これでカヌーの本体ができあがる。これに要する時間は、仕事にかかる人の数、仕上げのときに合わせたり調節したりする程度により、まちまちである。ばあいによると、この段階でまる一日かかり、次の仕事、つまり舷外浮材《げんがいふざい》を作るのは別の日にのばさなければならない。これが次の段階であるが、技術的な活動の途中で行なう呪術はない。

大きな丸太をカヌーのわきに並べ、短いとがった棒をその上にのせる。この棒は浮き〔ラミナ〕の上に直交するようにのせるのである。それから、これらの棒を、たくさんの水平な太い棒に結びつけるのだが、これはカヌー本体の片側を通り、反対の側でゆわえなくてはならない。もちろんこの作業でも、ぐあいよく材木が合うように調節しなければならない。

これらの大小の棒を結びあわせると、じょうぶでしかも弾力のある骨組みができあがり、この骨組みで、カヌーの本体とフロートとが平行にたもたれる。また、両者の上には数本の水平な棒がさしわたされて、カヌーを固定する。次に、たくさんの棒を縦に並べて、これと横の棒を紐で縛り、こうして、カヌーのはじとフロートの上部のあいだにデッキができる。

これが終わると、カヌーのすべての骨組みが完成するわけである。あとは穴やすきまに詰め物をするだけである。詰め物に使う材料は、トリワガの小屋で準備するのだが、その仕事にかかるまえの晩に、材料に呪文をかける。それからまた共同体全体が集まって、一日で仕

20　建造中のワガ

21　帆の製作

事を終える。

いまやカヌーは装飾にしかすぎない塗装を除いて、航海の準備ができた。しかし色を塗り、進水するまで、まだ三つの呪術儀礼を行なわねばならない。その三つは、直接カヌーに施されるもので、スピードを与えるのが目的である。三つの儀式は、同時に、種々のけがれと、タブーを破ったことによりワガの神聖性をそこなったかもしれない悪《あ》しき力にたいするお祓《はら》いでもある。

第一の儀式は、ヴァカスルと呼ばれ、カヌーの「儀礼的料理」といったような意味である。トリワガは、おとぎ話ではなくて、ほんものの魔女鍋《なべ》にあらゆる材料を入れて料理しなければならない。あとでカヌーの下でこれを燃やすのであるが、その煙はカヌーを清め、スピードを与える効能がある。内容は、コウモリの羽、ポシシクというきわめて小さな鳥の巣、乾燥したワラビの葉、綿毛、ララング草である。火をつけるのに使う木は、軽いネムノキ〔リガ〕である。この木の枝は、木に木片〔けっして石ではいけない〕をぶつけて取ったものでなければならず、また折れて落ちてくる枝は手で受けとめ、地面に落としてはならない。

第二の儀式はヴァグリと呼ばれ、お祓いとお清めをするだけである。一本の棒に呪文をかけ、これでカヌーの本体のあらゆる場所をたたく。これは悪性の魔力〔ブルブワラタ〕を追いはらうのが目的である。トリワガをねたむ人や、嫉妬《しっと》ぶかい競争相手がこの魔力をかけたと用心しておくほうがよいとされている。

最後に、第三の儀式は、カイタペナ・ワガと呼ばれるもので、ココヤシの葉のかがり火に適当な呪文をかけ、カヌーの内側をその煙でいぶすのである。これもカヌーを清め、スピードを与える。

二、三日作業をしたあと、カヌーの外側全体を三色に塗る。一色塗るごとに特別な呪文を唱えるのだが、いちばんたいせつなのは、黒色についてのものである。赤と白の呪文は省略されることもあるが、黒色の呪文は省略できない。この呪術儀礼では、さらに一連の材料——乾燥したワラビの葉、草、ポシシク鳥の巣——をまぜて使い、これをココヤシの実の殻《から》といっしょに黒焼きにする。最初に幾刷毛《はけ》か塗る黒い塗料は、これで作る。そのあとは、こがしたココナッツを水にといたもので塗る。赤色顔料としては、ダントルカストー諸島から輸入した一種の黄土《オーカー》を使う。白色顔料は、海岸のどこかで見つけた白色の土で作る。

帆は、日をあらため、ふつう村のなかで協同作業によって作る。おおぜいの人が手つだい、この骨の折れる複雑な仕事を、比較的短時間でやってしまう。たいていは、古い帆を型紙がわりに、地面に帆の三角形の輪郭をまず描く。このあと、乾燥したパンダナスの葉で作った紐を地上にのばし、まず帆のへりとなる部分にそれを固定する〔写真21〕。それから、帆を作る職人は三角形の頂点からはじめて、底辺のほうへとぐるぐる巻いていく。このとき、トビギツネの骨から作った錐《きり》を針とし、特別にじょうぶにしたパンダナスの葉の細い繊維を糸として縫いあげる。紐は二重にしてつぎつぎに縫いあわせ、一枚の帆ができあがる。

注

〔1〕この呪文や、あとのいくつかの呪文にみられる括弧内のことばは、英文で意味を明快に表わすのに必要と思い、任意につけ加えたものである。現地語によるもとの呪文のなかでは、そのような文句はないけれども、文脈のなかにその意味が含まれている。

第五章　カヌーの進水と儀式的訪問——トロブリアンド諸島の部族経済

1

カヌーに色を塗り、飾りたてて、いまや進水の準備はできた。カヌーの持ち主と大工は誇りを顔に表わし、見物人たちは感心しながら眺《なが》めている。新しく作られた一隻のカヌーは、単なる実用品が一個ふえたのとはわけがちがう。それは、生まれでた新しい存在であり、舟乗りたちの将来の運命と結びついたもの、舟乗りたちがたよりにするものであろう。住民たちがそのように感じており、それが彼らの行動や習慣に表現されていることは疑う余地がない。カヌーはそれぞれ呼び名をもらい、地区全体の強烈な関心の対象となる。そして、その品質と美点について、またその完全さ、欠陥のあるなしについて、夜のかがり火を囲んで、子細に意見がかわされるのである。

所有者とその親族や同村の人々は、新しいカヌーについていつも誇張した自慢話をし、他の人々は、それを実際に見て、その帆走ぶりを知りたがる。だから、カヌーの進水の儀式は、たんに習慣によってきまっているようなものではない。それは地域社会の心理的要求に応ずるものであり、大変な関心事となる。そして、小さな共同体のカヌーのばあいでも、おおぜいの人が集まる。カサナイかオマラカナ、オリヴィレヴィかシナケタなどに住む大首長のカヌーの進水式には、千人に達する人々が海岸に集まるだろう。

完全に彩色彫刻して完成したカヌーを、にぎにぎしく公に展示することは、新しい舟にたいする人々の感情に即しているばかりではない。彼らは一般に経済活動の結果にたいして、そのようなしめくくり方をするのである。畑仕事や魚とり、家の建築、生産活動などをみると、できあがったものをみせびらかし、すくなくともそのある種類のものを飾りたてて、大きな美的効果があがるようにする傾向がある。漁撈《ぎょろう》では、このみせびらかすという傾向の痕《こん》跡《せき》しかみられないが、農耕になると、たいそう強くなり、作物の扱い、配列、展示のなかに部族生活のもっとも特徴のある一つの面が現われる。そのために多くの時間とエネルギーがさかれる〔1〕。

カヌーの彩色と装飾が終わるとじきに、タサソリアの祭典という儀礼的進水式、ならびにカヌー試走の日どりがきまる。それから、付近の村々に住む首長や村の頭《かしら》にその通知が送られる。カヌーを持ち、同じクラ共同体に属している者は、だれでも自分たちのカヌーを持ってきて、そのときに行なわれる一種のボート・レースに参加しなければならない。

かならず新しいカヌーがクラの遠征のまえに作られ、そのクラ共同体の古いカヌーは改造するか廃棄されるので、タサソリアの日に海浜に集まるカヌーはみな、新鮮な彩色に輝き、コヤス貝で飾りたてられ、パンダナスの葉をさらして作った吹流しが風にはためいている。

進水式は、カイタルラ・ワドラ・ワガ〔カヌーの口を赤く塗ること〕と呼ばれるムワシラ

〔クラ呪術〕の儀式の一つではじまる。いままでカヌーを陽光から守っていた、ココヤシの葉を編んだものを住民たちが取りさると、トリワガは赤色の土に呪文《じゅもん》をかけ、これをカヌーのへさきやともに塗りつける。へさきの飾り板〔タブヨ〕につけた特別のコヤス貝の両端も赤く塗る。そのあとでいよいよ進水することになる。丸太を地面に平行に並べて滑材《ころ》とし、村人たちはカヌーをこの上にのせて、見物人の喚声と嬌声《きょうせい》をあびながら水中に押していく〔写真22〕。

仕事と儀式、技術面での努力と呪術儀礼のまじりあった長い行事のあとで、カヌーはとうとう進水するわけである。進水すると、宴会がはじまる。宴会というより、正確には、あらゆる種類の儀式形式を守って、行なわれる食物の分配〔サガリ〕である。トリワガ自身がカヌーを作らなかったときには、いつもこの分配が行なわれる。カヌーを作ってくれた大工とその助手たちに、支払いをしなければならないからである。また大首長のカヌーを進水するときにも、カヌーの建造を手つだうために動員されたおおぜいの人々に、この機会を祝って食物を分配し、富を誇り、気まえのよいところをみせる。

サガリ〔食物分配の儀式〕が終わると、ふつう午後にカヌーを艤装《ぎそう》する。帆柱を立て、帆を張り、他のカヌーといっしょに走らせてみる。これは厳密な意味での競走ではない。首長のカヌーは、原則としていちばんよくできており、いちばん速いのは事実だが、これがいつでもレースに勝つことになっている。もしも速く走らなければ、他のカヌーはわざと遅れるようにするだろう。この試走はむしろ、新しいカヌーを古いカヌーと並べて展示するという意味があるのである。

2

次の段階に進むまえに、クラ遠征の行事を追うのをちょっとやめて、もっと一般的な重要性をもつ一、二の問題をすこし考えてみなければならない。いままで、作業の社会学的な問題点について、ちょっとふれただけで、くわしい説明をしなかった。前章の初めに、カヌー作りには特定の労働組織が必要であると述べて、そのあと、カヌーの建造の途中でいろいろな種類の労働がみられ、とくに終わりごろになると共同労働が非常に多く用いられることを、実地に見た。また進水式のとき、カヌーの所有者が専門家やその助手たちに支払いをすることも知った。ここで労働の組織、とくに共同労働の組織と、専門家の仕事にたいする支払いの組織の二つの問題を、検討してみたい。

労働の組織——まず第一に重要なのは、キリウィナの人々が継続して能率的に働く能力があることを理解することである。もっとも、働くにはある種の有効な刺激がいる。彼らは部族の慣習によって、定められた義務のためにいやおうなしに労働するか、あるいは、慣習と伝統に支配される野心や価値のためにすすんで労働するかのいずれかである。もっと文明化した社会では利得が労働のための刺激となることが多いが、純粋な現地住民の社会では、これは刺激としての役割を果たさない。したがって、白人が住民たちを働かせようとして、利得という刺激を利用しようとしても、うまくいかないのである。住民たちは怠惰でぶしょうであると白人植民者が言い、すぐれた旅行記や、民族誌のまじめな記録のなかにもこういう見方がはいりこんでいて、とうとうこれが住民たちに関する伝統的な見方になってしまったのは、このような理由からである。

われわれからみれば、労働は、公の市場で、他の商品と同様に売り買いできる商品である。すくなくともごく最近まではそうだった。現在の経済理論にしたがって考えるのに慣れている人は、需要と供給という考えを労働にあてはめ、したがって、住民たちの労働にもそれをあてはめるわけである。学問的訓練を受けていない入植者は、むずかしいことばは使わないが、同じ考えをもっている。相当な給与をやり、待遇をかなりよくすることで誘っても、現地の住民たちが白人のためにせっせと働かないのをみて、彼らの労働能力が劣っていると結論する。

この誤りは、自分とちがう文化に属す人々についての根本的な誤解と同じ原因から生まれる。もし一人の男を彼自身の社会的環境から引きはなせば、それは道徳的信念や、経済的な能率や、さらに人生にたいしていだく興味までも彼から奪ってしまうに等しい。こうしておいて、その男を、彼には本質的に縁のない道徳、法、経済の規準で計ろうとしたら、その評価は妙なものになるわけである。

しかし、住民たちは、技量を示し、継続して、精力的に働くことができるばかりか、彼ら

22　カヌーの進水

23　カサナイの首長のヤム芋小屋

の社会は、組織された労働力を利用することが可能なようにできている。ゆたかな自然の恵みが熟して落ちてくるのを待つ怠《なま》け者、個人主義者、欲深の「野蛮人」という右に述べた見方は、彼らが、社会的諸力によって組織された一つの力に統合され、有効な労働をする可能性はない、ということを暗黙裡《あんもくり》に承認している。

もう一つ、専門の研究者たちにも広く受けいれられている見解は、基本的に未開人は、食料を個人的に追求する先経済的段階に属すのにたいし、たとえばトロブリアンド島人のようなもっと発達した段階にある住民たちは、孤立した家族経済的段階にあるというものである。この見解もまた、社会的に組織された労働のあることを、はっきりと否定しないにしても無視している。

現地住民社会では、一個人が自分自身のために働くか、一家族の成員が自分自身の家族に生活の必需品を供給するために働くというのが、一般にいだかれている考えである。もちろんカヌーやマサワ〔遠洋カヌー〕でさえ、能率がわるく時間がかかるけれども、一家族の成員で作りうることはあきらかである。だから、カヌーを作るために組織的な労働をするのか、それとも一個人か小集団かが人の助けを借りずに働くのかを、先験的に予言することはできない。しかし、実際には、カヌー作りには多くの人が参加し、ただ一つの目的のためにそれぞれ特定のむずかしい仕事をすることが、以上の説明からわかろう。

それぞれの作業は、社会的な背景を異にする。ある人が働くのは、実際に、自分たちのカヌーを所有するためである。しかし、別の人たちは、異なった共同体に属し、首長への奉仕の行為として働くだけである。また、カヌーを利用することによって直接の利益を引きだすために働く者もあるし、支払いをしてもらうために働く者もある。われわれはまた、木の伐採、くりぬき、装飾は、一人の人間がするばあいもあるが、幾人もの人間が行なうばあいもあることを知った。

紐《ひも》で縛り、水の漏らないように詰め物をし、塗装し、あるいは帆を作るようなこまかい仕事は、たしかに個人よりも共同労働ですることが多かった。しかも、これらのいろいろな作業は、ただ一つの目的に向けられていた。つまり、首長か頭《かしら》にカヌーの所有者という称号を与え、首長のいる共同体にその使用を可能にするためであった。

一つの一般的目的に合わせて組織されたこのような分業には、それをささえる十分に発達した社会の装置が必要であり、一方、この社会機構は経済的要素と深く、全面的に関連していなければならない、ということはあきらかである。まず、集団の代表とみなされる首長がいなくてはならない。そして首長はある種の公的な権利と特権、あるていどの権威をもっていなくてはならないし、共同体の富の一部を自由にできなくてはならない。さらに、技術的な作業を組織し、指揮するに足る知識をもった、一人ないし数人の男たちが必要である。これはわかりきったことである。

しかし、すべての人々を結合し、それぞれの作業を遂行させるものは、慣習と伝統への服従だということを、ここではっきり述べておく必要がある。

だれでも、その地位ゆえに、自分が何を期待されているかを知っているし、またそのように行動する。それが特権を得るためにそうするのか、作業の遂行のためにするのか、現状に黙従するからそうするのかは、ここでは問題でない。彼らは、いつもそうしてきたし、自分の回りの人々も同じようにするし、いつまでも同様であるにちがいないことを知っている。

首長の権威と特権、首長と彼の共同体とのあいだのギヴ・アンド・テイクの慣習などは、いわば、たんに伝統の力を働かせるための機構であるにすぎない。というのは、権威の座にある者が、この（カヌー建造の）ようなばあいに自分の意志をむりじいすることのできる物理的な手段は、別に存在しないからである。

もう一つだいじなことを、さらにくわしく述べておきたい。私は、まえに組織的労働と共同労働のことを論じた。この二つは同義語ではなく、はっきり区別しておくのが賢明である。すでに定義したように、組織的労働とは、いくつかの社会的、経済的に相異なった要素の協同を意味する。しかし、これはおおぜいの人が技術的な分業もなく、社会的な機能の分化もなく、ただ並んで同じ仕事をするのとはぜんぜん別である。

そこで、キリウィナでのカヌー作りの事業全体は、組織的労働の結果である。二十人から三十人の人がいっしょにカヌーを紐《ひも》で縛ったり、詰め物をしたりする作業は、共同労働である。この形式の作業には、大きな心理的利点がある。このほうがずっと刺激的でおもしろく、競争心を起こさせ、その結果、仕事の質もよくなる。

一人か二人の男が一ヵ月もかかる仕事も、二、三十人なら一日でできる。重い丸太をジャングルから村に引っぱるようなばあいには、力を合わせるということがほとんど必要欠くべからざることになる。なるほど、ライブワグ（原始林のある珊瑚《さんご》性丘陵）で丸太をくりぬいてから、二、三人がかりでなんとかくふうをしながら引くこともできるかもしれない。しかし、それには多大の困難がともなう。このように共同労働は、あるばあいには極度に重要であり、あらゆるばあいに、作業の進行をかなり促進する。これは社会学的に重要である。なんとなれば、共同労働は、広い範囲にわたっての相互援助、奉仕の交換、仕事における連帯性を意味するからである。

共同労働は、トロブリアンド島民の部族経済で重要な因子となっている。住居や倉庫の建築、ある種の製造業や、とくに収穫の時期に大量の収穫物を村から村へ遠い距離を運んでいくような運搬の仕事では、彼らは共同労働にたよる。魚とりのときに、何隻かのカヌーがいっしょに出かけていっても、それぞれ独力で魚をとるのは、共同労働とはいえない。一方、群をなして魚をとり、そのさいに各カヌーが一定の作業を分担しなければならないときには、これは組織的労働である。

共同労働はウリグブ、つまり姻族の義務にもとづいている。すなわち、ある人の姻族に共同の必要が生じたとき、いつでも助けなくてはならないのである。首長のばあいには、全村民がやってきて、大がかりな助力を与えるだろう。平民のばあいには、数人が助けるだけである。仕事が終わったあとで、いつも食物の分配があるが、その量は各個人の労働の量と比例しないから、これを支払いとみなすのは困難である。

共同労働の演ずるとびぬけて重要な役割は、畑仕事にみられる。畑仕事には五つもの共同労働の形式があり、それらは名前もちがうし、社会的な性格もちがう。首長または村の頭《かしら》が、村落共同体のメンバーを招集し、みんなが自分たちの畑を共同で開墾することで意見が一致すれば、その仕事はタムゴグラと呼ばれる。そのことがきまり、新しく畑にする叢林《そうりん》を伐採する時期が近づくと、中央広場で食事をする祭がある。男たち全部がこれに参加したあと首長の区画に出かけ、叢林をタカイヴァ〔伐採〕する。そのあと、各自がこれから畑地とする叢林を、一区画ずつ伐採する。すべての男たちは、一日じゅう同じ区画で働き、所有者から食物をもらうのである。

このやり方は、畑仕事のそのあとの段階、つまり垣根《かきね》をゆい、ヤム芋を植え、ささえの棒を運び、最後に女たちが除草する仕事などでもくりかえされる。ある段階では、個人が独立で畑仕事をすることもある。たとえば、叢林を焼いたあと開墾したり、ヤム芋の塊茎がつきはじめたときに細根を切ったり、取入れをするときである。

タムゴグラのあいだ、原則としてなんどか共同体の宴会があり、その期間の終わりにも一回行なわれる。畑は何年かに一度、だいたいこのようにして作られるのだが、このとき大々的なダンスの儀式か、これに代わる部族的祭礼が行なわれる。こういう行事はふつう、作業を遅らせるので、そのあとの作業はすみやかに精力的にやらなければならない。このために、共同労働が適していることを彼らはさとるようになったのである。

いくつかの村の合意のもとに共同で畑仕事をするばあい、これはルバラビサと呼ばれる。名前以外の点では、前者とあまりちがわないが、この行事を指揮する首長または村の頭《かしら》が、複数制である点がちがっている。ルバラビサは、シナケタ、カヴァタリア、カブワク、ヤラカのような村落群のように、いくつかの小さな村がくっついているときにだけ行なわれる。

首長または村の頭《かしら》、あるいは富裕で勢力のある男が、自分の手下や姻族を集めて自分のために働かせるとき、これをカブトゥという。働かせる人は、手つだってくれるすべての人に食物を与えなくてはならない。

カブトゥは、ほんのちょっとした畑仕事でも成立する。たとえば、村の頭が村人たちを招いて、叢林の伐採をしてもらったり、植えつけや垣根をゆう仕事をたのむときなど。ある男が家やヤム芋の倉庫を作るために共同労働を要求したばあい、これはあきらかにカブトゥ型の労働であるし、住民たちもその名で呼ぶ。

共同労働の第四の形式は、タウラと呼ばれ、たくさんの村人たちが互恵関係の約束のもとに、畑仕事の、ある段階の仕事を共同で行なうときにみられる。特別な、あるいは大きな支払いは行なわれない。この種の共同労働が畑仕事の全段階にわたれば、カリウラと呼び、畑仕事の共同労働の第五の形式となる。

最後に、タヴィレイという特殊なことばがあって、畑仕事が個人単位で行なわれ、みんなが自分の耕地で働くことをさす。しかし、首長の畑、とくに身分の高い勢力のある首長の畑はいつも共同労働で耕すのが原則で、ある種の特別な用地でも共同労働をする。そのようなとき、一定の年には畑の呪術が最初に施されるし、たいへんにぎやかである。

このように、共同労働にはたくさんの形式があって、興味ある特徴がまだたくさんあるのだが、この簡単な要約では説明しきれない。カヌー作りで行なわれる共同労働は、あきらかにカブトゥのタイプである。カヌーを作らせるとき、首長は全地区の多数のメンバーを招集することができ、また、重要な村の頭は、共同体全体の助力を受けるけれども、シナケタやヴァクタの頭のような勢力のない頭は、彼の村の男と姻族だけをあてにしなければならないようである。だが、どのばあいでも、人々を働かせるのは、慣習によって課せられた義務の力である。

支払いは、普通は二次的な重要性しかもたないが、ばあいによってはそうとう大きいこともある。この章の1節でみたような進水式のときの分配は、そのような支払いである。むかしは、豚肉、たくさんのビンロウジの実、ココヤシ、サトウキビなどのもてなしがあり、住民たちにとって正真正銘のお祭となった。

経済的な面でもう一つ重要な点は、首長からカヌー大工に与えられる支払いである。オマラカナのカヌーは、トウルワのためにキタヴァからやってきた専門職人が作ったのであるが、首長はこのとき、大量の作物、何頭もの豚とヴァイグア〔現地語の財宝〕で十分に支払った。

こんにちでは首長の力は地に落ち、かつて彼らの地位をささえていた富も減少し、以前のような勢力さえふるえなくなって、慣習も全体的に崩壊し、臣下たちの伝統的な忠誠心も尊敬もなくなってしまったので、首長のために専門職人が作るカヌーなどの貴重品は、むかしにくらべれば、すっかり影がうすくなってしまった。経済的にみても、むかしはカヌーの建造は、トロブリアンドの部族生活でもっとも重要なものの一つだった。むかしの首長は、けっして自分でカヌーを建造することなどなかったが、いまではそういう例がある。

カヌーが一人の舟大工によって、首長または村の頭のために作られるときは、まず最初、食物を与えて支払いをするということをここで述べておこう。それからその男が仕事をつづけているあいだ、食物の贈物をなんども与える。キタヴァの大工がオマラカナで働いたばあいのように、家を外にして暮らすときには、トリワガが食料を与えるのだが、それはココナッツ、ビンロウジの実、豚肉、魚、果物《くだもの》のようなごちそうである。大工が自分の家で働くときには、トリワガはひんぱんに上等な食物を持ってたずねるだろうが、そうすることによって、仕事の進捗《しんちょく》状況を調べるわけである。このように、仕事をする人に食物を与え、特別上等のごちそうを持っていくことを、ヴァカプラと呼ぶ。

カヌーができあがって、食物の分配の儀式を行なうとき、大工の頭に相当な贈物が与えられる。適当な贈与品目の量は、一二、三百籠《かご》のヤム芋、豚一、二頭、ビンロウジの実を幾房《ふさ》か、ココナッツ多数というところだろう。そのほか、大きな石刀一本か、豚一頭か、赤い貝製円柱をつらねた帯一本か、その他クラのものとは型のちがう小さなヴァイグアを加える。

首長制度もはっきり認められず、貧富の差もそれほど大きくないヴァクタでも、トリワガは、くりぬき、準備、組立ての作業のときにも、仕事をする人々に食物を与えなくてはならない。それから、詰め物を詰めたあとで、約五十籠《かご》のヤム芋が与えられる。進水式と試走のあとで、大工がカヌーの象徴である一本の綱を自分の妻に与えると、彼女はホラ貝を吹きながら、その綱をトリワガに渡すのである。トリワガはこのとき、彼女に一房のビンロウジかバナナを与える。

次の日、ヨメルと呼ばれる相当量の食物の贈物が首長から贈られ、次の収穫のときに、五、六十籠のヤム芋がカリブダボダ、つまり結末の贈物として提供される。

私がここで選んだのは、キリウィナとヴァクタで記録した具体例である。前者では首長の権力がきわめて大きく、後者では首長と平民とのあいだにはほんのわずかの身分と富のちがいしかない。どちらでも支払いが行なわれるが、前者のほうが、支払いの額が多かった。ヴァクタでは、むしろサービスとの交換であることがあきらかだが、キリウィナでは、首長が自分の大工を養っているし報酬も与える。どちらのばあいにも、食料の供給による扶養とひきかえに、技術の交換が行なわれる。

3

クラそのものの話から話題を変えて、トロブリアンド諸島にみられる交易と交換の諸形式をざっと話す必要があると思う。この本の主題は、クラすなわち交換の一形式であるから、一つの形態の交換を、緊密にいりくんだ脈絡のなかから抜きだして説明するとしたら、すなわちクラの説明をするのに、すくなくともキリウィナでの支払い、贈物、物々交換の概略を述べないとしたら、私の方法論の原理と矛盾することになるだろう。

私のものとあなたのものという区別がないのが特徴の原始の黄金時代、という世に流布《るふ》する誤った観念、また、食物の個人的追求とか、孤立した家族による食料入手の段階を考えるもってまわった見方、またさらに、原始人の経済のなかにたんに生命を維持するための行動しかみない理論——こういった見方には、トロブリアンド諸島にみられる実情は、影ほども反映されていないのである。

事実は次のとおりである。部族の全生活は恒常的な授受関係に満たされている。あらゆる儀式、法的および慣習的行為は、物質的な贈与とその代償をともなう。富の授受は、社会を組織し、首長が権力を握り、親族がきずなをもって結びあい、法的な関係が成立するための有力な手段の一つである[2]。

未開人の社会では、自然環境によって、必需品が豊富なことも不足することもあるが、ともかくすべての必需品を入手するチャンスは平等なのだから、そんなものを交換する必要があるだろうか、と考える人がある。つまり、もし、すべての人が事実上同量の果物や野菜をもち、それを同じ方法で入手するなら、なぜ籠一杯の果物や野菜を与えたりするのだろうか、もし、贈物をあげて、これがまったく同じ形でしかお返しができないのなら、なぜ贈物をしたりするのだろうか、というのである[3]。

このまちがった推理の底には、主として二つの誤った仮説がある。一つは、未開人の物質財にたいする関係は純粋に合理的であり、したがって、彼らの生活条件のなかに富や価値のはいりこむ余地がないという見方である。もう一つの誤った仮説は、量または質という形で価値を表わすすべてのものを、勤勉で器用でさえあればだれでも生産しうるときには、これらを交換する必要がないと考えることである。

最初の仮定についていえば、それは一次的富といわれるもの、つまり食料品に関しても、トロブリアンド社会にもけっして欠けてはいないぜいたく品に関してもあてはまらない。まず食料品についていえば、住民たちはこれをたんに栄養源とみなしているのではなく、またそれが有用であるからといって価値をおくのでもない。彼らがこれを蓄積するのは、ヤム芋が貯蔵できるし、将来利用できることを知っているから、というよりはむしろ食料を所有しているのをみせびらかしたいからである。

彼らのヤム芋小屋は、その梁《はり》のあいだの広いすきまを通して、食物の量と質とを確かめうるように建てられている〔写真23〕。ヤム芋は、いちばんよくできたものを外側に並べ、外からよく見えるようなぐあいに配列される。育つと長さ二メートル、重さ数キログラムにもなる特殊な種類のヤム芋は、塗料を塗り、木の枠《わく》に入れて、ヤム芋小屋の外側につりさげる。食物を展示する権利が高く評価されていることは、高位の首長が住む村では、普通の村民の倉庫は、すきまをココヤシの葉でふさいで、首長と競争しないようにしてあることからわかる。

以上からあきらかなように、食物の蓄積は、経済的に将来をおもんぱかって行なわれるばかりでなく、富の所有によって社会的威信を高めたり、みせびらかしたいという欲望にうながされている。

トロブリアンド諸島における食料品の蓄積の根底にある考え方について論ずるとき、私は住民たちの現在の、実際の心理状態を問題にしているのである。とくに強調しておきたいのは、諸慣習や心理の「起源」や「歴史」については、ここでなんらの推測も提示するつもりはない、ということである。そういうものは、理論的、比較的な研究にまかせたいと思う。

小屋をみたすまでに、二度にわたって食料が誇示され、しかもかなりの儀式的手続きがとられる。塊茎を地面から掘りだすと、まず畑に展示する。棒を枠として掘っ建て小屋を作り、これに厚くタイトゥ〔トロブリアンド島人のおもな作物である小さな普通のヤム芋〕の蔓《つる》をかけて屋根とする。この東屋《あずまや》のなかに、環状に木の杭《くい》を打ちこんで、このなかにタイトゥを、円錐形《えんすいけい》にていねいに積みあげる。いちばん大きいのを選び、きれいにして、芋の山の外側に置くというように、この仕事には細心の注意を払っている。二週間ないしそれ以上、こうしてヤム芋を畑地に置いているあいだ、これを見にくる人々は、感心してほめそやす。そのあと、畑地の所有者は、友人や姻戚を呼んで、芋を村に運んでもらう。

すでに第一章でみたように、このヤム芋は所有者の姉妹の夫に贈られるわけで、その家に芋を運んでいくのである。ここでも彼のヤム芋小屋の前に円錐形に積んで展示する。数日間――ときには二週間にも及ぶ――こうしておいて、それから倉庫のなかに入れるのである〔写真23〕。

畑からとれる主要作物をめぐって深く根ざした感情があり、これは社会的に規格化されたものである。このことを理解するには、住民たちのヤム芋の扱い方、大きな芋に感心すること、奇形や変わり種を取りだして展示することなどをみれば十分である。

儀式生活の多くの面で、食物を大々的に展示することがその中心になっている。サガリと呼ばれる、死者を記念する大がかりな（食物の）分配は、一面において、大規模な食物の展示であり、これには配分の含みがある。

早できのヤム芋〔クヴィ〕の収穫のとき、初物は最近死んだ死者の記念に捧《ささ》げられる。のちにタイトゥ〔小さなヤム〕という主要な収穫が行なわれるとき、最初にできた塊茎は、儀式的に掘りだされて村に運ばれ、全共同体の感嘆をさそう。

収穫時に二つの村のあいだで行なわれる食物のコンテストは、むかしはそのあとで実際に戦争が起こったことがよくあったほどで、食物の形での富にたいする住民の態度をあきらかにしてくれる特徴のひとつである。実際、大部分の公的な儀式で、食物が中心的な役割を果たすことを考えれば、これら住民たちには「食物崇拝」が認められるといってもよいのではなかろうか。

食物の調理では、煮炊《にた》きをめぐる多くのタブーがあること、とくに炊事用土鍋《どなべ》にはそれが目だつことを注意しなくてはならない。住民たちが食物をのせて出す木の皿は、カボマと呼ばれるが、これは「タブーの木」を意味する。食べるという行為は、原則として厳密に個人的なものである。人々は家族といっしょに食べる。さらにタロ芋の粥《かゆ》〔モナ〕を、大きな、その目的のため特別にタブーを受けた土鍋で煮る公的な儀式においてさえも、食べるときに、人々は一体とはならずに、小さなグループに分かれて食べるのである〔写真24〕。土鍋を村の中をあちこち持ち回り、男たちはその回りにしゃがんで食べ、そのあと女たちが同じようにする。ときには、粥を木の皿にとりわけ、家族で食べる。

私はここで、食事の社会心理学ともいうべきものの問題に、深入りすることはできない。しかし、宴会の主眼点は、食べることではなく、食物を見せびらかし、儀式的に食物を用意することにある〔写真24〕。一頭の豚を屠《ほふ》るのは大変な椀飯振舞《おうばんぶるま》いを意味するが、そのまえにまず、豚を、おそらく一、二の村で引き回し、みせびらかす。それから、生きたまま丸焼きにするのであるが、村人たちや近在の人々は、その光景を眺《なが》め、豚の悲鳴を楽しむのである。

それからもったいをつけて、特定の呪術を施し、切りきざんで分配する。しかし、その食べ方に特別のやり方はない。小屋のなかで食べたり、あるいは肉片を料理して道ばたで食べたり、村のなかを歩きながら食べたりするだけである。豚の顎《あご》肉や、魚の尾部のようなごちそうの残りは、集めて家やヤム芋小屋で展示する〔4〕。

過去将来を通じて、食物の量の多いことが、いちばん重大である。「おれたちは食うだろう。吐くまで食うだろう」というのが、ごちそうのときの喜びを表わすきまり文句であり、これは、小屋に貯蔵されたヤム芋が腐るということを考えて愉快に感ずるのと対応する現象である。

このすべてのことから、社会的行為としての食事とそれにともなう懇親というようなものは、トロブリアンド島人の心や慣習に存在しないことがわかる。豊富でみごとな食物をみん

24　タロ芋の共同料理と豚のディスプレイ

なで眺め、食物が豊富にあると知って、彼らは社会的に楽しむのである。文明人だろうと未開人だろうと、人間は他の動物と変わらず、食事を人生の主要な喜びの一つとして楽しむのは当然である。トロブリアンド島人についても同じことがいえる。ただ彼らにとって、食事は個人的行為であって、食べること自体も、またそれに付随する感情も、社会的な次元には高められないのである。

住民たちの目に食物が価値あるものと映るのは、もちろん、現実には食べる喜びに根ざすこの間接的感情のためである。この価値がさらに、蓄積された食物を一つのシンボルに変え、権力の媒介物とする。そこで、食物を貯蔵したり、展示したりする必要が出てくるわけである。価値は、人間が頭できめた有用性や希少性から生まれるものではない。人間の欲求をみたすことによって、情緒《じょうちょ》をさそいおこすことのできる事物があるが、そうしたものにまつわる感情から価値は生まれてくるのである。

役にたつ製品の価値も、人間の情緒的性質から説明されるべきであって、実用的な見地から論理的につくりあげたものとみてはならない。しかし、この問題では、その物品を使う人よりも、作る人を考慮に入れねばならないと、私は考える。これらの住民は勤勉な、熱心な働き手である。彼らが働くのは、必要に迫られるからでも、生活の資を得るためでもなく、才能と趣味にうながされ、ふつう住民たちが、呪術的な霊感を受けていだく芸術的な高い感覚や喜びを感じて働くのである。このことは、とくに価値の高い品物を作る人やすぐれた職人で、自分の作品を愛する人にあてはまる。これら芸術家たちは、つねによい材料と完全な作品を見分ける鋭い感覚をもっている。

この人たちは、特別によい材料を見つけると、これに魅せられて、惜しみなく労力をかけ、あまりにすぐれていて使えないようなもの、しかし、そのためにますます所有したくなるものを作るのである。

注意ぶかい仕事、完全な手腕、材料の識別、仕上げのさいのはかりしれない忍耐などという長所を、人々が働くところを見たことのある人がしばしば指摘している。このような観察は、何人かの理論経済学者の注意をひいたこともあるけれども、ここでこれらの事実を価値論との関係において眺《なが》めることが必要である。つまり、素材と作業を愛する気持は、かならず珍しい素材や、細工のすぐれた作品への愛着を生み、ここからこれらのものが価値をもつに至るわけである。

職人たちが一般に用いる素材のなかの珍しいものに、価値が与えられる。特別に細工し、みがきあげるに適したまれな品種の貝や、黒檀《こくたん》のような珍しい材質の木や、とりわけ、石器を作る特殊な石などがこれにあたる〔5〕。

さて、ここで、われわれの得た結果と、本節の初めに描かれた原始的経済人に関する誤った見方とをくらべてみることができる。物がいかに豊富でも、価値と富が存在すること、豊富だということそれ自体が価値となることが、われわれにあきらかになった。

彼らは蓄積それ自体を愛するがゆえに、所有したところでとても使いきれないくらい大量に生産する。食料は腐るにまかせる。必需品は望むだけのものを持っているのに、これを富という性格において利用するために、住民たちはいつでももっとほしがる。さらに、製品とくにヴァイグア型の品物〔第二章3節〕についていえば、価値を生むのは、たぐいまれな有用性ではなく、細工しうる素材のなかに人間の技術で探りだされた希少性である。いいかえれば、役にたち、不可欠でさえある物が、手に入れにくいから価値があるのではない。なぜならば、トロブリアンド島人にとっては、あらゆる生活必需品が容易に入手できるからである。

価値のあるものとは、職人が特別にみごとな、あるいは奇妙な素材を見つけ、これに魅せられて不相応に大きな労力を費やして作った品物である。職人はそうすることによって、一種の経済的な奇形、つまり使うにはあまりによく、あまりに大きく、あまりにもろく、あるいは装飾があまりに過剰であるが、しかし、まさにそのために価値のある品物を作るのである。

4

こうして最初の仮説、つまり「現地住民社会には富あるいは価値のはいりこむ余地はない」という説は吹きとんでしまう。もう一つの仮説、つまり、「量または質という形で価値を表わすすべてのものを、勤勉で器用でさえあればだれでも生産しうるときには、これらを交換する必要がない」という考えはどうなるだろうか。

現地住民の習慣と心理に関する基本的事実、つまりギヴ・アンド・テイクをそれ自体のために愛すること、富を人に渡すことを通して、富の所有を心から楽しむことなどを理解すれば、この仮説も論破することができる。

トロブリアンド諸島の社会の問題を研究し、部族生活の儀式的側面や宗教、呪術を記述するときに、いつもこのギヴ・アンド・テイクの問題、贈与と代償の交換の問題にぶつかる。この問題の一般的性格についてはなんどか述べたし、第一章のトロブリアンド社会の概略のなかで、実例をいくつか示した。その章で試みたように、島をちょっと散歩してみても、目のある民族誌学者ならば、この経済的事実がわかるであろう。

彼は、人をたずねようとする幾組かの男女の群れが、女たちは頭に大きな食物籠《かご》をのせ、男たちは肩に荷をかついで歩いているのに出あうだろう。聞いてみると、これらの荷は、なんらかの社会的義務を果たすために贈られる贈物で、贈物にはいろいろな名前があるということがわかるだろう。マンゴー、パンの木の実、サトウキビが熟したとき、初物は、首長か姻戚に提供する。首長のところへ持っていくために、大量のサトウキビを二、三十人の男がかついで道を走っているのを見ると、まるでバーナムの森[1]がジャングルのなかを動いているような印象を受ける。

収穫の季節には、食料をかついだり、空《から》の籠を持ってもどってくる幾組もの男たちの群れで、道が埋まるほどである。ある群れは、キリウィナの北のはずれからトゥクワウラの入江までの十二マイルを走り、小川を渡り、カヌーに乗り、浅瀬のラグーンにそって何マイルもあえぎあえぎ歩き、シナケタから、また遠い内陸の道を進んでいく。しかも、この苦労は、すべて一人の男のヤム芋小屋をみたすためにすぎない。この男も、自分の全収穫物を姉妹の夫にあげる義務さえなければ、人にもらわなくとも、自分で自分のヤム芋小屋をいっぱいにできるのである！

結婚、サガリ〔食物の分配〕、呪術にたいする支払いなどと関連した贈物の展示は、トロブリアンド諸島の畑、道路、集落でもっとも目だつ光景の一つであって、皮相な観察者にも感銘を与えずにはおかない。

だから、人は必要なものをみな手もとに置き、自発的にこれを人にやることはないという、第二の誤った仮説は完全に捨てさることができる。だからといって、住民たちがものをぜひ手もとにおきたいという傾向をもたない、というわけではない。彼らがこの点で他の人間とちがうと想像するのは、一つの誤りをのがれて、すでに述べた逆の誤り、つまり住民たちには一種の原始共産制があるという考えにおちいることであろう。事実はこれに反する。

彼らは人にものをあげるということをあれほど熱心に考えるがゆえに、自分のものと人のものとのあいだの区別はなくなるどころか、むしろひどくなるのである。贈物はけっしてでたらめにやりとりされるのではなく、実際には、いつも一定の義務を果たすために、しかつめらしい形式をふんで与えられる。贈与の基本的な動機は、所有と権力を誇示したいという虚栄心であって、共産主義的傾向あるいは制度があると仮定することなど、もともとできないのである。

すべてとは言わないまでも、多くのばあいに、富の贈与は、贈与する側の、受けとる側への優越性の表現である。あるばあいには、贈与は首長あるいは親族、姻族への従属を意味する。トロブリアンド諸島のほとんどあらゆる形式の交換には、すこしもうけがない。交換を通して相互の利益を高めるわけでないのだから、それを純粋に功利主義的、経済的な見地からみる理由はないわけである。

トロブリアンド諸島では、Aがヤム芋を二十籠Bにやり、そのかわりに小さな磨製石斧《せきふ》を受けとり、二、三週間後にはちょうどこれと逆の取引きが行なわれる、といった形の取引きがちょくちょくみられる。さらに葬儀のある段階で、財宝の贈物が与えられ、その日のうちに、同じ品物が贈与者に返されることがある。新しいカヌーの所有者は、めいめい他のカヌーの所有者のすべてをたずねて贈物をし、こうしてめいめいが受けとったものをまた返してしまうというカビギドヤの習慣は、一つの典型的な例である。

ワシ――魚とヤム芋との交換――においては、実際には無用の贈物をやりとりして、わずらわしい義務が生ずる。これをみると、贈答は、有用性を増すよりも、むしろ負担を増しているといいたくなる。

住民たちが個人的に食料をさがし求めるという状態で生活しているとか、自分の家族の食料だけつごうして、品物の交換とは縁がないという見方は、人間が計算ずくの冷たい利己主義につきうごかされ、実利的なものをそれ自体のために楽しむのだという前提にもとづいているのである。この見方も、まえに批判した仮説も、誇示し、分かちあい、贈与したいという、人間の基本的な衝動を無視している。それらは、贈物の交換を通して、社会的なきずなをつくりたいという、根強い傾向を無視している。

贈物がいったい必要なのか、それとも役にたつのかなどと考えずに、与えるがために与えるというのが、トロブリアンドの社会学のもっとも重要な特徴であるし、その一般的、根本的な性格からいって、これがあらゆる原始社会の普遍的な特徴であると、私は仮定したい。

以上ながながと、表面的にはクラと直接関係のないようにみえる経済的事実を説明した。しかし、もしこれらの事実のなかに、現地住民たちの富と価値にたいする態度を読みとることができるのだということを理解すれば、以上の事実がこの本の主題にたいしてもつ重大な意味は、あきらかになる。クラは、価値にたいする住民たちの観念の、もっとも劇的な最高の表現である。もしも、クラのすべての習慣と行為とをほんとうに理解したければ、なによりもまず、その根底に横たわる心理を把握《はあく》しなければならない。

注

〔1〕 第一章3、4節およびこの章の以下の各節を参照のこと。

〔2〕 私がこれらの見解を引用するのは、けっして論争するためではなく、なぜ私がトロブリアンド経済社会学上のいくつかの一般的特徴を強調するのかという理由を、弁明し明白にするためである。もし弁明しなければ、私のさまざまの主張は、いわれのない公理のようにみられる危険があるのではないかと思う。原始人類や未開人には、私有財産がないという意見は、現代の多くの学者、とくに共産主義理論や、いわゆる唯物史観の著者たちがいまでもいだいているむかしながらの偏見である。「未開人

の共産制」というのは、よくお目にかかることばであるから、わざわざ文献を引用するまでもない。食料の個人的追求、および家族経済という見解は、カール・ビュッヒャーによるものであって、この考えは、原始経済学に関する現代の最良の文献のすべてに、直接の影響を与えてきた。最後に、もし住民が食料を獲得する方法を記述したならば、それで原始経済の問題を片づけたことになるという見方が、経済発展の継起的諸段階をつくりあげるすべての無邪気な進化主義にみられる根本的な前提となっていることはあきらかである。この見方は、次の文章に要約されている。「……多くの単純な共同体においては、実際の食物の探求と、そのことから直接生ずる諸活動は、人々の時間とエネルギーのはなはだ多くの部分を占めるので、それよりも重要性の少ない要求をみたす余裕はほとんど残らない」。これは『人類学の覚え書と質疑』*Notes and Queries on Anthropology* 一六〇ページの「社会集団の経済学」Economics of the Social Group から引いたものであるから、この問題に関する現代の民族学の公的見解ともいえるものである。この論文のあとのほうを読んでいくと、われわれが本書で扱っている多様な経済学的問題は、すべて、いままでかなりおざなりにされてきたことが容易にわかるのである。

〔3〕これらの見解については、第一章4節ですでにふれてあるが、それらは人間性のもっとも根本的な一つの面について、（解釈の）誤りをおかしているので、ここでくわしく提示する必要があった。これらの見解が誤りであることは、トロブリアンド社会の一例のみによっても証明することができるという事からみても、この見解の普遍妥当性を打破し、問題を再検討しなければならないことを示すに十分である。ここに批判した見解は、非常に一般的な命題を含んでいるが、それにたいしては、経験によってしか解答を与えることができないし、なおかつ、それに解答を与え、訂正するのは、現地調査をする民族誌学者の義務である。ある陳述がきわめて一般的であっても、にもかかわらずそれが経験的な事実の陳述でありうる可能性もある。一般的見解を仮定的見解とまぜこぜにしてはならない。

後者は現地調査から駆逐すべきであり、前者にたいしては、最大の考慮を払うことが必要である。

〔4〕　実際問題として、この習慣は他のマッシム地区ないしすべてのパプア＝メラネシア人の世界におけるほど、トロブリアンドでは目だたない。それについてたとえば、セリグマンの『英領ニュー・ギニアのメラネシア人』五六ページと同書の写真六、図六を参照のこと。

〔5〕　価値について説明するにあたって、ここでも、その起源を追跡するつもりはない。ただ、価値のある物品にたいする住民たちの態度を分析するとき、実際にどのような要素が観察可能なのかを示すように努めるだけである。

（1）　シェイクスピアの『マクベス』に出てくる森の名前。この森が動きだすまでは敗れないという予言を、マクベスは魔女から受けるが、敵軍がこの森の木の枝を折って、押しよせたので、予言は裏切られた。

第六章　渡洋遠征への出発

いっさいの準備が終わり、カヌーが用意され、進水と紹介の儀式が行なわれて、クラにともなう交易のための品物が集められたところまで、クラの話を進めてきた。これでもう、カヌーに荷を積んで、出帆しさえすればいいのである。これまでは、船の建造、タサソリア、カビギドヤについて述べるとき、トロブリアンド島人一般を対象としてきた。だが、ここでは、島の南部の一区域に話を限定する必要があるから、シナケタからドブーへのクラ遠征についていってみよう。というのは、各地域間にはある程度の差異があって、一つ一つの地域は独立して扱われるべきだからである。

しかしながら、シナケタについて述べられたことは、すくなくとも、もう一つの南の地域、ヴァクタに関するかぎりは、あてはまるだろう。そこで、これからの二章で述べるすべての情景は、みな一つの地点、すなわちトロブリアンド湾岸のぬかった低地に、狭い距離をおいて立ち並ぶ約八つの村からなる集合体に焦点をすえている。

棕榈《しゅろ》の木の立ち並ぶ葉陰に、短い砂浜がつづいている。そして、そこから潟《かた》全体が見わたせる。大きな半円形を描くその波うちぎわは、マングローブのあざやかな緑でふちどられ、裏手には、ライブワグの隆起珊瑚礁《さんごしょう》山脈の高みにひろがる密林が見える。水平線上にかすかなふくらみのついた部分は、いくつかの、小さく平たい島々である。晴れた日には、ダントルカストー諸島の高嶺が、はるかかなたの青い影となって見える。

浜辺からまっすぐに、村の一つに足をふみいれてみる。家々が一列に立ち並び、それと向かいあって、ヤム芋小屋が、ずらりと並んでいる。そこを通りぬけ、弧状の村を右手に残して、キンマやココヤシの木立ちのある空地をいくつかぬけていくと、シナケタの村の集合体のなかでも主要な構成部分である、カシイェターナにたどりつく。そこには、村人たちの優雅な小屋にぬきんでて、巨大なトタン板の家がそびえている。その家は杭《くい》の上に建てられているが、床と地面とのあいだの空間には、注意ぶかく白いサンゴ石が詰めこまれている。

この大きな建物は、住民たちの虚栄心と迷信の強さを示している。つまり、白人が家を高く建てる習慣をまねしようとする虚栄心と、ブワガウ〔妖術師〕の恐ろしさにたいする妄信《もうしん》である。妖術師のもっとも強力な妖術は、魔法の草を燃やして行なわれるもので、もし彼が家の床下にもぐりこむすきがあれば、避けることはできない。つけ加えておくと、トロブリアンド諸島の住民たちの宣教師でさえ、かならず自分の家の床下に、かたい石をたくさん詰めておくくらいである。

ところで、カシイェターナの首長のトウダワダは、ボヨワでトタン板の家をもつただ一人の人間であるが、実際、広い島のなかで、むかしながらの様式そのままをとらないで建てられた家は、十二軒しかない。また、トウダワダは、私の知るかぎりでは、日よけのヘルメットをかぶるただ一人の住民である。その他の点についていえば、彼は背が高く、大きく賢そうな顔をした上品な〔見たところ非常にかっこうのよい体つきの〕男である。彼のトタン小屋の向かい側には、その四人の妻の住む、りっぱな小屋が立っている。

北のほうに向かって歩いていくと、高い木々やちょっとした密林のあいだに、サンゴがところどころに露出した黒土の地面がひろがり、コウタウヤの村のカヌバイネまでくる。コウタウヤは、シナケタで二番目に偉い首長である〔写真25〕。たいてい、彼は、自分の小屋かヤム芋小屋の、張りだした床の上にすわっている。大きなその地方のかつらをつけた、しわだらけで、歯のない老人である。彼やトウダワダは、首長としては最高位の者であり、二人ともキリウィナの首長たちと対等だと考えている。といっても、二人の権力は、集合体のなかのその小さな村だけにかぎられていて、すくなくともむかしは、儀式においても財力においても、北方の親戚《しんせき》縁者たちにはかなわなかった。

シナケタには、同格の首長がもう一人いて、オライウォクという小さな村を治めている。名前はシナカディといい、尊大な老人で、不健康な顔つきをし、禿《はげ》で歯もなくなっている。じつに軽蔑《けいべつ》すべきゆがんだ性格の男で、現地人からも白人からもばかにされている。白人の船が来るとすぐ、自分の若い妻を一人か二人カヌーに乗せて連れていき、船にあがってしばらくすると、自分一人だけたばこと上等の雑貨類をたくさん積んで帰ってくるとのもっぱらのうわさである。そのようなことに関して、トロブリアンド島人の名誉の感覚や道徳観は、だらしないほうなのだけれども、その彼らからみてもあまりにひどすぎるというので、シナカディは村で尊敬されていない。

右以外の村々は、身分的にいえば低いとはいっても、有力首長の力と地位にさして劣ることのない頭《かしら》たちによって治められている。その一人に、ライセタという名の不思議な老人がいる。やせた、からだの不自由な男なのだけれども、非常に威厳のある、もったいぶった態度をみせる。あらゆる種類の呪術に広く通じており、またアンフレット諸島やドブー島などの外の地方に長く暮らしたことがあるというので、よく名が通っている。あとで放浪の旅に出るとき、これらの首長の何人かには、またお目にかかるだろう。シナケタの村と首長たちのことを書いたから、ここでまたもとの話にもどろう。

クラの遠出に出る予定日の数日まえに、村々はたいへんにぎやかになる。近所から訪問客たちがたずね、旅行中にお使いくださいといって、贈物、といっても大部分は食料を持ちこんでくる。客たちは、小屋小屋の前に腰をおろして、しゃべったり、品評したりするが、そのあいだじゅう村人たちは、自分たちの仕事に精を出す。夕方になると、火を囲んで長い相談がはじまり、夜ふけまでそれがつづく。食料の準備は主として女の仕事であり、一方男たちは、カヌーの仕上げにかかって、呪術を施す。

社会学的にみてみると、これから旅だつ者たちの集団は、あとに残る者たちとは、もちろん区別される。しかし、前者のあいだですらも、さらに、クラにおけるそれぞれの役割にしたがって、こまかい区別がもうけられる。

まず第一に、カヌーの船長たちであるトリワガがいるが、彼らはこれからの数週間のあいだ、ある決定的な役割を演ずることになる。彼らのめいめいが、このうえなく厳格にタブー

25　シナケタの首長の一人コウタウヤ

26　荷を積んだカヌー

を守らなくてはならない。そのタブーには、シナケタで行なわれるもの、ドブーで行なわれるものなどがあるが、いずれにしても厳格に守られる。また彼らは、呪術を行ない、儀式にさいして一定のつとめを果たさなければならない。そして、めいめい、クラの栄誉と特権を享受するのである。

ウサゲル――すなわち乗組員たちは、各カヌーに四人ないし六人配属されるが、彼らは別の集団を形づくる。彼らは舟を動かし、一定の呪術の儀式を果たし、そして通例、個人的資格でクラを行なう。カヌーには、このほか、クラには加わらず、航海の助手をつとめる若者が二人乗り組むが、これがまた別の集団をなし、シラシラと呼ばれる。ときおり、男の子が父親について、クラの遠出にしたがうこともある。彼らはドドウと呼ばれ、ホラ貝を吹いて精いっぱいに自分の役を果たす。

以上のように、全船隊は四つの集団、すなわち、トリワガ、ウサゲル、助手、少年の集団からなる。シナケタからは、既婚、未婚を問わず、女が海外の遠出に加わることはけっしてない。ただし、トロブリアンド諸島の東部では、これとは別の風習が一般的である。トリワガたちは、自分のウサゲルに食料給付を行なわねばならない。そしてそれは、ムワロロという食料分配の小儀式の形で行なわれる。時期は遠出から帰ってきてのち、場所は村の中心部においてである。

出帆の数日まえ、トリワガは、一連のきまった呪術の儀式を開始し、タブーを守りはじめる。女たちは最後の食料準備に忙殺され、男たちは、さしせまった長旅のため、ワガ〔カヌー」の整備をする。

トリワガのタブーは、性に関するものである。どのみち最後の一晩は、呪術を行なうため、また他の村々からの友人親戚の訪問を受けるため、彼は忙しい。友人縁者たちは、航海のための食料や、交易用品の贈物などを持ってきて、これからはじまる遠出のことを話題に、あれこれおしゃべりをする。だが、トリワガは、そのほかにも、習慣の命ずるところにしたがって、夜おそくまで寝ないでいなければならない。そして、妻が同じ屋根の下にいようとも、一人で寝なくてはならない。

カヌーの準備は、ヤワラプという編みむしろでカヌーをおおうことからはじまる。むしろは舟板の上にかぶせられ、歩いたり、すわったり、小さな品物を並べたりしやすくされる。このカヌー整備の最初の行為には、呪術的儀式がともなう。編んだ葉がカヌーの上にかけられるとき、浜辺に立つトリワガが、それにたいして呪文を唱える。あるいは、別の体系のクラ呪術では、トリワガは、ショウガの根をいくらか用意して、自分の小屋のむしろの上に吐きちらす。そのような儀式でよく使われる呪文の形式は、次のとおりである。

ヤワラプの呪文

「ビンロウジ、ビンロウジ、女のビンロウジよ。ビンロウジ、ビンロウジ、男のビンロウジよ。吐きだす儀式のためのビンロウジよ！」

「首長の同輩よ、首長とその供の者たち、彼らの太陽、午後の太陽よ。彼らの豚、小さな豚よ。私の日は一日かぎり」――ここで、呪文を唱える者は、自分の名を述べる――「彼らの暁、彼らの朝よ」

以上が呪文の前置きである。次に主要部分がくる。ボライトゥパとバデルマという二つのことばがつがいにされ、一連の他のことばとともにくりかえされる。つがいの初めのほうのことばを自由訳すると、「速い航海」となり、あとのほうのことばは、「豊漁」である。この二語のあとにつづいて添えられる一連のことばは、クラの首飾りのいろいろな形について述べる。首飾りは、長さと仕上げ方が異なるごとに、それぞれその種類の名をもち、それが十二ほどある。そのあとで、人の頭に関することばがずらりと述べたてられる。

「私の頭、私の鼻、私の後頭部、私の舌、私の喉《のど》、私の喉頭《こうとう》」など。最後に、クラに持っていかれるさまざまな品物が列挙される。贈与される品〔パリ〕、儀礼によって丸く巻かれた束〔リラヴァ〕、身の回りの籠《かご》、寝床、大籠、石灰《せっかい》の棒、石灰の壺《つぼ》、櫛《くし》などの名がつぎつぎに唱えられる。

結びとして、呪術師は、呪文の最後の部分を暗唱《あんしょう》する。「私は山を足蹴《あしげ》にするだろう。山は動く。山はくずれる。山は儀式の活動をはじめる。山は喝采する。山は倒れる。山は平伏する！　私の呪文は、ドブーの山の頂までとどくだろう。私の呪文は、私のカヌーのなかまで突き通るだろう。私のカヌーの胴体は沈み、私のカヌーの浮きは水の下にもぐるだろう。私の名声は雷のようであり、私の足音は、空飛ぶ魔女の吼《ほ》え声のようである」

この呪文の前半には、ビンロウジに関する言及があるが、それは住民たちがクラで手に入れたいと欲する名物の一つだからである。他方、ビンロウジは、まじないをかけ、相手をクラに誘いこむために与える物質の一つである。この呪文がこの一つの行為のいずれを対象としているのか、きめることは不可能だし、住民たちにもそれはなんともいえない。自分の速さと成功をたたえるくだりは、呪術の形式の典型的なもので、他の多くのばあいにも見いだされる。

呪文の主要部分は、例によって解釈しやすい。おおざっぱにいって、それは次のような宣言なのである。「私は急いで行って、さまざまの形のヴァイグアについて成功をおさめるだろう。私は急いで行って、自分の頭や、ことばや容貌《ようぼう》によって、成功をおさめるだろう。私のすべての交易品と自分の持ち物に関して、成功をおさめるだろう」

呪文の終末の部分は、人間の呪文によって「山」に与えられる影響について述べているが、このばあい、山は、つねにドブーの地域とその住民を象徴している。彼らの航行するダントルカストー諸島の区域は、いつもコヤ〔山〕と呼ばれている。誇張、隠喩《いんゆ》、呪文の力を暗に強調することなどは、すべての呪術の呪文にみられる大きな特徴である。

翌日、または翌々日――というのは出発はしばしば遅れるのが普通だから――、一頭か二頭の豚が、遠征隊の長から、参加者のみんなに与えられる。その日の夕方、それぞれのカヌーの持ち主は、畑のなかにはいっていって、芳香を放つハッカの類〔スルムウォヤ〕を見つける。その小枝を手につかむと、彼は呪文を唱えて左右に体を動かし、ついでそれを引きちぎる。次がそのときの呪文である。

スルムウォヤの呪文

「だれがラバイのスルムウォヤを切るのか？　私クウォイレグは、父とともにラバイのスルムウォヤを切りとる！　吼《ほ》え声をあげるスルムウォヤ、それは咆哮《ほうこう》する。震動するスルムウォヤ、それは震動する。うなり声をあげるスルムウォヤ、それはうなり声をあげる。煮えたぎるスルムウォヤ、それは煮えたぎる」

「私のスルムウォヤ、それは煮えたぎる。私の石灰のさじ、それは煮えたぎる。私の石灰の壺、それは煮えたぎる。私の櫛……私の籠……私の小籠……私のむしろ……私のリラヴァの束……私の贈物〔パリ〕……」。そして、これらのことばとともに、「煮えたぎる」とか「泡《あわ》だつ」という文句がくりかえされ、それはしばしば数回に及ぶ。そのあとで、「煮えたぎる」という同じ動詞が、右に述べた形にしたがって、頭の各部分についてくりかえされる。

最後のくだりは次のようになっている。「さいきん死んだ私の母方の伯父《おじ》のムウォヤロバの霊よ、モニキニキの頭の上であなたの呪文をささやけ。私のかろやかなカヌーの頭の上で呪文をささやけ。私は山を足蹴《あしげ》にするだろう。山は傾く。山はめりこむ。山はぱくりと口を開く。山は歓喜する。それは倒れる。私は自分のカヌーが沈むようにと願って、クラを行なうだろう。私は自分の舟の浮きがさがるようにと願って、クラを行なうだろう。私の名声は雷のようであり、私の足音は、空飛ぶ魔女の吼《ほ》え声のようである」

この呪文の導入部には、ある神話が引きあいに出されている部分がある。しかし、私の問いただしたかぎりでは、混乱した説明しか聞けなかった。しかし、呪術をかけたハッカについて直接言及し、その呪術的な効果について述べている個所だけは意味がはっきりしている。

次の部分では、ここでもまた、クラで用いられる品物や、呪術師の個人的な容貌、説得力について、一連のことばが述べたてられている。このとき、それらのことばと結びつけられてくりかえされる動詞は、これからすぐあとで述べるハッカとココヤシの煮沸のことをいっているので、結局ハッカのもつ呪術的な性質が、トリワガとその品物に分かち与えられることを、そこに述べているのである。

最後の部分で、呪術師は、この呪術を教わった自分の実の母方の縁者の霊を呼び起こし、自分のカヌーに、呪術的な力を分かち与えるように願っている。モニキニキとは、ここでは、カヌーの同義語として使われ、神話的なひびきのある名だが、それに関連した神話は、なにも知られていない。ただ、彼が、以上の呪文をはじめに所有していた人である、という言い伝えのみが知られている。

終結部であるドギナには、ヤワラプの呪文の終わりと同じ表現がいくつか含まれているが、ここにもまた、呪術において非常にひんぱんに用いられる、極度に誇張されたことばの例が示されている。

このようにして、ハッカの木から、儀式を施して枝をちぎりとると、呪術師はそれを家に持って帰る。すると、そこには自分の舟のウサゲル〔乗組員〕の一人がいて、彼を助けて小さなむかしながらの粘土の壺の中で、ココヤシの油をいくらか煮沸する。その煮えたぎる油のなかに、ハッカが入れられ、ぐつぐつと煮えている最中に、一定様式の呪文が、それにたいして唱えられる。

カイムワロヨの呪文

「ビンロウジはいらない、ドガ〔湾曲したイノシシのきばの飾り〕はいらない、キンマの壺はいらない！　彼の心を変える私の力。私のムワシラの呪術、私のムワセ、ムワサレ、ムワセレワイ」。この最後の文は、キリウィナの呪術の大きな特徴である、ことばのあそびを含んでいる。出だしの文句を解釈することは不可能である。おそらく、次のような意味なのだろう。「いかなるビンロウジも、キンマの壺も、ドガの贈物も、私のムワシラの力や、私の好きなように相手の心を変える力の強さにはかなわない！」

次に呪文の本体がくる。「私のスルムウォヤ〔ハッカ〕が一つある。私がグマシラの頂にすえるであろうラバイのスルムウォヤが」

「だから、私はグマシラの頂で、すばやくクラを行なうだろう。だから、私はグマシラの頂に私のクラをかくすだろう。だから、私はグマシラの頂で私のクラを奪うだろう。だから、私はグマシラの頂で私のクラを略奪するだろう。だから、私はグマシラの頂で私のクラを盗むだろう」

これらの終わりの文句は、グマシラ島の名のかわりに、クヤワイウォ、ドムドム、テワラ、シヤワヤ、サナロア、トゥウタウナ、カムサレタ、ゴレブブ等の名を入れて、数回くりかえされる。これは、すべてクラの行なわれる土地の名を順ぐりにあげたものである。この長い呪文のなかで、呪術師はクラ遠征の道順をたどり、そのなかのもっともきわだった目標を列挙するのである。この呪文の最後の部分は、先に引用したヤワラプの呪文の終わりの、「私は山を足蹴にするだろう云々《うんぬん》」と同じものである。

油とハッカにたいしてこの呪文を唱えたのち、呪術師はそれらのものを取りあげ、火にあぶってこわばらせたバナナの葉の容器のなかに置く。現今では、そのかわりにガラスびんが使われることもある。次にカヌーの船首の板にさしこまれ、舟のへさきの上に斜めにつきだした棒にその容器はとりつけられる。もっとあとで説明するように、ドブーに着いたとき、この香りのよい油は、いくつかの品々に塗るために使われる。

しかしながら、これでいっさいの呪術的儀礼が完了したわけではない。翌日の朝早く、リラヴァという代表的な交易品の儀礼的な包みが、呪術の呪文を唱えながら作られる。いくつかの交易品、たとえば、編んだ腕輪、櫛《くし》、石灰《せっかい》の壺《つぼ》、ビンロウジの包みなどが新しくきれいなむしろの上に置かれ、それをたたんだところで、なかに呪文が吹きこまれる。それから、むしろは丸く巻かれて、その上にもう一枚別のむしろが掛けられる。さらに、その回りにもう一枚か二枚よぶんに巻きつけてもかまわない。このようにして密封されたなかに、呪文の呪術的な力がこもるのである。

　そののち、この包みは、カヌーの中央の、ある特定の場所に置かれ、遠征隊がドブーに着くまでは開かれない。呪術的な力〔カリヤラ〕が、この包みにまつわりつくという信仰があり、リラヴァが開かれるときには、いつでも雷鳴と稲妻をともなった静かな雨が、とつじょとして降ってくるという。しかし、ヨーロッパ人的な疑いをさしはさんでおくと、モンスーンの季節には、ダントルカストー諸島にみられるような高い山の斜面や麓《ふもと》には、雷をともなった雨が、毎日午後、かならずといっていいほど、降るのである。にもかかわらず、カリヤラが現われないばあいには、もちろん、リラヴァにたいする呪術的儀礼に、なにか手落ちがあったとされるのである！

　次にあげるのが、開いてはならないという禁制を与えられたリラヴァの包みに、唱えられる呪文である。

リラヴァの呪文

「私はカウラコマの浜辺を回航する。カイリの浜、ムユワのカイリ」。この句の意味をはっきりさせるような説明を加えることは私にはできない。あきらかに、ここでは、私には手がかりを与えられていないある神話的なものごとについて、述べられているのだろう。「私は、私の山の上で、呪術行為をするだろう……私はどこに身を横たえようか。私はレグマタブに身を横たえよう。私は夢みるだろう。私は夢の幻をみるだろう。私の呪術のしるしとして、雨が降るだろう……彼の心は、緊張している。彼は身を横たえず、すわらず、立ちあがってふるえ、立ちあがって興奮する。ケワラの令名は小さく、私自身の令名は輝きわたる……」

この一節は、なんどもなんどもくりかえされる。そして、一回ごとにレグマタブのかわりに、別の地名が挿入《そうにゅう》される。レグマタブは長さ約二百ヤード、幅百ヤードの小さな珊瑚島で、数本のパンダナスの木が生《は》え、野鶏とウミガメがそこの砂地のなかに卵を産む。この島は、シナケタとアンフレット諸島のあいだにあるが、シナケタの舟乗りたちは、悪天候や逆風に見舞われたときには、しばしばそこで一晩か二晩を過ごす。

右の一節は、まずリラヴァの呪術的力について直接言及している。そして、後半は、その魔術の影響力下にさらされたドブー島の取引相手の興奮の状態を述べている。この興奮の状態が、クラのとき取引相手を気まえよくさせるのである。ケワラということばが固有名詞なのか、それともなにかほかの意味をもつのかはわからない。しかし、この句は、呪術師自身の名声にたいする自慢を含む。これは呪術の様式として、非常に典型的なものである。

文句のなかで、レグマタブの代わりに順々にあげられる地名は、次のとおりである。ヤクム。これは小さな珊瑚島である。ウラシ。これはグマシラのドブー名である。テワラ、サナロア、トゥウタウナ。これらは、ドブーについての説明ですでに出てきた地名である。

　これは非常に長い呪文である。最後の節がヴァリエーションをつけてながながと唱えおえられると、もう一つ新たな変化が導きいれられる。最初の「私はどこに身を横たえようか云々《うんぬん》」という文句の代わりに、新しい句は、「虹《にじ》はどこに昇るか。それはコヤタブの頂に昇る」となる。そして、そのあとに、節の残りの部分、すなわち「私は夢みるだろう。私は夢の幻をみるだろう云々」の文句がくりかえされる。この新しい形も、コヤタブ〔1〕のかわりにカムサレタ〔2〕、コヤヴァウ〔3〕、ゴレブブ〔4〕などの名が挿入され、ちょっと変更してくりかえされる。ここでもまた、（クラの）場所がつぎつぎと示されている。しかし、このばあい示されるのは宿泊地ではない。遠征隊の航海標識として、高い山々の峰が、つぎつぎにあげられているのである。この呪文の終結部もまた、ヤワラプの呪文の終わりと同じである。

　右の呪術的儀礼は、最終日の朝にとり行なわれる。呪文が唱えおえられ、リラヴァが巻かれると、それはカヌーに運ばれて、栄誉の座にすえられる。そのころまでに、ウサゲル〔乗組員〕がカヌーの出帆準備を完了している。

　マサワのカヌーはすべて、舟の本体と舷外浮材《げんがいふざい》をつなぐ、リウというじょうぶな水平に渡された棒で十、十一、ないし十二の区画に仕切られている。そのような区画をリクといい、一つ一つのリクには名前がついていて、用途がきまっている。カヌーの後部から述べていくと、第一のリクは、とうぜん狭く浅いわけだが、オググワウすなわち「霧のなか」と名づけられ、ホラ貝を置く場所とされている。少年がそこにすわって、儀礼の行なわれるたびに、ホラ貝を吹く。

次の仕切りは、リクマカヴァという名で、食料の一部がしまわれる。第三の区画は、カイリクという名で、しきたりによって、ココヤシの実の殻《から》で作られた水筒が置かれることになっている。第四のリクは、リクグヤウと呼ばれ、その名の示すとおり、グヤウすなわち船長の場所である。つけ加えておくと、グヤウとは、非公式にすべての首長、重要人物に与えられる丁重な呼び名である。水あかを汲《く》みだす係、つまりヤルミラは、かならずこの区画にいることになっている。

次にくるのが、まんなかの区画で、ゲボボと呼ばれ、その数は、一つ、二つ、または三つと、カヌーの大きさによってちがう。この部分に台を置き、その上にリラヴァをのせるのだし、ドブーに着くまで食べてはいけないことになっているいちばん上等の食物とか、貴重な交易品のいっさいなども、この区画にしまわれる。この中央部の仕切りにつづいた部分は、いままでのところと同じように区画され、それが逆の順序でつづいている〔写真26〕。

ドブーへの遠出に行くときはいつもそうなのだが、カヌーの積み荷が多いときには、舟のゲボボにあたる部分の四角い空間に柵《さく》がもうけられる。つまり、一種の大きな鶏籠《とりかご》のようなものが、カヌーのまんなかに立てられる。そこには、むしろにくるまれた包みがいっぱいつまっていて、ときどきカヌーが航行していないときなど、帆でおおいをかけるのが普通である。

カヌーの底の床は、棒を組みあわせたものでできている。その上で、人々は歩いたり、ものを置くことができる。そして、その下を水あかが流れ、ときに汲みだされる。ゲボボのこの棒組みの上には、四隅に一つずつ、四個のココヤシが置かれるが、そのさいに呪文が唱えられる。そして、それがすんでから、リラヴァや、よりぬきの食料や、その他の交易品が積載されるのである。次の呪文は、四個のココヤシにたいして唱えられる種類のものに属する。

ゲボボの呪文

「私の父、私の母……クラ、ムワシラよ」。呪術の冒頭部分にふさわしい、圧縮されたスタイルで述べられるこの短い前置きは、クラとかムワシラとか、自明なものがあげられている部分はとにかくとして、なんだかわけのわからないものである。後半部はいくらか意味がはっきりしている。

「私は自分のカヌーをバギドウでみたそう。私は自分のカヌーをバギリクでみたそう。私は自分のカヌーをバギドゥドゥでみたそう云々《うんぬん》」。首飾りにつけられた個別の名がすべてあげられるのである。終わりの部分は、次のようになっている。「私は外海に錨《いかり》をおろそう。そして、私の声望は潟までとどこう。私は潟に錨をおろそう。そして、私の声望は外海までとどこう。私の仲間は、外海と潟に行くだろう。私の声望は、雷のようであり、私の足音は、地震のごとくである」

この終結部は、ほかのいくつかの形式と同じようである。この儀礼は、呪文から察するところ、あきらかにクラの儀式だが、住民たちの主張するところによると、この部分の特別の効能は、カヌーに積まれた食料を長もちさせることだという。

この儀式が終わると、積み荷がすばやくのせられ、リラヴァがその栄誉の場所に置かれる。そして、それとともに、ドブーに行って食べる最上の食物も積みこまれる。ポカラ〔供物〕として使われるよりぬきの食料も、ゲボボのなかに入れられる。それは海の向こうの取引きの相手に贈られるものだ。そして、その上に、右のもの以外のパリという交易品が積みあげられ、そのいちばんてっぺんに、ウサゲルとトリワガの個人の持ち物が、旅行カバンのような形をした各人の籠のなかに入れておかれる。

いわゆるクリラオディラ、すなわち内陸の村から来た人々が浜辺に集まっている。それらの人々とともに、女、子ども、老人、村の護衛に残されたわずかの男たちが立っている。船団の長が立ちあがって、岸辺の群衆にあいさつをするが、その文句はだいたい次のとおりである。

「女たちよ、われわれほかの者は、船出する。おまえたちは、村に残る。おまえたちは、貞操を守らなくてはならぬ。木をとりに森に行くときには、一人だけみんなからおくれてはいけない。畑に仕事をしにいくときには、いっしょにかたまれ。妹たちを連れて、いっしょに帰ってこい」

彼はまた、ほかの村々から来た人々に戒告して、村を避けるよう、夜や宵《よい》には、けっしてシナケタを訪れないよう、けっして単身で村にやってこないように言う。それを聞くと、内陸の村の首長が立ちあがって、次のように言う。

「その心配はない、おお、われらの首長よ。あなたたちは旅立ち、あなたたちの村は、ここでいつものとおりにありつづけるだろう。さあ、そして、あなたがたが帰ってきたら、また会いにやってこよう。あなたがたは出帆してしまう。そこで私たちは自分の村にこもろう。帰ってきたら、またやってこよう。たぶんあなたがたは、私らにビンロウジをすこし、サゴヤシをすこし、ココヤシをすこしくれるだろう。たぶんあなたがたは、私たちに貝の玉の首飾りを、いくらかクラしてくれるだろう」

この演説が終わると、カヌーは一団となって出帆する。実際の別離にあたって、岸辺に立つ女たちのある者は、泣くだろう。しかし、その後は、涙を流すことはタブーである。また、女たちは、そのほかのタブーを守ることになっている。すなわち、村の外に一人で出ていってはいけないし、男の訪問者を迎えてはならず、つまり夫たちの不在中、貞操を守って、夫にそむいてはならないのである。もし女があやまちをおかせば、その夫のカヌーの速度が鈍り、原則として、一行が帰ってきたとき、夫と妻のあいだにもんちゃくがもちあがり、その結果、悪感情が残る。カヌーの速度が鈍っても、それがカヌーのせいか妻のせいかは、なんともいえないのだけれども。

さて女たちは、それから雨と雷を待ちもうける。つまりそれは、男たちが、リラヴァ〔特別の、呪術の包み〕を開くしるしになるからである。雨と雷がくれば、女たちは、一行がサルブウォイナの岸に着き、その最後の呪術を行なって、トゥウタウナとブワヨワの村にはいる準備をしているな、とわかるのである。女たちは、男たちがうまくドブーに着くよう願い、悪天候のため、アンフレット諸島から帰らざるをえなくなりはしないか、と心配する。

また、女たちは、カメーが帰ってきて浜辺に迎えにでるときはく、特別製の草のスカートの準備をつづける。彼女らも、珍味とされているサゴヤシや装飾品を、いくらか夫がドブーから持ち帰ってきてくれることを期待している。もしなんらかの理由で船隊が早くもどってきてしまうと、村じゅうがすっかり落胆してしまう。なぜかというと、それは、遠征が失敗に終わり、残留者になにも持ち帰れず、女たちも儀式の衣装をまとう機会を失ったことを意味するからである。

注

〔1〕ファーガスン島北岸の山。
〔2〕アンフレット諸島ドムドム島最高の丘。
〔3〕ドーソン海峡北岸の、ドブー島に向かいあった山。
〔4〕ドブー島の火山。

第七章　船団最初の停泊地ムワ

1

以上のような、たくさんの準備と前置きが終わって、ひとたび舟に乗ると、一同は、はるか南のかたから、彼らにいざないかける、高い山々めがけてまっしぐらにつきすすむ、と思われるかもしれない。ところが、まったくそれとは正反対に、彼らは、第一日目は、ほんのすこしの前進だけで満足して、たった数マイル航行すると、シナケタ村の南西にある、ムワという大きな砂州で止まる。この島のふしくれだった老木の立つ砂浜の近くに、カヌーは棒でもやわれ、乗組員たちは、儀式的な食料分配の準備を行ない、浜辺で一夜をあかすためのしたくをする。

この、一見不思議に思われる停止も、住民たちが遠出の準備をしたのち、いまやはじめて他の村人たちから離れ、彼らだけで集結したことを考えれば、いくらかなっとくがいく。一行の催す手はじめの祝宴にともなって、ふつう全参加者が点検と検査を受けるが、これは、トロブリアンド諸島の遠征ないしは訪問旅行すべてにみられる特徴である。

私は、これまで大小の遠征をとりまぜて述べてきたが、住民たち自身は、ウヴァラクという大規模な、競争のクラと、「普通のクラ〔クラ・ワラ〕」と呼ばれる小規模の航海とのあいだに、はっきりした区別をもうけていることを、まだ明言していなかったと思う。

ウヴァラクは、各地域から、二、三年ごとに出される。しかし、最近では、他のあらゆることと同じく、ルーズになってきている。あとに述べるような理由によって、ヴァイグアがたくさん集まったときに、それが行なわれるならわしである。ときとしては、首長の一人が、非常にりっぱな豚や、高価な品物を手に入れたというような特別の事件にさいして、ウヴァラクの行なわれることもある。たとえば、一九一八年に、ドブー島から大きな競争の遠征が行なわれたが、その理由は、トゥウタウナの首長の一人のカウヤポルが、ほとんど円を描くくらいに湾曲した牙をもつ、巨大なイノシシを持っていたからだった。

また、食料がありあまっていることとか、むかしには、戦争の遠征が首尾よく成功したことなども、ウヴァラクを行なう理由になった。もちろん、これら住民たちが口に出していう理由は、いわば付随的な理由であり、実際には、ウヴァラクは、その機会がくれば――つまり、食料の大欠乏をふせぐ必要のあるときとか、重要人物が死んだときなどに、行なわれると考えていい。

ウヴァラクは、なみはずれて大きな規模のクラ遠征であり、あらゆる儀式的、呪術的礼式を注意ぶかく守り、一定の社会組織のもとに行なわれる。それは、規模の大きさとか、競争が加味されている点とか、その他二、三の付随的特徴からいって、小遠征とは区別される。ウヴァラクにさいしては、その地域のカヌーが、すべて、しかも、完全に乗組員を乗せて、動かされるのである。だれもがそれに参加したがる。しかしながら、この自然の欲求と相並んで、すべての乗組員は、遠征に参加すべき義務をもつという考え方があるのである。彼らは、この義務を、首長やウヴァラクの長にたいして負っている。

ウヴァラクの長は、トリウヴァラクと呼ばれるが、つねに一区域の首長か頭《かしら》である。彼は儀式係長をつとめ、シナケタの浜辺を去るとき、食料を分配するとき、海のかなたの村々に到着するとき、帰郷の儀式のときなどに、その役割を演ずる。かわいて白くなったパンダナスの葉を、棒に結びつけてカヌーの船首にくっつけた吹流しが、彼の威厳をこれみよがしに示すしるしである。そのような吹流しは、キリウィナ語でタラバウバウ、ドブー語でドヤと呼ばれる。遠征のトリウヴァラクをつとめる首長は、通例ほかの者より多くのクラをもらう。

また、この光栄ある特別な遠征行は、彼のおかげで行なわれると考えられる。したがって、このばあい、トリという称号は、名誉と名声を所有する者の意味を表わし、その称号をもつ者は、有名人〔ブトゥラ〕といっていい。その意味でこの称号は、住民たちから非常に重んじられている。

一方、経済的、法律的見地からみれば、遠征の参加者たちをトリに結びつけている義務は、このうえなく重要な社会学的特徴をもっている。彼は食料を分配し、ほかの者たちはこれにあずかる。そして、このことが、彼らに遠征を遂行する義務を課すのである。どんなにその遠征が苦しくとも、悪天候、逆風、そして往時には敵対する現地の住民たちに妨げられることがあったが、そうしたことのため、どんなにひんぱんに止まったり、またはもどったりすらするはめにおちいろうとも、遂行の義務が課せられるのである。住民たちは言っている。

「われわれは、いったんウヴァラクに出ると、もどることができない。なぜなら、われわれは豚を食べ、トリウヴァラクのくれたビンロウジをかんだから」

もっとも遠い地域にある村に、シナケタの人たちのクラが達し、手のとどくかぎりのすべてのヴァイグアを集めるためにわりふられた一定の時間がたってはじめて、一行は帰途の旅路につくだろう。逆風のためムワ島からカヌーを南に進められず、そこで糧食をぜんぶ食べつくして、数日にして帰らねばならなくなるというようなことを数回くりかえして、遠征隊がシナケタからなんども出なおさねばならなかった具体例もいくつかある。

また、二、三十年まえ特記すべき遠征が行なわれた。それは、一、二度出発しなおしたのち、ヴァクタで凪《なぎ》にあい、北からの順風を吹かせてもらうために、オキナイの村の風の呪術師にしこたま支払わねばならず、そのあとでやっと南に航海できたが、海の恐ろしい危険の一つであるヴィネイリダに出あった。それは、海の底からカヌーめがけて飛びこんでくる生きた石である。だが、このような目にあったにもかかわらず、彼らはぶじにドブーに着いて、首尾よく帰還することができた。

このように、社会学的な見地からすれば、ウヴァラクは部分的にはトリウヴァラクによってまかなわれる事業であり、それゆえ彼の信用を高めて、彼に栄誉をもたらすものであることがわかる。一方、食料をもらうことによって人々に課せられた義務は、遠征を成功に導くことである。

すべての者が遠征に行きたがり、みながひとしくそれを楽しみ、それによって野心を満足させ、富をふやすにもかかわらず、強制と義務の要素がそれに含められていることは、なにかおかしいような気もする。なぜなら、喜びの観念が人間にたいして強制されねばならないことなど、われわれの習慣にはないからである。しかしながら、ウヴァラクのこの特徴は、けっして珍しいものではない。なぜなら、部族が大規模に行なう楽しみと祭の催しには、たいていのばあい、このような原理がみられるからである。

祭の進行をつかさどる者は、はじめに食料を分配することによって、ほかの者たちに、季節の踊りや競技や遊戯をやりとげる義務を負わせる。実際、住民たちが社会全体でそろって楽しみごとをするとき、初めの熱がさめたり、嫉妬《しっと》、羨望《せんぼう》、不和などが生ずるため、楽しみごとがめちゃくちゃになってしまうことは、よくある。それを考えてみれば、外からの強制によって楽しみをもつ必要は、一見思われるほど荒唐無稽《こうとうむけい》なものではなくなってくる。

ウヴァラクの遠征では、クラのすべての礼式が守られねばならないという点でも、それが普通の遠征行と区別されることは、すでに述べた。そこで、カヌーはみな新しいか、肋骨《ろっこつ》をあらためて打ちなおしたものでなければならず、また、例外なしに、塗装や装飾が改められていなければならない。進水の儀式タサソリアと、紹介式カビギドヤが詳細にわたって正式に行なわれるのは、クラがウヴァラクの形をとるときだけにかぎる。

出発のまえに村で一頭ないしそれ以上の豚を殺すことも、この競争的性格をもったクラの特徴である。遠征行のうちの、いま私がそこまで話をもってきている段階で、カイグヤウ、すなわち儀礼的な食料分配をムワ島で行なうことも特徴である。タナレレ、すなわち遠征の終わりにヴァイグアを得意になってみせびらかし、個人個人が手にいれたものをくらべあうことも、ウヴァラクのもう一つの儀礼的特徴であり、競争の要素をいくらかそれに与えている。そのような遠征行の初めにあたって、カヌーの速度や、質や美観をきそいあうことも行なわれる。

ウヴァラク遠征隊にたいしてヴァイグアをさしだすほうの側の地域も、だれがいちばん出すかを他の地域ときそうばあいがある。要するに、力くらべ、競争の要素が行為全体を一本はっきりとつらぬいている。以下の諸章では、さらにいくつかの点でウヴァラクを、普通のクラ航海から区別して述べる機会があろう。

ここで忘れずにつけ加えておかねばならないことがある。右に述べたような儀式の諸特徴が強制されるのは、ウヴァラクの航海のときだけだし、それらが一つ残らず完全に守られるのもそのときだけにかぎられるのだが、しかし、普通のクラ遠征のときに儀式がいくつか、ないしは全部が行なわれることもあるのである。とくにそのクラが、普通より大きなばあいには、このことがいえる。さまざまな呪術的な儀式——すなわちもっとも重要な儀式——についても同じことがいえるので、それらはどのクラ遠征でも行なわれるが、ウヴァラクのときには、普通以上のきびしさをもって行なわれるのである。

最後に、非常にだいじできわだった特色は、ウヴァラクが出ていくときには、ヴァイグアを絶対に積んではならないということである。忘れてならないのは、クラが海を渡って遠出の航海に行くのは、主として贈物を受けとるためなので、与えるためではない。そして、ウヴァラクにおいては、この規律が極端なまでに守られ、訪問者の側からは、クラの貴重品を与えることが、いっさいできないのである。

普通のクラのとき、シナケタからドブーまで航行する人々たちは、わずかの貝の腕輪なら携行してもかまわない。しかし、儀式的な競争のクラのときには、そのようなことは、いっさい許されない。つまり、第二章で説明したように、クラの交換は、けっして同時に行なわれないことを忘れてはならないのである。

贈物が贈られると、かならず一定の時をへて、お返しがなされるのが原則である。そこで、ウヴァラクのとき、ふつう住民たちはドブーで一定額の贈物を受けとるが、一年かそこらのあいだに、ドブー島人がシナケタに来たさい、それは返される。しかし、ドブー島人は、シナケタの人たちに、いつもかなりの量の貴重品をもらっているので、シナケタの人がドブーに行くと、まえのときの貸しがあるといって、贈物の返還を要求するだろう。

要約すると、ウヴァラクは、儀式的、競争的な遠征行だといえる。すなわち、ウヴァラクはその長（トリウヴァラク）の手で、食料の分配が、とくに最初に行なわれるという点に関するかぎりは、儀式的だといえる。しかし、ウヴァラクでは、すべてのクラの様式が、厳格に、例外なく守られる点でも儀式的だといえる。ある意味では、すべてクラの遠征航海は儀礼的なものなのである。また、それが競争的であるというのは、終わりに、手にはいった品物がみな比較され、その数がかぞえられることに主としてよる。これと関連して、全部の人に平等なスタートを与えるために、ヴァイグアを持っていくことが禁止されている。

2

ムワ島に集結したシナケタの船団に話をもどそう。到着直後、すなわち昼ごろ、儀式的な分配がとり行なわれる。トリウヴァラクは儀式の主宰者だが、このばあいには、ただすわって遠くから式が開始されるのを見守るのが通例で、彼の親戚《しんせき》や、身分が彼より低い友人たちの一団が、実際の仕事にかかずらう。このようなことがらが運営されるありさまを、そっくりそのまま目に見えるように叙述するのは、いつも困難なことだから、ここでもうすこし具体的な説明をしておいたほうがよかろう。

私が、このような事情をはっきりと理解することができたのは、一九一八年三月に、アンフレット諸島のクラの、右のような最初の段階を見学したときだった。住民たちは、何日間も出発の準備をしていたが、最後の日の午前中、彼らがカヌーに積み荷して準備をととのえ、別れのあいさつをして船団を出すのを私は観察したり、写真にとったりした。忙しい一日を過ごしてのち、満月だったので、夕方、私は小舟に乗って遠出をした。すでにトロブリアンド諸島で、最初の休止をする習慣について聞き知ってはいたが、岩山の岬《みさき》を回ったとき、その日の朝、クラに出発したグマシラ人の集団が、満月の砂浜の上にすわっているのに行きあって、たいそう驚いた。彼らは、十時間ばかりまえに、非常な大騒ぎをして出かけてきた村から、二、三マイルの地点にいたのである。

その日は、かなり強い風があったので、彼らは、すくなくともトロブリアンド島までの道程のまんなかへんにあたる、約二十マイルほど北の小さな砂岸のどれかあたりで夜をあかすものとばかり思っていたのである。私は、ぶあいそうで不親切なアンフレット島人たちのあいだに足をふみいれ、しばらくすわってみたが、彼らは、トロブリアンド島人とちがって、うるさくてじゃまっけな民族誌学者の存在に、はっきりといきどおりを示した。

シナケタ人一行のばあいに話をもどすと、まず首長たちが、浜からかなり高くなった場所の、大きな葉をつけ、ふしくれだった巨木の枝かげに腰をおろした姿を想像することができる。彼らは、たぶん、おのおのの従者をしたがえ、一団となって休んでいる。または、頭《かしら》とおもだった首長のおのおのが、自分のカヌーのそばにひかえ、トウダワダが、おもおもしい牛のような威厳を示しながら、ビンロウジをかみ、興奮性のコウタウヤが、かん高い声で、成人した彼の子の何人かとしゃべっている。その子どもたちのなかには、シナケタじゅうでいちばんりっぱな男が二、三人いるのだ。さらに、右の者たちより少ない数のお供を連れた不評判なシナカディが、これまた札つきの悪党で、彼の地位を継ぐ予定の、女きょうだいの息子《むすこ》ゴマヤとなにやら相談している。

このようなときには、おおぜいのあいだを飛び回ったり、ことの進行を見回ったりせずに、知らん顔をして超然としているのが、首長にふさわしい態度なのである。

彼らの言語は、短くひきつけるような感じに文句を述べるので、とてもわかりづらい。首長たちは、そのような話し方で、ほかのおもだった者たちとクラの申合せや見込みについて相談し、ときおり神話を引き合いにだしたり、天候の予想をしたり、カヌーのよしあしについて論じたりする。

一方、トリウヴァラクの従者や、息子たち、弟たち、義理の親戚たちが、分配の準備をする。たいていのばあい、トウダワダかコウタウヤが、トリウヴァラクをつとめるが、その時点において、より多くの富を手もとに持ち、より多くのヴァイグアを受けとる見込みのある者が、トリウヴァラクの権威と責任を引きうけるのである。シナカディははるかに財力が劣るから、彼とか、その前任者、後継者などが役割を演ずるのは、例外的なばあいだろう。シナケタのほかの構成集落の格の低い首長たちは、絶対にその役にはつかないだろう。

そのときの遠征の長がだれであろうとも、二頭の豚を持ってきているのが普通である。ここで豚は、浜辺にころがされ、遠征隊員たちは、それを感心して眺《なが》める。まもなくして火が焚《た》かれ、豚の縛られた足のあいだに棒が通されて、火の上にさかさづりにされる。恐ろしい金切り声が空中にみち、それを聞いて人々は喜ぶ。豚があぶり殺された、というよりは、知覚を失ったとき、それはおろされて、切り開かれる。とくに定められた者が、分配にそなえてそれを適当な大きさに切る。

ヤム芋、タロ芋、ココヤシ、サトウキビが、カヌーの数——現在では八隻——だけ、すでに大きな山と積まれている。それらの山の上に、熟したバナナの房やビンロウジの房がいくつか置かれる。そのわきの地面の上には、ココヤシの葉を編んで作った盆にのせて、肉の塊《かたまり》がひろげられる。これらの食物は、トリウヴァラクが提供したもので、彼は自分や妻の親戚縁者の両方から、このときのために特別の贈物をもらいうけているのである。もし、この分配に関連した贈物や寄付の出所をいちいちたどっていったら、それは非常に複雑な網の目状の関係であることがわかり、ながながと述べた前章の説明でも、ぜんぜん十分とはいいがたい。

首長の助手たちは、食物の山を積みおわると、見回って、分け方が正しいかどうか調べ、そこここで食物の量をかげんして、どれがだれに行くかを頭に刻みこむ。しばしば、最終の見回りのとき、トリウヴァラクが、みずから山を見にいって、またもとすわっていたところにもどる。首長の従者の一人——かならず地位の低い男だが——が、首長の助手たちにつきそわれて、ずらりと並んだ山にそって歩き回り、その一つ一つの前に来ると、ばかでかい声で次のようにわめく。

「おお、シヤガナ、なんじそこに積まれたるもの、おお、シヤガナよ、おお!」。次の山に来ると、彼は別のカヌーの名前を叫ぶ。「おお、グマウォラ、なんじそこに積まれたるもの！　おお、グマウォラよ、おお！」

彼はこのようにして、全部の山を回り、その一つ一つを各カヌーにわりあてる。それが終わると、各カヌーの年少者たちの何人かが、山積みの食物を取りにいく。食物は、自分たちのかがり火のところまで運ばれて、肉はあぶり焼きにされ、ヤム芋やサトウキビやビンロウジが乗組員のあいだで分配されて、一同はただちに腰をおろし、食べはじめる。食事は、カヌーの集団ごとにまとまって行なわれる。

見るところ、トリウヴァラクは、この宴会の責任者であり、人々から当然そうした人とみなされているにもかかわらず、ことの進行にあたっては、積極的な役割をなんら果たさず、実際上の、というよりは名目上の責任者である。このようなばあいには、彼を「進行係」と呼ぶことはたぶん適切ではなかろうが、あとで説明するように、もっとほかのばあいには、そうした役割を実際に果たすのである。とにかく、土地の住民たちにとって、彼は行事の中心である。彼の部下たちは、なすべき仕事をすべて果たし、ばあいによっては、とくに礼儀上の問題に関して、彼の裁決が求められる。

食事が終わると、人々は休息し、ビンロウジをかんだり、たばこを吸ったりしながら、海のかなたの夕日を眺める――おそらく午後もすっかりおそくなっているのだ――。その方角には、浅瀬にもやわれて水音をたてて揺れるカヌーの上に、山なみのかすかな影が漂っている。その山なみは、はるかかなたのコヤ、すなわちダントルカストーおよびアンフレット諸島の高い峰々であり、住民のなかの年長の者たちが、いままでになんべんもそこに航海をしているし、若者たちもそれらについて、なんべんも神話や、物語や、呪術の呪文のなかで聞き知っている。

そのようなとき、多く話題にのぼるのはクラの話で、はるかかなたの取引相手の名や、とくに高価なヴァイグアの個々の呼び名が、力をこめて告げられる。クラの専門的知識や歴史伝承の手ほどきを受けていない者たちには、話がひどくわかりにくい。ある大きな椎骨《ついこつ》の首飾りが、二年まえシナケタじゅうの人の手から手に渡り、それが何某の手からキリウィナの何某の手に渡って、その男がまたキタヴァの商売相手の一人にゆずった〔もちろん個人名はすべて明示される〕、そして、そこからウッドラーク島に伝わっていって、いまでは消息がわからなくなっている——といったたぐいの追憶談が語られ、そこから話が発展して、いまごろその首飾りがどこにいっているだろうとか、まだドブーでそれにめぐりあう機会があるだろうか、といった推測が行なわれる。

有名な取引きの話が例に引かれ、また、クラに関する不満から争いが起こり、クラ取引きにあまりにも大きな成功をおさめた者が呪《のろ》い殺された事件が、つぎからつぎへと語られる。聞き手もそれに耳をそばだてる。年若い者たちはたぶん、海上で待ちうけている危険とか、コヤの妖術師や恐ろしい事物のすさまじさなどについて、あまり深刻にならずに論じ合って楽しむ。一方、トロブリアンド島の若者の多くは、この機会に、ドブーの女たちの不愛想な態度や、男たちの獰猛《どうもう》さについて、注意を受けるだろう。

夜のとばりがおりると、たくさんの小さな焚火《たきび》が浜辺でおこされる。まんなかで折った堅いパンダナスのむしろが、眠る者一人一人の上にかけられて、小さな屋根となる。そして全集団が静まりかえって眠りにつく。

3

翌朝、もし順風に恵まれるか、またはその見込みがあるときには、人々はたいへん早く起き、一同熱にうかされたように興奮して動き回る。ある者はカヌーの帆柱や綱を整備し、まえの日の朝よりもはるかに徹底的に、注意ぶかくそれを行なう。というのは、今日《きょう》は一日じゅう航海しなければならないし、たぶん強い風が吹き、危険な状態が起こるかもしれないから。すべてのしたくが終わり、帆をあげる準備ができて、多くの帆綱がととのえられると、全乗組員は配置につき、各カヌーは、岸から数ヤード離れたところで、トリワガ〔カヌーの船長〕を待つ。トリワガはまだ岸にいるが、それは航海のこの段階で、純粋に実務的な仕事のあいだをつらぬいて行なわれる、いくつかの呪術的儀式の一つを果たすためである。その呪術的儀式は、すべてカヌーに関するもので、その速度を速め、航海に耐えさせ、安泰を守るためのものである。

第一の儀式では、トリワガがある葉の上にうずくまり、一定の呪文を唱えて、それに効能を与える。呪文の文句を見ると、それが速度に関する呪術であることがわかり、ここにも住民たちの考えが、ありありと述べ示されているのである。

カドゥミヤラの呪文

この呪文においては、トビウオと、飛びはねる硬鱗《こうりん》類の魚の名が最初に唱えられる。ついでトリワガは、自分のカヌーが、へさきとともではねながら飛ぶように、祈る。そして、長いタプワナを唱えて、速度増大の呪術を表わすことばをくりかえし、カヌーのさまざまの部分の名をあげる。最後の部分は、こうなっている。「カヌーは飛ぶ。カヌーは朝飛び、カヌーは日の出のとき飛ぶ。カヌーは、空飛ぶ妖術師のように飛ぶ」、そして終わりを擬音的な単語によって結ぶ。「サイディディ、タタタ、ヌムサ」。これは、風にはためくパンダナスの吹流しの音、ないしは、他説によれば、空飛ぶ魔女が、嵐《あらし》の日に空を動き回るときの音を表わす。

右の呪文を葉にむかって唱えると、トリワガは、その葉をウサゲル〔乗組員〕の一人に渡し、その男は、ワガの回りを回って、まずドブワナすなわちカヌーの「頭」をこすり、ついで胴体のまんなか、そして最後にウウラ〔底〕をこする。さらに、男は舷外浮材《げんがいふざい》のついた側にも回り、もういちど「頭」をこする。

ここでわきまえておかねばならないことは、住民たちのカヌーのばあい、航海にさいしてのへさきとともは、交替しうるものである、ということである。つまり、カヌーは、つねに舷外浮材の側に風を受けて航行せねばならず、したがって、しばしば、へさきとともを逆にしなければならないのである。しかし、舷外浮材が左手に、カヌーの胴体が右にくるようにして立ったとき、住民たちは、前方の端を頭〔ドブワナ〕、後方を底〔ウウラ〕と呼ぶのである。

これが終わると、トリワガはカヌーに乗りこみ、帆があげられて、舟は前進を開始する。あらかじめ、村でトリワガが効力を吹きこんでおいたパンダナスの吹流しが、引き綱と帆柱に結びつけられる。以下に述べるのは、それにたいして唱えられた呪文である。

ビシラの呪文

「ボライ、ボライ、ボライ〔これは神話的な名である〕。ボライは飛ぶ。それは飛ぶだろう。ボライ、ボライ、ボライは立ちあがる。それは立ちあがるだろう。ボライといっしょになって――シディディ。カディムワトゥの海路をつっきれ。なんじのサラムワの岬《みさき》をぶちぬけ。さあ行って、パンダナスの吹流しをサラムワに立てよ。さあ行って、ロマの坂を登れ」

「私のカヌーの胴体を持ちあげよ。その胴体は漂う蜘蛛《くも》のごとくだ。その胴体はかわいたバナナの葉のごとくだ。その胴体は綿毛のごとくだ」

住民たちは、ふつうパンダナスの吹流しで帆柱、引き綱、帆などを飾るのだが、それと、カヌーの速度のあいだには、はっきりした連関性がある、と彼らは考えている。薄い、きらめく黄色の、空中になびく帯が示す装飾的効果は、カヌーが速く走って、それが風にはためくときには、ほんとうにすばらしい。なにか堅い金色の繊維で作った小旗のように、それはかろやかな色ではためいて、帆や綱を包みこむのである。

パンダナスの吹流し、とくにそれがひらめき動くさまは、トロブリアンド文化のまぎれもない特色である。住民たちのある踊りでは、長い、干したリボン状のパンダナスを用意し、それを両手に持って、踊りながら空中にひらめかす。これをじょうずにやってのけることは、才能ある芸術家の大きな技能の一つである。多くの祭の機会に、ビシラ〔パンダナスの吹流し〕は、装飾用に竿《さお》につけて家々に結びつけられる。それは、個人の装身具として、腕輪や帯にさしこまれる。

ヴァイグア〔貴重品〕がクラのために準備されるときには、ビシラの帯で飾られる。クラにさいしては、首長はビシラすなわち吹流しに特別な呪文を吹きこんで、遠隔の地のだれか取引相手に贈るだろう。すると相手は、贈り主に貴重品を贈ろうという気になるのである。

すでに述べたように、幅の広いビシラすなわち吹流しが、トリウヴァラクのカヌーに、その名誉のしるしとしてとりつけられる。空飛ぶ妖術師〔ムルクワウシ〕は、夜空中を飛ぶとき、速度と浮揚力を得るために、パンダナスの吹流しを使うとされている。

呪術的なパンダナスの帯が、呪術力のない純粋に装飾的な細片といっしょに、引き綱に結びつけられたのち、トリワガはヴェヴァの綱のそばにすわる。これは帆を風に向けてひろげる綱で、それを左右に動かしながら、彼は呪文を唱える。

カイクナ・ヴェヴァの呪文

呪術的な力を意味する二つのことばが、「ボ」という接頭辞をつけてくりかえされる。「ボ」とは、「祭式」「神聖」または「禁制のもの」などの意味を含む。ついでトリワガは言う。「私は、自分のカヌーを、そのまんなかの部分で、呪術を施して扱うだろう。私はその胴体を扱うだろう。私は自分のかぐわしい花のブティア（花輪）を取るだろう。私はそれを自分のカヌーの頭につけるだろう」

そのあと、長い中間の句が唱えられて、そのなかでカヌーのすべての部分の名が、二つの動詞と交互に結びつけられて唱えられる。その動詞とは、「儀式的にカヌーに花輪を飾る」と「儀式的にそれを赤く塗る」の二つである。接頭辞の「ボ」がこれらの動詞に加えられたときの意味は、ここでは「儀式的に」と訳しておいた。

呪文は、ほかの多くのカヌー関係の呪文の様式と同じような終結部をもつ。「私のカヌーよ、なんじはつむじ風のごとく、消えゆく影のごとくである。遠くに行って姿を消せ、霧のごとくなれ、行け！」

以上が、旅の開始にあたり、そのすみやかならんことを祈ってなされる三つの慣例的な儀式である。しかし、もしカヌーの船足がおそいままなら、補助の儀式が行なわれる。それには、一枚の、干したバナナの葉を、船べりと、カヌーの内部の枠棒《わくぼう》の一つとのあいだに張ったのち、そのバナナの葉で、カヌーの両端を打つのである。もしもカヌーがいぜんとして船足重く、ほかの舟に遅れるようだったら、クレヤ〔料理して古くなったヤム芋〕を一個、むしろの上にのせ、トリワガが呪文を唱えて、そのヤム芋に船足の重さをうつしてしまうように祈る。そのときの呪文は、重い丸太が村に引っぱりこまれるとき唱えられるものと同じである。

呪文が唱えられるうちに、丸太は一束の草でたたかれ、終わるとその束は捨てられてしまうのだが〔1〕、このばあい、カヌーの重さを引きうけてくれたヤム芋は、舟の外に投げだされる。しかし、これをやってもだめなばあいがある。そういうときには、トリワガが舵手《だしゅ》のそばの板の上にすわって、ココヤシの殻《から》に呪文をかけ、海面にほうりだす。

この儀式は、ビシボダと呼ばれ、一種の悪意ある呪術〔ブルブワラタ〕で、ほかのカヌーをぜんぶ引き止めようとするものなのである。もしこれでもきかないときには、カヌーに関するなにかのタブーが破られたのだろう、と現地では結論する。そして、おそらくは、トリワガは、自分の妻ないしは妻たちの素行について、不安を感ずるだろう。

注

〔1〕　第四章2節参照。

第八章　ピロルの内海を航行する

1

　このようにして、やっとクラの遠征行はうまく動きだした。カヌーは長い旅程にさしかかった。行く手にひろがるのは、トロブリアンド諸島とダントルカストー諸島のあいだにひろがる、ピロルの内海である。北方でこの海上区域をかぎるのは、トロブリアンド諸島、すなわち、ヴァクタ、ボヨワ、カイレウラの島々で、それらは、西方で、まばらな帯状をなすルーザンセー諸島につながっている。

　東方では、長い海面下に姿をかくした珊瑚礁《さんごしょう》が、ヴァクタの南端からアンフレット諸島まで走っていて、航海のためには長距離にわたって障害となり、しかも東からの風浪に対しては、ほとんど遮蔽《しゃへい》の役を果たさない。このじゃまものは、南側でアンフレット諸島とつながり、それがファーガスン、グディナフ両島の北岸とともに、ピロル内海の南岸をなしている。西のほうで、ピロル内海は、ニュー・ギニア本島とビスマルク諸島のあいだの海につながっている。

　実際のところ、現地住民たちがピロルと名づけるのは、世界最大の環状珊瑚礁である、ルーザンセー礁湖《しょうこ》の巨大な水域にほかならない。彼らにとって、ピロルの名は、呪術《じゅじゅつ》や神話と関係のある、情緒的《じょうちょ》な連想にみちている。それは、村のかがり火の回りで老人の話す、過ぎ去った世代の経験や、ひとりひとりが生きぬいてきた冒険と結びついている。

クラの冒険者たちが、帆に風をはらませて舟を進めるうち、やがてトロブリアンド諸島の浅瀬の礁湖は、はるかかなたにかすんでしまう。どんよりした緑色の海のところどころに、褐色《かっしょく》のまだらがあるが、それは海藻が高く生《お》い茂るところだし、輝くエメラルド色の点は、きれいな砂地の浅瀬の底の光が反射しているところである。その海が濃い緑色の深海へとつっていくと、トロブリアンドの礁湖を大きく取り囲んでいる低い陸地の帯はうすれて、もやのなかに消えてしまう。そして前方では、南方の山なみが、刻々と大きくなっていく。それは、晴れた日には、トロブリアンド諸島からでも見える。

アンフレット諸島のくっきりとした輪郭は小さくなって見えるが、背後の高い山脈の碧《あお》いシルエットと対照されると、より明確に、実体的に感じられる。それらの山脈は、頂にほとんどいつもまといつく積雲の輪につつまれて、はるかかなたの雲のように見える〔1〕。なかでもいちばん近くにあるのは、ファーガスン島の北端のコヤバトゥ山――タブーの山――で、薄い、いくぶん傾斜したピラミッド形をなし、南に向かう舟乗りたちを導く、もっとも魅惑的な標識となっている。その右手の、南西の方向を見やると、幅広い大きなコヤブワガウの山――妖術師《ようじゅつし》の山――が、ファーガスン島の北西端の位置を示している。グッドイナフ島の山々は、よほどよく晴れた日でなければ見えず、しかもそのようなときでも、ほんのかすかにしか映らない。

一日か二日たつうちに、右に述べた、ちりぢりばらばらのかすんだ影は、トロブリアンドの人たちにとって、驚嘆すべきすばらしい形の、大きな島影になって見えてくるだろう。そして、その島々に着くと、深く切りこんだ谷や奔流が縞《しま》状に走る絶壁の岩山のごつごつした壁や緑の密林などが、クラの交易者たちを取り囲むだろう。トロブリアンド島人は、自分たちには聞きなれない滝の音を聞きながら、深い、影になった入り江に舟を進めるだろう。クークーブラ〔ワライカワセミ〕の笑い声や、南海のカラスの憂鬱《ゆううつ》な呼び声のような、トロブリアンド諸島には絶対来ない鳥の、気味わるいなき声も聞こえるだろう。

海の色は、もういっぺん変化し、澄んだ青色となって、その透明な水の下には、多彩なサンゴや魚や海藻の、夢のような世界が現出してくるだろう。このような世界は、珊瑚礁島の住民（トロブリアンド島人）が自分の住んでいるところではほとんど見ることができず、この火山地帯に来てはじめて目にするものなのだが、これは地理学的にいって皮肉なことである。

このような環境において、彼らは、色彩も形も多様な、すばらしい、ずっしりとして堅い石を見いだすだろう。ところが、自分の家の近くでは、見つかる石といったら、味も素気《そつけ》もない、赤い死んだサンゴだけなのである。ここでは、多くの種類の花崗岩《かこうがん》や玄武岩《げんぶがん》や火山性の凝灰岩《ぎようかいがん》などのほかに、端が切りたって、金属性の音色《ねいろ》をもつ黒曜石の見本が見つかるし、赤や黄色の黄土《おうど》の豊富にある場所もある。火山灰の大きな丘のほかに、間欠的にわきでる温泉も見ることができるだろう。

　これらすべての驚異について、トロブリアンド島の若者は話を聞き、自分たちの土地に持ち帰られた見本の品々を目にする。そして、疑いもなく、彼ら若者にとって、そのようなもののあいだにはじめて足をふみいれることは、驚きにみちた体験であるし、いちどそれを知ってしまうと、またコヤに航海する機会があれば、夢中になってとびつくようになるのである。したがって、いま彼らの前面に横たわる光景は、一種の約束の地であり、ほとんど伝説的な語り口で物語られた国である。

　そして、現在、このようにちがう二つの世界にはさまれた海上の眺《なが》めは、不思議なほど印象的である。私が最後に遠征についていったときには、トロブリアンド諸島から船出してのち、悪天候にさえぎられて、同諸島とアンフレット諸島とのほぼ中間にある、数本のパンダナスの木におおわれた小さな砂州で、二日を過ごさねばならなかった。

　黒々とした海が北方にひろがり、大きな雷雲が、ボヨワの大きな平たい島のあるとおぼしきあたり——トロブリアンド諸島の上にたれこめていた。南のほうには、澄んだ空を背に、山影が水平線上の半円のところどころに、つきでるようにそびえていた。その光景は、神話、伝説、不思議な冒険談、現地の航海者たちの何世代にもわたる希望や恐れなどをいっぱいにはらんでいるようにみえた。その砂州に、彼らも凪《なぎ》や悪天候に脅かされたときには泊まった。そのような島に、偉大な神話的英雄のカサブワイブワイレタは寄り、仲間たちに置き去りにされたが、からくも空からのがれた。また、そこには、かつて一隻の伝説上のカヌーが停泊し、水あかがたまらないように、舟のすきまに詰め物をしたのだった。

私がそこに腰をおろし、くっきりと浮かびあがって見えるが、それでいて近づきがたい南の山々に目を向けていたとき、トロブリアンド島人の気持はこうもあろうかということが実感された。それは、コヤに到達し、異邦の人に会って、クラを行ないたいという望みだが、それが恐れとまじりあって、いやがうえにもあおりたてられるのだろう。なぜなら、そこから、アンフレット諸島の西のかたを見ると、ガブの大きな入り江が望見されるからである。そこでは、かつて、トロブリアンドのカヌーの船隊員が未知の村々の人たちとクラを行なおうとしたところ、全員殺害され、食われてしまったのである。また、船団から離れてファーガスン島の北岸に漂着した一隻のカヌーが、食人種の手にかかって、一人残らず殺されたこともあった。あるいはまた、デイデイの近くに出かけていった、ある世間知らずの住民の言い伝えもある。その男は、その地の大きな石に囲まれた内湾の、すきとおった水のある場所まで来て、そこのなかに飛びこんだところ、ほとんど煮えたぎらんばかりの熱水のたまりにはまって、恐ろしい死をとげたのである。

しかし、人々が遠い土地に待ちかまえる伝説めいた危険を想像して畏怖《いふ》するのは事実としても、目の前の航海にともなう危難は、それよりも現実性が強い。彼らの航行する海には、暗礁が列をなして並び、砂州や珊瑚礁《さんごしょう》が水面下に散在している。そして、天気さえよければ、カヌーだろうがヨーロッパ船だろうが、たいして危険はないのだが、悪条件であることには変わりない。

しかしながら、住民たちの航海のもっとも大きな危険は、カヌーの不安定性にある。すでに述べたように、カヌーは、風上へ間切《まぎ》ることができず、したがって前進できない。もし風向きが変われば、舟は船首をめぐらして、もと来た道をもどらなくてはならない。これは、はなはだおもしろくないことだが、かならずしも危険とはかぎらない。しかし、もし風が凪《な》いで、舟が三ないし五ノットの速さで流れる強い潮流のどれかに乗るか、あるいは航行不能になって、進行方向にたいしてへさきが直角をなすようになると、危険な状態におちいる。なにしろ西の方角は外海である。ひとたびそこに押しだされたら、舟はほとんど帰還する可能性を失う。東の方角には暗礁が並んでいて、悪天候のときには、カヌーは、まちがいなく打ちくだかれてしまう。

一九一八年の五月、本隊に数日遅れて帰航しつつあったドブー島のカヌーが、強い南東風にぶつかって、そのはげしさのあまりついに航路を曲げざるをえなくなり、北西に進み、ルーザンセー諸島のなかの一島にたどりついたことがある。その舟は、もう沈んだものとあきらめられていたが、八月になって、ぐうぜん吹いた北西風に乗って帰還してきた。しかし、その舟は、その小島にたどりついたからあやうく助かったので、もし、もっと西に吹き流されていたら、陸地にたどりつくことなど、ぜんぜんありえなかったろう。

行方不明になったカヌーの話は、ほかにもある。舟の航行する条件を考慮に入れれば、事故の数がもっと多くないのが不思議なくらいである。

航海は、いわば一直線に海を横切って行なわれなければならない。もし、いったんこの航路からはずれれば、あらゆる種類の危険が頭をもたげてくる。それのみか、航海は、陸上の一定の点と点を結んで行なわなければならない。というのは――もちろんこれはむかしの話だが――、友好的な部族の住む以外の地域に上陸するようなことがあれば、待ちうけている危険は、暗礁やサメのそれとほとんど変わらないくらい大きかった。もし航海者がアンフレットやドブーの友人の村からはずれれば、かならず皆殺しの憂《う》き目に会った。

殺される危険が――完全になくなりはしないが――もっと少なくなった現在でも、住民たちは、知らない地域に上陸すると考えただけで、非常に不安な気持になるだろう。暴力によって殺されることだけでなく、呪《のろ》いの呪術によって殺されることを、それ以上に恐れるからである。したがって、彼らがピロル内海を渡海するときには、水平線上のほんの小さな部分しか、自分たちの船旅の目標にならないのである。

東の方角には、危険な障害の暗礁を越えさえすれば、親しみぶかい水平線がひろがっている。航海者たちにとって目標となるのは、マーシャル・ベネット諸島、ウッドラーク島などで、彼らにはオムユワの名で通っている。南には、キナナの土地として知られているコヤがあるが、これは、現地語でダントルカストーおよびアンフレット両諸島の総称である。しかし、南西と西には、深い外海〔べべガ〕がある。そして、その向こうには、有尾人や、翼をもつ人の国々があり、それらについては、ほとんどなにも知られていない。

北方の、トロブリアンド諸島の外側に並ぶ小珊瑚礁島のかなたには、ココパワとカイタルギの二つの国がある。ココパワは、普通の男女の住むところで、彼らは裸で歩き回り、畑作りが非常にうまい。この国が、住民が実際に裸で暮らしているニュー・ブリテン島の南海岸に相当するかどうかはいいがたい。

もう一つの国カイタルギは、女だけの国で、男は生き長らえることを許されない。その地に住む女は美しく、大きく強くて、裸で歩き回り、体毛を剃《そ》らない〔これはトロブリアンド島の慣習とは反対である〕。この女たちは、情熱がとりとめもなく強いので、男にとってはきわめて危険である。もしも彼女たちが、運わるく難破した男をつかまえたとき、どうやって自分たちの情欲を満足させたかについて、住民たちは目に見えるようにこまごまと話して飽くことを知らない。なんぴとといえども、この女たちの、あでやかな、しかし残忍な攻撃を、ほんのわずかの期間でも耐えて生き長らえることは不可能だったのである。

住民たちは、ヨウサのときに慣習になっている男の扱い方と、これを比較している。ヨウサとは、ボヨワ島の女の共同労働の、ある段階で捕えられた男を、乱痴気さわぎをしていじめることである。このカイタルギの島では、そこで生まれた男の子ですらも、あどけない子どもの年を越して生き長らえることができない。おもしろいことに、住民たちは、彼女たちが種族保存のために男を必要としないと考えているのである。だから、男子はすべて成人しないうちに、若くして死ななければならないにもかかわらず、女たちは、子孫をふやしているのである。

ところが、東ボヨワのカウラグ村の何人かの男たちが、カヌーでクラ遠征の東よりの進路からはるか北に吹き流され、カイタルギの海岸に難破したという言い伝えがある。彼らは、最初の歓待を生き長らえて、一人一人、女にわりあてられて結婚した。彼らは、妻たちのために魚を取ってきてやるという口実でカヌーを修理し、ある晩、それに食料と水を積んで、こっそりと船出した。彼らが村に帰ってみると、もとの妻たちはみなほかの男と結婚していた。しかし、このような事態は、トロブリアンド諸島では、悲劇的な結末になることは絶対にない。正当な主人がもどってくると、妻たちはまたそのもとにもどってきた。特記すべきは、この男たちはボヨワに、それまでは知られていなかったウシケラというバナナの一種を持ち帰ったことである。

2

クラの一行に話をもどすと、ピロル内海を渡る航海において、あたり一面、実際の危険や架空《かくう》の恐怖の国に囲まれた、狭いなじみの水路にそって、一行が前進していくことがわかった。しかし、その水路を追っていけば、人々は陸地を見失うことはないし、霧や雨のときにも、もっとも近い砂州や島に行けるだけの方位をいつもたもつことができる。そうした陸地は、六マイル以上離れていることはない。そのくらいの距離ならば、風が凪《な》いでいても、漕《そう》行《こう》だけで行きつくことができる。

人が想像するほど彼らの航海が危険でないもう一つのわけは、この地方では風が規則的だからである。概して、二つの大きな季節のそれぞれにおいて、一定方向の風が吹き、それが九十度以上偏向することがない。したがって、五月から十月までの乾季には、貿易風がほとんどたえまなく南東から南に吹き、ときとして北東に移動することもあるが、それ以上動くことはない。

しかし、実際問題として、この季節には風が一定しているから、住民たちの航海のためにはよくない。というのは、この風が吹いているときには、南から北へ、東から西へ航海するのはやさしいけれども、それを逆行することは不可能で、しかも、しばしば風は何ヵ月も変わらずに吹くから、人々は季節のあいだとか、モンスーンの吹くときに航海することを好む。

季節の中間、つまり十一、十二月と、三、四月には、風はあまり一定せず、実際にいろいろな方向に変動する。他方、この時期には強風はめったに吹かないので、航海のためには理想的な季節である。

暑い夏の月、すなわち十二月から三月までは、モンスーンが北西から南西へ吹き、貿易風ほど規則的ではないが、しばしば、きまって北西から吹きつけてくるはげしい暴風へとうっていく。

したがって、この地方の海上に吹く二つの強風（モンスーンと貿易風）は、一定の方向から吹き、このことが危険を小さくする。また人々は、たいてい、一日か二日まえにスコールの接近を予言することができる。正しいにせよまちがっているにせよ、彼らは北西からの強風の力を、月の満ち欠けと結びつけて考える。

もちろん、風を吹かせたり、止ませたりするための呪術はたくさんある。ほかの多くの形態の呪術と同じように、風の呪術も村々によって固有な形で行なわれている。たとえば、ルーザンセー諸島でいちばん大きなシムシム村は、その地区では最北西端の集落だが、そこの住民は、たぶんその地の地理的位置との関連で、北西風を統御する力をもつとされている。また、南東風の統御は、ボヨワの東にあるキタヴァの住民が行なうと認められている。シムシムの人々は、雨季に季節的に吹く風、すなわち、北から南にかけて吹く西側一帯の風を操《あやつ》る。もう一方の側の風は、キタヴァの人の呪文によって動かされる。

ボヨワの多くの人は、両方の呪文を学んで、実際に呪術を行なう。呪文は、風に向けてまきちらすように詠唱《えいしょう》される。それ以外の儀礼はいっさい行なわれない。このようなひどい風の吹くのは、いつも夜で、人々は小屋から出て、木を切りひらいた空地に集まってくるのだが、そういうとき村のなかを歩き回ってみると、印象的な光景である。

彼らは、すみかが地面から上に持ちあげられたり、木が根こそぎになって、人がおしつぶされるようなことを恐れるのである。実際にそのような事故が、一、二年まえワウェラで起こって、首長の妻が死んだことがある。

いくつかの家々の戸口から、またはむらがり集まった人の群れのなかから、闇《やみ》をつらぬいて、歌声が声高になりひびいてくる。よく通る、抑揚のない単調なその歌声は、風の力をやわらげようとする呪文である。そのようなとき、私自身いくぶん神経をとがらした気分でいるせいか、執拗《しつよう》で圧倒的な風の力にたいしてよわよわしくたちむかう、深い信仰にみちたそのもろい肉声のたゆまない努力に、深い感動を受けたものである。

　肉眼で目標を見さだめ、風の規律正しさに助けられているから、住民たちは、もっとも初歩的な航海の知識すらも必要としない。事故を避けるため、彼らはけっして星で方向を定めようとはしない。もし必要が起これば、方向を示してくれるだけの、目だった星座に関するある程度の知識はもっている。彼らは、スバル、オリオン、南十字星などには名をつけており、また彼ら自身の考えたいくつかの星座を見知っている。すでに第一章5節で述べたように、星に関する知識をもつ人々は、ワウェラ村だけに局限されており、そこでは、村の首長の母系の血統にしたがって、それが伝承されているのである。

3

　それらすべての人々が、割り当てられたそれぞれの地位と一定の仕事を持つだけではない。彼らはいくつかの戒律をきびしく守らなくてはならない。クラ遠征のカヌーはタブーにとりまかれている。そうしないと、いろいろなことがうまくいかなくなる。そこで、たとえば、「ものを手でさすこと」〔ヨサラ・ヤマダ〕は許されていない。それを守らなかった者は病気になる。新しいカヌーには、ボマラ・ワユゴ〔鞭《むち》うつ蔓《つる》のタブー〕という多くの禁制事項が付随している。

　新しいカヌーのばあい、日没以後を除いては、そのなかで飲み食いはできない。もしこのタブーを破ると、カヌーが非常におそくなる。速度のぐんと速いワガのばあいには、この戒律はたぶん無視してもかまわないだろう。とくに少年たちのだれかが、腹をすかせたり喉《のど》が渇《かわ》いているときには。そのようなときには、トリワガが少量の海水を汲《く》み、次のように言いながら、それを蔓草の鞭の上に注ぐ。

「私は、乗組員が食事できるように、なんじの目に水をふりかける、おお、クダユリの蔓よ」

そうしてのち、彼は少年に食物や飲みものをいくらか与える。

この飲み食いに関するタブーのほかに、新しいワガにあっては、もっとほかの生理的欲求も、みたされてはならないことになっている。どうしてもがまんができないときには、水のなかに飛びこんで、舷外浮材《げんがいふざい》のささえ棒のどれかにつかまる。少年のばあいには、大人がだれかつかまえて、水のなかにおろしてやる。このタブーも、もし破られると、カヌーの速度がおそくなると考えられている。

だが、すでに述べたように、この二つのタブーは、新しいワガについてのみ守られる。つまり、初めて航海するか、航海のまえに新たに縛られ、再塗装されたものにだけ適用される。多くのばあいにおいて、帰りの航海では、タブーは行なわれない。女性は、就航以前の新しいワガにはいることは許されない。ある種のヤム芋は、ワユゴ呪術体系の、ある祭式にしたがって、縛られたカヌーにのせてはならない。この呪術にはいくつかの体系があり、そのそれぞれに、特定のタブーが定められている。この最後のタブーは、航海全体を通じて守られねばならない。

また、安全の呪術ともいうべきものがあって、カヌーは、土、砂、石と触れないようにしなければならない。そこで、シナケタの住民は、もし避けることができるならば、自分たちのカヌーを浜に引きあげない。

ボマラ・リラヴァ〔呪術の包みのタブー〕というクラの特別のタブーのなかには、カヌーの乗り方に関する厳重なきまりがある。カヌーにはヴィトヴァリア、つまり帆柱に面した台の前面以外のところから乗ってはならない。人々は、この場所から台の上に乗り、低く身をかがめて前からうしろにいき、カヌーの本体におりるか、そのままそこにすわらねばならない。リラヴァ〔呪術の包み〕に面した仕切りは、その他の交易用品でいっぱいになっている。その前方には、船長がすわり、後方には、帆脚索《ほあしづな》をあずかる男がすわる。

カヌーの乗り方には、禁じられている乗り方がいろいろあって、住民たちはそれらを特殊なことばで表わす。そして、カヌーの厄ばらいのいくつかのばあいには、それらのことばが、タブーを破ったためにまといついた悪気をはらうのに用いられる。住民たちがムワシラのタブーと呼ぶ別の禁制は、リラヴァとは関係ないが、花輪、赤い装飾、赤い花などでカヌーや乗組員の体を飾ることを許さない。彼らの信仰によれば、そのような飾りの赤い色は、遠征の目的——赤いウミギクの貝の首飾りを得ること——と、呪術的にあいいれないのであ

27　カヌーの帆走準備

28　12人の男が乗り組んだクラ航海のカヌー

る。また、行きの旅行中には、ヤム芋を焼いてはならない。そして、のち、ドブー島に着いてからも、最初のクラの贈物が受納されるまで、その土地の食物を口にしてはならない。

さらにこれに加えて、それぞれのカヌーの他のカヌーにたいする行動に関して、一定の規律がもうけられているが、これは村によってかなりちがう。シナケタでは、この種の規律は、非常にわずかである。すなわち、カヌーの航行順序には別にはっきりとしたきまりはなく、どの舟が先にスタートしてもかまわないし、船足の速い舟があれば、ほかのどの舟、いや船団長の舟でも抜いてかまわない。ただし、このばあい、おそいカヌーを抜くとき、その舷外浮材《げんがいふざい》の側を通ってはならない。もしこれがおかされると、それはボマラ・リラヴァを破り、呪術をかけた包みを冒瀆《ぼうとく》したことになるので、違反したほうのカヌーは、相手に仲なおりのための進物〔ルラ〕を与えなければならない。

シナケタでは、優先権に関して、あるおもしろい事実がある。これについて述べるためには、カヌーの建造と進水の問題にまたもどらなくてはならない。ルクワシシガ氏族の亜氏族であるトラブワガ族は、カヌーの器材、接合、結び合わせ、槙皮詰《まいはだ》め、塗装などの一連の作業のさい、優先権をもっている。このような建造の諸段階と呪術のいっさいは、トラブワガ亜氏族のカヌーからはじめられねばならず、このカヌーは、進水もいちばん先にしなければならない。それが終わってはじめて、首長と平民のカヌーもそれにならうことができる。この規律を正しく守れば、海が平穏なのである〔イミラカティレ・ブワリータ〕。もしこれが破られて、首長たちがトラブワガにさきがけてカヌーを作り、進水させれば、クラはうまくいかないだろう。

「われわれはドブーに行き、一頭の豚も、ソウラヴァの首飾りも与えられない。われわれは首長たちに言おう。『なぜあなた方は、先にカヌーを作ったのか。祖先の霊がわれわれに背を向けたのだ。われわれがむかしからの慣習を破ったから！』」

しかし、ひとたび海に出ると、すくなくとも理論上は、首長たちが先にたつ。「理論上」といった意味は、実際には、いちばん速いカヌーが先頭にたってかまわないからである。ヴァクタは、ボヨワ島南部の社会共同体の一つで、彼らもドブー島とクラを行なっているが、その航海の慣習では、トラワガというルクワシシガの亜氏族が、すべてのカヌー建造の作業で優先権をもっている。海上でも、その亜氏族は、ほかには認められていない、ある特権をもっている。というのは、普通よりも小さな櫂《かい》を使ってこぐ者〔トカビナ・ヴィヨユ〕は、ずっとデッキの上に立っていてもいいのである。住民たちの表現によれば、

「これは、ヴァクタのトラワガ〔亜氏族〕のしるしなのだ。われわれは、ヴィヨユに立つ男を見るといつでも、『トラワガのカヌーが行くぞ』と言う」

しかし、航海中に亜氏族に許される特権のうちの最大のものは、カヴァタリア島で見いだ

されるものだろう。礁湖《しょうこ》の北部で漁撈《ぎょろう》、航海をこととするこの社会の人々は、ファーガスン島の北西端まで、はるばると危険な航海をする。

ルクワシシガ氏族のクルトゥラ亜氏族は、トラブワガ亜氏族やトラワガの亜氏族が南の村々でもっているのと同じようなカヌー建造優先の特権を、しかも前者よりも高いていどにすべて享受している。すなわち、彼らのカヌーは、建造の全段階において最初の日に仕事をすませることになっており、その翌日になってはじめて、他の者たちがそのあとを追っていくのである。これは、進水についてもいえる。クルトゥラのカヌーの進水が行なわれ、その翌日に首長や平民のカヌーの進水が行なわれるのである。

出発の時期がくると、クルトゥラのカヌーは、浜辺をいちばん先に出る。しかも航行中には、どのカヌーもそれを抜いてはならない。一行が砂州かアンフレット諸島の中継地点に到達すると、クルトゥラの人々は、いちばん先に錨《いかり》をおろして上陸し、その宿営地を準備しなければならない。そうしてはじめてほかの者たちが、その例にならうことができる。この優先権は、終着点で消滅する。彼らがもっとも遠いコヤに到着すると、クルトゥラがまず上陸し、「異邦人」〔トキナナ〕の歓迎の贈物をまっさきに受けることになっている。トキナナは、一束のビンロウジを手にして彼らを出むかえ、そのビンロウジで、実がとびちるまでカヌーの頭をたたく。だが、帰りの航海では、クルトゥラ亜氏族はふたたび平常の低い地位に落ちてしまう。

ここで、三つの村で特権を享受する亜氏族が、ルクワシシガ氏族に属すことに気がつかれるだろう。また、その三つのうちの二つの名、トラワガとトラブワガが、トリワガに酷似していることにも気づかれるだろう。といっても、この類似は、現在の私の力が及ぶもの以上の厳格な語源比較の方法によって調べる必要があるだろうけれども。

右の三亜氏族が、航海の特殊な状況下において、むかしもっていたと思われる優先権を回復する事実は、興味ぶかい歴史的遺存を暗示するものとみていい。クルトゥラという名は、あきらかにクルタル、すなわち東マーシャル・ベネット諸島およびウッドラークの島々の、独立したトーテム的氏族と同一のものである〔2〕。

4

さて、ふたたびシナケタの船団にもどり、進路をはばむ暗礁にそって南下しながら、過ぎゆく小さな島々を一つ一つ眺《なが》めていこう。もし一行が、ムワからばか早くたたなかったなら——遅延は、ここの住民の生活の特徴の一つであるが——、そして、もし非常な順風に恵まれなかったなら、彼らは砂の小島のどれか、レグマタブか、ガブワナか、ヤクムにとどまらざるをえないだろう。

それらの島の西岸には、恒常的に吹く貿易風からさえぎられて、小さな礁湖がある。それは、島の北から南に走る珊瑚礁の二本の自然の防波堤のなかの水域である。やせたパンダナスの木の下の、まっ白な砂の上に焚火《たきび》がおこされ、持ってきた食料のヤム芋と、その場で集めた野生の海鳥の卵がゆでられる。夜のとばりがおりてくると、人々は焚火にひきよせられて車座になり、またクラの話をはじめる。

そのような話のいくつかに耳をかたむけ、しばしのあいだ故郷から遠く離れた狭い砂州の上に身を投げだし、これからの長い航海のあいだ、たよるものとしては、あぶなっかしいカヌーしかない、これら一群の人々を取り囲む雰囲気《ふんいき》のなかに、身をひたしてみよう。

暗闇、珊瑚礁にくだける波の音、風に鳴るかわいたパンダナスの葉ずれの音などに耳をかたむけていると、妖術師《ようじゅつし》だとか、ふだんはかくれているが、あるきまった恐怖の瞬間にはいつでも顔をのぞかせるもろもろの妖怪の恐ろしさを、たやすく信じこみたくなるような気持になる。明るい昼間の日のもとで住民たちを民族誌学者のテントに連れこみ、それらについて話させると、しばしば合理的な考え方を示す。だが、右のような環境で同じ話をさせてみると、語調はあきらかに変化している。住民たちの信仰や心理のこの側面について私が知ったもっとも驚くべき事実のいくつかは、そのような状況下で得たものなのだ。

サナロア島のさびしい砂浜にすわってトロブリアンド諸島やドブー島の人々、それに少数のそこに住む人々に囲まれていたときに、私ははじめて飛びはねる石の話を聞いた。そのまえの晩、われわれは、アンフレット諸島のグマシラ島に停泊しようとして、はげしいスコールに襲われ、おかげで船の帆はずたずたになり、暗闇のどしゃぶりの雨のなかで、風下《かざしも》の方向に進まざるをえなくなった。そして、私自身を除いた乗組員の全員は、帆柱の先に、炎の形をした空飛ぶ魔女の姿をはっきりと見たのである。これがセント・エルモの火[2]かどうかは、私にはなんともいえない。私は船酔いのため、危険にも妖術師にも民族誌的発見にも無感覚になって、船室で寝ていたのである。

この出来事に触発されて、乗組員たちは、概してこれが災いの兆《きざし》であること、そのような火が数年まえある船に現われて、その船がわれわれのスコールに襲われたとほとんど同じ場所で沈んだこと、しかし乗組員はさいわいにみな救われたこと、などを話してくれた。

これがいとぐちとなって、ほとんどあらゆる種類の危険について、深い確信にみちた語り口で話し、そして先夜の出発時の体験や、話し手の回りをとりまく闇や、そのときおかれた状況の困難――われわれは帆を修理して、またアンフレット諸島に困難な上陸を試みなくてはならなかったのである――などのために、彼らはまったく率直な態度になって口をきいてくれた。

私のいままでの経験だと、住民たちは、同じ状況、たとえば闇に取り囲まれているとか、危険が迫っているときとかになると、自然と口を開いて、何世代にもわたる恐怖や不安がうけつがれて、そのなかに結晶したような多くの事物、存在について話すようになる。

そこで、もしわれわれがヤクム島やレグマタブ島で焚火《たきび》の回りにすわって、海の危険と恐怖の話に耳をかたむけると仮定してみても、その情景はだいたい想像がつく。特別に伝説に通じ、話し好きなだれか一人が、なにかある自分の体験について物語るだろう。または、よく知られた過去の出来事について述べるだろう。すると、ほかの者たちがあいづちをうち、注釈を加え、自分たち自身の体験談を話してくれる。彼らが信じているもの一般について広く話が出、一方若い連中は、十分なじみぶかい、だがいつも興味を新たにして聞く話に耳をかたむける。

彼らの聞く話のなかには、巨大なタコ〔クウィタ〕に関するものがあるだろう。そのタコは、外海に航行してくるカヌーを待ちかまえているのだという。それは、普通のタコのなみはずれて大きいものどころのさわぎではなく、特別な種類のもので、体で一つの村全体をおおうくらい巨大なのである。その腕はココヤシのように太く、海にぬっとつきでてくる。住民たちは、彼ら特有の誇張にうったえて言うだろう。「イカヌブワディ・ピロル」つまり「そいつはピロル〔トロブリアンド諸島とアンフレット諸島とのあいだの内海〕じゅうをおおってしまう」と。

そのすみかは、東方の住民の「オ・ムユワ」と呼ぶ海と島々を含む区域内にある。そして、その地方では、その恐ろしい動物を防ぐある呪術が知られている、と人々は信じている。そのタコが、トロブリアンド、アンフレット両諸島のあいだに来ることはたまにしかないが、そこでそいつを見かけた人たちがちゃんといるのだ。

シナケタの一老人の話によると、まだずっと若いころ、ドブーからの帰りに、船団の先頭のカヌーに乗っていた。左右には、あとからほかのカヌーがしたがっていた。ところが突然、彼のカヌーのまっ正面に、その巨大なクウィタが見えたのである。一同は恐怖に打たれて体じゅうの力が抜け、口もきけなくなってしまった。そこで、彼自身は、デッキの上に立ちあがると、合図してほかのカヌーに危険を知らせた。すぐさま一行は進路をめぐらし、船団を二つに分け、それぞれ大きく外側に曲がったので、タコからはずっと遠ざかった。

とにかくあの巨大なクウィタにつかまったカヌーは災難である！　しっかりとつかまえられ、何日間も身動きがとれず、ついに乗組員は飢えと渇きのために、一同のなかにいる少年の一人を犠牲《いけにえ》に捧《ささ》げることをきめるだろう。貴重な品々に身を飾られたその少年は、海にほうりこまれるだろう。すると、クウィタは満足して、カヌーを放し、解放するだろう。あるとき、一人の住民に、なぜ大人は犠牲に捧げられないのだろう、とたずねてみたところ、こう答えてくれた。

「大人じゃいやがるんです。子どもならなんにもわかりゃしない。力ずくでつかまえて、クウィタに投げつけてやるんですよ」

外海でカヌーを脅かすもう一つの危険は、シナマタノギノギという特別な大きい雨粒、ないしは天からの水である。雨に降られ、悪天候と戦うカヌーが、水をかいだそうとして悪戦苦闘したにもかかわらず、水でいっぱいになると、シナマタノギノギが上からカヌーに打ちかかって、こなごなにしてしまうというのである。この考え方の根本に、竜巻《たつまき》、どしゃぶりの雨、あるいは単なる異常な大波がカヌーをうちくだいたことなどの現象があるのかどうかは、判断しがたい。概して、この信仰は、まえにあげたものよりずっと説明しやすい。

これらの信仰のうち、もっとも注目すべきは、生きた石が航行するカヌーを待ちかまえていて、追いかけて来、おどりあがってカヌーをこなごなにくだく、というものである。人々にとって、この石の出現を恐れる理由のあるときには、乗組員全員が沈黙を守る。笑い声や高い話し声は、石の注意をひくからである。ときとしては、その石が、遠くのほうで海面上におどりあがり、水の上を動いているのが見えることもある。

実際に私は、コヤタブから海に出たとき、それを指さし示してもらったことがある。私にはなにも見えなかったけれども、人々は、あきらかに、ほんとうに見えたと思っていた。とにかく、一つだけたしかなことは、その辺三マイルばかりには、水面すれすれに見える暗礁は、一つもないことである。また、人々は、その石が暗礁とか浅瀬とはちがうことをよく知っている。なぜなら、生きた石は動き回り、カヌーを見つけるとあとを追ってきて、意図的にカヌーをくだき、人間を打ち倒すのだから。また、これらの熟練した漁夫たちが、トビウオを石と見まちがえている可能性は、ありえないだろう。彼らは、その石を跳躍するイルカやアカエイとくらべて話しはするけれども。

そのような石には、二種類の名がつけられている。その一つ、ヌワケケパキは、ドブー海で出あう石をさす。もう一つヴィネイリダは、「ムユワ」に住む海の石をさす。つまり、外海において二つの文化圏が接しているのである。というのは、その石は名前がちがうだけでなく、性質もちがうからである。

ヌワケケパキは、要するに、悪意ある石にすぎないだろう。説によれば、ヴィネイリダには女妖術師が乗りうつっている。ないしは、他説によれば、邪悪な男性の存在が乗りうつっている[3]。ときおり、ヴィネイリダは表面におどりあがってきて、ちょうどあの大ダコがすると同じように、カヌーをしっかりとつかまえるという。そのばあいにも、供物が捧げられなければならない。たたんだむしろをまず投げこんで、石をだまそうとしなくてはならない。もしそれでだめだったら、少年にココヤシの油を塗り、腕輪とバギの首飾りをつけてやって、そのわるい石に投げつけることになるだろう。

この信仰や大ダコの信仰の根底には、どんな自然現象や実際の出来事があるのかは、理解しがたい。遠征航海で出あうあらゆる危険な、恐ろしいもののなかでも、もっとも不愉快で、よく知られ、もっとも恐れられているのは、空飛ぶ妖術師ヨヨヴァないしはムルクワウシである。前者の名称は、妖術の能力をもつ女を意味し、ムルクワウシは、その女が肉体を離れて空を飛ぶときの第二の姿をさす。したがって、たとえば、ワウェラのかくかくの女はヨヨヴァである、というふうにいうのが普通である。しかし、夜航海するときには、ムルクワウシを警戒しなければならず、そのなかには、あのワウェラの女の化身がたぶんいるものと考えられている。

非常にしばしば、とくに話している者が、そのような女の恐怖を身に感じはじめると、非難をこめた遠まわしの名称——「ヴィヴィラ」〔女たち〕——を使うのが普通である。そして、われわれのボヨワの舟乗りたちは、野営の焚火の火の回りで話をするとき、妖術師たちの本当の名を使うと、やってくるといけないと思って、たぶんこの呼び名によって、彼女らのことを話すのである。彼女らはふだんでも恐ろしい存在ではあるが、海上では、とてつもなくこわがられている。難破や海上事故のとき、実際に災害が乗組員に襲ってくるのは、かならずその恐ろしい女たちの力が働くからだ、と強く信じこまれているからである。

注

〔1〕禁制という意味での tabu ということばは、トロブリアンド島の言語では、動詞形で用いられるが、あまりひんぱんには使われない。名詞形の「禁制」「神聖なもの」は、ボマラ bomala であり、人称代名詞に接尾辞をつけて用いられる。

〔2〕いずれ将来、私は東ニュー・ギニアの移住と文化層について、ある歴史的な仮説をつくりあげたいと思っている。かなりの数の個々に独立した指標が、多くの文化要素の層位的存在に関するある簡単な仮説を立証しているように思う[1]。

〔3〕ヴィネイリダという語は、前者の説を暗示している。つまり、ヴィネは、「女性、雌」、リダは「サンゴの石」である。

〔1〕マリノフスキは、ふつう、「機能主義」学派の創始者の一人とみなされ、彼以前の歴史民族学には批判的であり、同時的な社会分析の必要のみを力説する学者のように俗にいわれるが、この原注にみられるように、すくなくとも本書においては、彼は歴史民族学的な「文化層」の再構成にも熱意を示していたことが注目される。第二章注〔6〕では、起源に関する推量、推測はすべて排除した、といっているが、あくまで、「民族誌的現地調査」で排除されねばならない、というのであって、現地調査が終わった統合、合成の段階では、起源または歴史的な仮説をつくることを、けっしてしりぞけていないのである。そして、そのような段階での「思弁的、比較的理論」の構成が、民族学の仕事だと考えているようである（序論注〔3〕および第二章注〔6〕参照）。

〔2〕雷雨や嵐の夜に、船のマストや教会の塔など、とがった物体の先端でかすかに燃えるように見える青紫色の光のこと。空気中の電場が強くなったとき、とがった物の先端ではことに電位傾度が大きくなって、放電が起こる。そのときに光が見えるのである。

第九章　サルブウォイナの浜辺にて

1

シナケタの船団がアトゥアイネとアトゥラモアの二つの伝説的な岩を通過すると、遠征の最終目標にすでに到達したことになる。つまり、一行の目の前には、ドーソン海峡の北西岸が広くひろがって見え、そのひろびろとした砂浜には、コヤヴァウの麓《ふもと》の、ブワヨワ、トゥウタウナ、デイデイの村々が散在している。このコヤヴァウを、ボヨワの人たちは、コヴァヴィグナと呼んでいるが――これが終点の山である。

二つの岩のすぐうしろには、サルブウォイナの浜がひろがり、そのきれいな白砂が、小さな湾の弓なりになった浅瀬の岸をふちどっている。最後の目的地に近づいた乗組員たちは、ドブーの取引相手に近づくための呪術《じゅじゅつ》的な準備をするため、この場所でいったん休止をしなくてはならない。シナケタから出発するとき、しばらくのあいだムワでとまって、船出の祭礼儀式の最終のものをやったとちょうど同じように、この浜辺で、旅の終わりにのぞんで、彼らはもういちど力を結集するのである。

そこで、私は、百隻にも及ぶカヌーが、浜の近くに停泊する光景を見る可能性があった。

実際、むかしのウヴァラクの大遠征にあっては、そのくらいの数の船団は、ごく普通に見られたのである。というのは、概算してみて、シナケタは二十隻のカヌーを建造することができ、ヴァクタ人は、四十隻を参加させることができたし、アンフレット島人は、それに二十隻を加え、テワラ、シヤワワ、サナロアを合わせて、さらに二十隻が参加した。右のうちの何隻かは、実際にはクラに参加する気がなく、ただ好奇心からついていったにすぎない。たとえば、私が一九一八年にドブーからシナケタまで参加したウヴァラクの遠出では、六十隻のドブー島のカヌーに、アンフレットのものが二十隻、それにヴァクタからも同数が加わった。

さて、シナケタの人々は、この浜辺に着くと停止し、カヌーを岸の近くにもやい、体を飾りたてて、一連の呪術の儀礼をそっくりぜんぶ行なう。彼らはむらがり集まって、ほんの短い時間に、たくさんの数の小儀礼を、普通あまり長くない呪文《じゅもん》を唱えながら行なう。実際、彼らがサルブウォイナに着いた瞬間から村にはいるまで、ひっきりなしに呪術行為をつぎからつぎに行ない、トリワガは、ひきもきらず呪文をつぶやきつづける。見ている者にとって、熱っぽい活動的な光景が展開する。私も一九一八年、シナケタに向かって進むドブーのクラの船団の似たような行事に参加したとき、そのような光景を目撃した。

船団は停止する。帆がたたまれ、マストがはずされて、カヌーがもやわれる〔写真29〕。おのおののカヌーで、年かさの者たちが籠《かご》の中身をひろげ、持ち物を取りだしはじめる。若い者たちは岸辺へ走り、木の葉をふんだんに集めてカヌーに持ってくる。すると、年長者たちは、また、葉やそのほかの物の上に呪術の呪文をつぶやきかける。何人かの者がトリワガのこの仕事を手つだう。それから、彼らはみな海水浴をし、呪文を施した葉で自分たちの体をこする。ココヤシの実が割られ、削られ、薬が加えられて、そのまぜこぜになったもので皮膚をこすると、油がついて、てかてかと光ってくる。

櫛《くし》に歌の呪文がかけられ、その櫛で人々は髪をくしけずる。それから、石灰《せっかい》をまぜてビンロウジをくだいたものを使い、装飾的な図柄を顔に描く。ほかの者たちは、においのいい樹脂性の物質であるサイヤクを使って、黒い似たような線を描く。すばらしい香《かお》りのハッカの木が、出発まえに村で歌の洗礼を受け、小さな容器のココヤシの油のなかに漬《つ》けておかれたが、それが取りだされる。草は腕輪のあいだにさしこまれ、数滴の油が、体じゅうや、呪術を受けたパリ〔交易品〕の包みのリラヴァの上に塗られる。

住民たちの化粧品にたいして語りかけられる呪術は、みな美を願うムワシラ〔クラの呪術〕である。この呪文のおもな目的は、神話のなかに非常にはっきりと表現されたものと同じものである。つまり、クラの取引相手の目から見て、人を美しく、魅力的に、拒みがたくすることである。神話のなかには、年とった醜いぶざまな男が、呪術によって輝くような魅力に富む若者に変身した話があった。

さて、この神話のエピソードは、サルブウォイナの浜辺や、そのほかそれに類した目的地への接近点で、美を願うムワシラが唱えられるとき、いつでも起こることを、誇張して述べたものにほかならない。私に資料を提供してくれた男が、これらの儀式の意味を説明したと

29　最後のムワシラの儀式を行なうために停泊した船団

30　ムワシラの美の呪術

き、くりかえしくりかえし私に言ったように、

「ここでは私たちは醜い。私たちはわるい魚、わるい食物を食べる。私たちの顔は醜いまだ。私たちはドブーに航海しようと思う。私たちはタブーを守る。わるい食物を食べない。私たちはサルブウォイナに行く。体を洗う。シラシラの葉にまじないをする。ココヤシにまじないをする。私たちはプトゥマ〔自分の体に油を塗ること〕をする。私たちは、自分の赤い塗料、黒い塗料を作る。私たちはにおいかぐわしいヴァナ〔腕輪にはさむ葉の飾り〕をさしこむ。私たちは、美しい顔になってドブーに着く。私たちの交易相手は、私たちを見る。私たちの顔が美しいのを見る。彼はヴァイグアを、私たちに投げつけてくれる」

ここで言っているわるい魚、わるい食物とは、ムワシラを知っている人にたいして禁制された品々をさす。そのような禁制を、なにげなしに破ってしまうことが、しばしばある。右のような呪術《じゅじゅつ》には効果があると、人がしんから信じきっているために、望みどおりの効果が得られる結果になることは、疑いがないことである。むろん、呪術などでほんとうに美顔ができあがるわけではないが、呪術のおかげで顔がきれいになったという気持をもつことが、心に確信を与え、身のふるまい方や挙動に影響するのである。そして、取引きにおいて問題なのは、勧誘するほうの側だから、たしかにこの呪術は、心理的な意味で、その目的を

達成するといえる。

このクラの呪術の一部門は、トロブリアンド島人のほかの呪術の知識体系のなかに、二つの対応するものをもっている。その一つは、人々を魅力的に拒みがたくする恋の呪術である。その呪文を人々が信じることの深さは、恋愛でもって成功すると、みなその効果としてしまうほどである。クラの美の呪術に非常に近い型のもう一つのものは、盛大な踊りや祭のまえに行なわれる、特殊な美の呪術である。

さて、ここで、サルブウォイナの浜辺で行なわれる呪術の例を二つあげておこう。どちらのばあいも、儀式はひどく簡単であり、一定の呪文が、ある物質にたいして唱えられ、それがすむとその物質が体につけられるのである。最初行なわねばならない儀礼は、体を洗う儀式である。トリワガが、自分の口を、岸から持ってこられた葉の束に近づけ、それに向かってカイカカヤ〔洗浄の呪文〕を唱える。

洗浄ののち、その葉は、クラを行なうカヌーの全員の膚《はだ》にこすりつけられる。それから、私が述べたのと同じ順序で、ココヤシ、櫛《くし》、普通の、またはかぐわしい黒色塗料かビンロウジに、まじないがかけられる。ふつう、一種類の塗料しか使われない。あるばあいには、トリワガが、すべての人のために呪文を唱える。そうでなければ、たとえば、ビンロウジとか櫛の呪文を知った人が、自分でそれを唱えるばかりか、ほかの人のために唱えてやりさえする。また、あるばあいには、すべての儀式のなかで、カイカカヤと、それ以外のなにか一つだけが行なわれる。

カイカカヤの呪文

「おお、カタトゥナの魚、おお、マラブワガの魚、ヤブワウの魚、レレグの魚よ！」

「塗るための彼らの赤い塗料、愛しあがめられるための彼らの赤い塗料」

「彼らは、彼らだけで訪れる。われわれは、いっしょに訪れる。彼らは彼らだけで、われわれは、いっしょに首長を訪れる」

「彼らは、私をふところに入れて抱きしめる」

「偉大な婦人が、壺《つぼ》の煮えたぎるところで、私の味方となる。善良な婦人が、腰かける台の上で、私の味方となる」

「二羽のハトが、立ちあがって回る。二羽のオウムが、飛び回る」

「もはやそれは、私の母ではなく、あなたこそ私の母だ。おお、ドブーの婦人よ！　もはやそれは、私の父ではなく、あなたこそ私の父だ。おお、ドブーの男性よ！　もうそれは、高い台ではない。高い台は彼の腕だ。もうそれは、腰かける台ではない。腰かける台は、彼の足だ。もうそれは、私の石灰《せっかい》のさじではない。私の石灰のさじは、彼の舌だ。もうそれは、私の石灰の壺ではない。私の石灰の壺は、彼の食道だ」

そしてこの呪文は、第六章（二三二ページ）に引用した、「さいきん死んだ私の母方の伯父云々《うんぬん》」のスルムウォヤの呪文と同じ終結部にうつっていく。

この呪文の初めに、一連の魚の名があげられている。それらの魚は、みな胴体に赤い斑点をもっており、ムワシラの呪術を唱えてクラを行なう人々には、禁制になっている。もし食べたら、その人の顔が醜くなってしまうだろう。右に引用した私の情報提供者の一人のことば、「私たちはわるい魚、わるい食物を食べる」は、なかんずくこれらの魚をさしている。

右の呪文の形式においては、祈りは一つには助けを求めるためのものであり、一つには一種の厄ばらい、すなわち、右の魚を食べてはいけないという禁制を破ったことにたいするわるい影響を取り除くためのものである。この呪文は、身体洗浄の儀式と関連しているから、その手続き全体には、呪術的にいって、ある種の一貫性がみられる。しかもこの一貫性は、きわめてあいまい漠然《ばくぜん》とした観念の調合のうちに得られるものなのである。たとえば、魚の赤さ、美しさを得るため人間の体に塗った赤い塗料、漁撈《ぎょろう》の呪術祈願、そういう魚にたいする禁制などの。

これらの観念は、とにかくたがいにつじつまを合わせることはできるが、一定の論理的な秩序、または、前後関係をとらせて並べようとすることは、賢明でもないし正しくもないだろう。〔1〕右の呪文《じゅもん》における「訪問」に関するくだりは、住民たちだれに聞いてもその意味がはっきりしなかった。私が想像をたくましゅうするに、クラの訪問の冒険を助け、美しさを与えて援助してくれるように、魚に誘いがかけられているのではなかろうか。

その次の数行は、ドブーで期待される歓迎を、力みかえった誇張的な呪術の文句によって述べているものである。「ふところに入れる」とか「抱きしめる」とか「味方となる」とかいったことばで訳した表現は、小さな子どもをあやしたり、ゆすったり、抱きしめたりすることを述べることばである。住民たちの習慣にしたがえば、男がたがいに相手を抱き、そのままのかっこうで歩いたり腰をおろしたりすることは、めめしいとかおかしいとは考えられない。

そして、つけ加えておかねばならないのは、これが同性愛的な気持なしに、すくなくともあからさまにはそんな気持をみせずに行なわれることである。とはいうものの、実際にはドブーの人々とそのクラの相手のあいだで、そのような愛撫《あいぶ》がとりかわされることはないだろう。「偉大な婦人」「偉大で善良な婦人」などをあげているのは、取引相手の妻や女きょうだいのことである。すでに述べたように、この人たちは交渉に大きな影響を与えると考えられている。

二羽のハトとオウムは、この呪術を唱える者と、その取引相手とのあいだの友情を、比喩《ひゆ》的に言い表わしている。そのあとにつづく長いリストは、自分の本来の親族を、ドブーの友人に取り替えてしまうことを述べている。自分と自分の取引相手とのあいだの親密さについての、誇張した記述があとにつづく。彼はその相手の腕や足の上に腰をおろして、その口から、かんだビンロウジのおしょうばんにあずかるだろう。

装飾と個人の美しさと関係のあるこの種の呪文の例を、もう一つあげておこう。それは、トリワガとそのカヌーの乗組員が、顔の上に朱色の線を描く材料のビンロウジにたいして唱えるものである。熟しきっていないビンロウジは、石灰を入れて小さな臼《うす》でくだかれたとき、驚くほど明るく強烈な絵具となる。インド洋や太平洋の諸地方を旅行された方にはおわかりだが、それは住民たちの唇《くちびる》や舌をいろどる絵具として使われるのである。

ターロの呪文

「赤い絵具、ウダワグの魚の赤い絵具！　赤い絵具、赤い絵具、ムワイリリの魚の赤い絵具！　においかぐわしいパンダナスの花弁の一端に、ドゥワクの花の一端に。私には、二つの赤い絵具がある。それは燃えあがり、輝く」

「私の顔、それは燃えあがり、輝く。私の赤い絵具。それは燃えあがり、輝く。
私の顔の黒色。それは燃えあがり、輝く。
私のにおいかぐわしい絵具。それは燃えあがり、輝く。
私の小さな籠《かご》。それは燃えあがり、輝く。
私の石灰のさじ。それは燃えあがり、輝く。
私の石灰の壺。それは燃えあがり、輝く。
私の櫛《くし》。それは燃えあがり、輝く」

と、このように、いろいろな身の回り品、たとえば、むしろ、身の回りの道具、大きな籠、呪文をかけた包み〔リラヴァ〕、そしてまた頭の各部分、すなわち鼻、後頭部、舌、喉《のど》、喉頭《こうとう》、目、口などが列挙される。一連の単語は、「それは燃えあがり、輝く」の代わりの別の主導句が出てくると、またくりかえされる。新しい語の「ミタプウァイプウァイ」は、合成語で、目にきざす願欲、欲望を表わす。住民の心理＝生理的な理論によれば、目は、性に関する欲望、願望、驚嘆、食物や物質的所有物にたいする貪欲《どんよく》の現われるところである。このばあいにおいては、この表現は、ドブーの取引相手が、訪問者を見るとクラをやりたくなるだろう、という意味を伝えている。

呪文は次の文句で終わる。「私の頭は輝かしくされ、私の顔は燃える。私は、首長のように美しいみめかたちをもつことができた。私はりっぱなみめかたちをもつことができた。私はただ一人だ。私の令名はほかにならぶものがない」

はじめのところでは、またもや二種類の魚のことが出てきた。あきらかに、魚の赤さとは、クラのための準備に使う赤色そのものを表わしている。私には、第二の文章の意味がうまく説明できない。ただ、パンダナスの花弁は、一端がかすかに色づいていて、もっとも美しく魅力的な装飾の一つとみなされているが。呪文の中間部と終結部は、なにも説明を要しない。

以上の二つの呪文は、クラの美の呪文の一般的性格を、十分に示していると思う。ここでもう一つ呪文を引用しておかねばならないが、それはホラ貝の呪文である。この貝は、ふつうクラの行事のこの段階で呪文をかけられる。しかし、ときとしては、トリワガが村を出発するまえに、ホラ貝のあいた口に呪文を唱え、その力が蒸発しないように、口をしっかりと封ずることもあった。

ホラ貝は、カシス・コルヌータという貝の大きなやつで作られ、その幅広いしっぽのらせん状に巻いた頂点が打ちくだかれて、そこに口をあてることができるようになっている。呪文が唱えこまれるのは、その口のあたる部分ではなく、唇状部《しんじょうぶ》のあいだにあいた大きな穴である。そして、その穴は二つとも、貝を吹奏する時がくるまでは、ココヤシの外皮の繊維で閉じられている。

タウヨ〔ホラ貝〕の呪文

「ムワニタ、ムワニタ！　いっしょに来い。私は、おまえたちをそこに集めさせよう！　いっしょに来い。私は、おまえたちをそこに集めさせよう。虹《にじ》があそこに現われる。私は、虹をあそこに現わさせよう。虹がここに現われる。私は、虹をここに現わさせよう」「だれがクラにやってくるのか。私〔ここで呪文を唱える者の名前を言う〕は、クラにやってくる。私が、唯一の首長だろう。私が、唯一の老人だろう。私が、取引相手に途中で会う唯一の者だろう。私の令名はならびない。私の名は、唯一のものだ。美しい財宝は、ここで私の相手と交換される。美しい財宝は、あそこで私の相手と交換される。私の取引相手の籠《かご》の中身は集められる」

この前置きのあとに、中間部がくる。その構成の原則は、ある単語が一連の文句につなげられてくりかえされることである。このばあい、基本となることばは、交換相手をとらえ、惜しみなくクラの贈物をさせる興奮の状態を表示している。ここで、まずその単語は一連の語とくっつけてくりかえされる。そして、犬、帯、禁制となったココヤシ、ビンロウジなど、取引相手のいろいろな個人的持ち物が述べられ、それとともに、もらうことを期待するいろいろな種類のクラの宝物を示す、新しい一連の語がつけ加えられる。したがって、その部分は、次のように訳されよう――「興奮状態が、彼の犬、帯、グワラ〔ココヤシやビンロウジのタブー〕、バギドウの首飾り、バギリクの首飾り、バギドゥドゥの首飾りなどをとらえる」。呪文は、典型的な形でしめくくられる。「私は、クラをするだろう。私は、自分のクラを奪いとるだろう。私は、自分のクラを盗むだろう。私は、自分のクラをこっそり泥棒《どろぼう》するだろう。私は、自分のカヌーを沈めるために、クラをするだろう。私は、自分の舷外浮材《げんがいふざい》を水にもぐらせるために、クラをするだろう。私の令名は、雷のごとく、私の足どりは、地震のようだ！」

この呪文の最初のことばムワニタは、黒い輪状のよろいにおおわれた長い虫をさす現地語である。それがここで引き合いに出されているのは、これまたたくさんの輪状の部分から成る、ウミギク貝の首飾りに似ているからだと聞かされた。私は、この呪文をシナケタで記録したため、右の解釈では、首飾りだけが問題にされているが、この暗喩《あんゆ》は腕輪の貝にまで拡張して考えてよかろう。というのは、写真31に見られるように、糸に通したたくさんの腕輪の貝も、ムワニタの虫に似たさまを呈するからである。

ここで注をつけておくが、シナケタは、海の上の遠出をある方向、すなわち南だけに行なうクラ社会の一つであり、その南の地方では、スポンディラス〔ウミギク〕の首飾りだけしか手にはいらないのである。彼らの取引相手のキリウィナは、これまた北に向かって、一面的なクラ航海しか行なわない。私がキリウィナで得た呪文は、そのおもな部分において、シナケタの呪文とちがっている。つまり、シナケタの呪文のタプワナ〔すなわち主要部分〕でスポンディラスの首飾りが列挙されるような個所では、キリウィナのタプワナでは、腕輪の貝のいくつかの種類の名があげられるのである。

キタヴァというところは、他のいくつかのクラ社会と同様に、海外遠征を二方向に行なう。そして、同じ人が同じ呪文を唱えるときにも、東に航海してムワリを手に入れにいくときと、西に航海してソウラヴァを手に入れにいくときとでは、その主要部分がちがってくる。しかし、呪文の頭の部分は同じである。

「いっしょに来い」という文句は、集めた宝のことをいっている。現地語でmとnの音で表わされ、交換可能の語の構成要素として用いられる、そこ、ここ、ということばの遊びは、呪術においては非常によくみられる。呪文のなかに出てくる虹《にじ》は、この呪文の様式のカリヤラ〔呪術的前兆〕である。ホラ貝が吹かれ、船団が岸に近づくとき、虹が空に現われるだろう。

前置きの部分の残りは、呪術特有の自慢と誇張で占められている。中間部には、注釈はいらない。ホラ貝を吹くのは、取引相手に、精を出して自分の仕事をする気を起こさせようとするためなのが、はっきりしている。ホラ貝のなかに吹きこまれる呪文は、この力を高め、

31　腕輪の貝

かつ強める。

2

美の呪術と、ホラ貝へのまじないがすむと――そしてこの仕事はせいぜい三十分かそこらしかかからない――、すべての者は、祭の盛装をして、カヌーのなかの部署につく。帆はすでに除かれてあるし、マストも取ってある。あとの段階はこぐことだけである。カヌーは接近しあうが、べつにとくにきちんとした隊形をとるわけではなく、おたがいに近づくだけである。トリウヴァラクのカヌーが、ふつう先頭に立つ。

おのおののカヌーのなかでは、トリワガが、まんなか辺のグボボ〔積み荷のためにとくに作られた台〕の近くの定位置に腰をおろす。一人の男が、船首のへさき板のすぐ前に立ち、もう一人が、船尾のデッキの上に立つ。カヌーの残りの乗組員は一人残らず櫂《かい》をふるい、少年ないしは乗組員中の若い者が、船首近くにすわって、ホラ貝を吹く準備をしている。こぎ手たちは、葉の形をした櫂を、大きく、力強く、速く振り動かして、あたりに水しぶきをあげ、櫂の刃に日光の反射がきらめく――この儀式的な漕行《そうこう》を、彼らはカヴィカヴィラ〔稲妻〕と呼んでいる。

カヌーが動きはじめると、それまでだらりとしていた三人の男が、一人ずつちがった特別の呪文を唱えながら、歌を吟唱《ぎんしょう》する。船首に立つ男は、タブヨ〔卵形のへさき板〕に手をかけて、カイクナ・タブヨ〔へさき板のゆすぶり〕という呪文を唱える。まんなかにいるトリワガは、カヴァリクリク〔地震の呪文〕という力強い呪文を唱える。これは、「山をゆすぶり、鎮《しず》める」呪文である。船尾の男は、いわゆるカイタヴィレーナ・モイナワガ〔ムウォイナワガ〕なるものを唱える。これは、私にはうまく説明できないが、文字どおりには、「カヌーの乗り口の変更」を意味する。

このように、山に向かって拒みがたい力をもって注ぎこまれる呪術的な力をのせて、カヌーは、彼らの事業の終点へと向かって前進する。やわらかい、しみ通るようなホラ貝の音《ね》が、呪文を唱える者たちの声とまざりあい、音調を変化させながら、不気味な不協和音へととけこんでいく。右の三つの呪文の実例を、ここで示しておかなければならない。

カイクナ・タブヨの呪文

「モルボログ、モシラヴァウ！」

「ミサゴよ、なんじの獲物《えもの》に飛びかかって、つかまえよ」

「私のへさき板よ、おおミサゴよ、なんじの獲物に飛びかかって、つかまえよ」

このミサゴ（魚を主食とする鷹の一種）に呼びかける基調的表現は、次の一連の語とともにくりかえされる。まず、カヌーの装飾的部分を表わすことば。次に、それを組み立てているいくつかの部分を表わすことば。そして最後に、石灰《せっかい》の壺《つぼ》、石灰の棒、櫛《くし》、櫂、むしろ、リラヴァ〔呪術の包み〕、それにウサゲル〔乗組員〕など。呪文は次のことばで結ばれる――

「私は、クラをするだろう。私は、クラを奪うだろう云々《うんぬん》」。つまり、前述のホラ貝の呪文と同じである。

この呪文の最初の二つのことばは、はじめのMOのシラブルが示すように、だれか個人の名前だが、その素姓はぜんぜんわからない。主要部で、ミサゴの名があげられているのは、呪文のこの部分が、儀礼行為すなわちタブヨをゆすぶることとの関連を暗示している。というのは、装飾を施したへさき板は、ブリブワリ〔ミサゴ〕とも呼ばれるからである。

他方、「ミサゴよ、なんじの獲物に飛びかかって、つかまえよ」という表現も、あきらかに呪術的な直喩《ちょくゆ》であり、次のような意味を表わしている。「ミサゴが獲物の上に襲いかかって、運び去るように、このカヌーにもクラの宝物を襲って、運び去らせよう」。この直喩と、へさき板（タブヨ）をゆすぶる行為との連想は、たいそう暗示的である。これは、装飾を施したへさき板の特別な仲立ちによって、カヌー全体とそのすべての部分を、獲物に襲いかかるミサゴに同化させようとする試みかもしれない。

カヌーのまんなかのトリワガの唱える呪文は、次のようである。

カヴァリクリクの呪文

「私は、外海の浜辺に錨《いかり》をおろす。私の令名は、礁湖《しょうこ》に達する。私は、礁湖に錨をおろす。私の令名は、外海の浜辺に達する」

「私は、山を打つ。山は、ふるえる。山は、鎮まる。山は、震動する。山は、くずれる。山は、まっぷたつになる。私は、山の立つ地面を蹴《け》る。私は、いっしょになる。私は、凝集する」

「山には、クラでお目にかかれる。われわれは、クラで山とお目にかかる」

クバラ、タクバ、クバラ、という表現を、ここでは「山には、クラでお目にかかれる云々」と訳したが、この文句がこのあとで、クラで受けとるはずになっているさまざまな種類の宝物を示す長い一連のことばといっしょにくりかえされる。それは、すでに引用された結論、「私の令名は、雷のごとく、私の足どりは、地震のようだ！」で終わる。

初めの二つの文章は、あきらかである。それは、呪術特有の誇張を含む。そしてまた、同じように特有の語の順列を含む。それについで、「山」にたいする恐ろしい攻撃のことばがくる。そして、それは、つぎつぎにすさまじいことばをつらねてつづく。「山」〔コヤ〕は、ここでは、取引相手の社会、取引相手、取引相手の心などを表わす。クバラ、タクバ、クバラ、という表現を翻訳することは非常にむずかしい。これはあきらかに古語で、私はムワシラのいくつかの呪文形式のなかで見つけた。どうやら、近づきつつある船団と、コヤの出あいのようなものを意味するらしい。

海戦を表わす語は、トロブリアンド諸島のことばで、クビリアであり、アンフレット諸島およびドブー島のことばでは、クバラである。そして、取引相手のことばが、このようにこれら呪文形式のなかに混入していることが多いので、この語源説明と訳は、正しいもののように思われる。

第三の呪文は、船尾の者によって唱えられるが、以下のとおりである。

カイタヴィレーナ・ムウォイナワガの呪文

「ワニよ、倒れよ、なんじの人間をとらえよ！　彼をゲボボ〔カヌーのなかの積み荷を積んだところ〕の下に押しこめ！」

「ワニよ、私に首飾りを持ってこい。私にバギドウを持ってこい云々」

この呪文は、例のきまり文句で結ばれる。「私は、クラをするだろう。私は、クラを奪うだろう云々」。この点、先に引用した二つの呪文〔タウヨとカイクナ・タブヨ〕と同じである。

この呪文は、あきらかに、以上三組の呪文の最初のものに付属し、ここではミサゴの代わりにワニに呼びかけられていても、意味は同じである。呪文のあとの部分は、あきらかである。あらゆる種類の異なったスポンディラス貝の宝を引きだすために、ワニが祈りだされているのである。

右の呪術の心理的な重要性に省察を加えてみると、おもしろい。その効果は、深く信じこまれている。この信念は、それを唱える者だけでなく、海岸で訪問者たちを待つ人々ももっているのである。ドブー島の人々は、強力な力が自分たちの上に働きつつあると感じている。彼らは、呪文の力が、波状をなしてゆっくりと進み、自分たちの村々の上にひろがるのを感ぜずにはいない。彼らは、拒みがたい音調によって、漂うような魔力を自分たちに迫らせてくるホラ貝の訴え声を耳にする。彼らは、それにともなう多くのつぶやき声を推察することができる。また、それらの声に何を期待したらよいかもわかっている。そこで、彼らは心の準備をするのである。

近づいていくほうの側にとっては、この呪術、すなわちタウヨ〔ホラ貝〕の音とまざりあったおおぜいの声の詠唱《えいしょう》は、自分たちの希望、欲望、高まりゆく興奮などを表わし、「山をゆすぶり」、その根本まで揺り動かそうとする気持を表わしているのである。

同時に、新しい感情、すなわち恐れと不安の気持も起こってくる。そして、ここにいたって、新しい形式の呪術が助けに参じなくてはならない。そして、この恐れの心に表現を与え、それをやわらげてやらねばならない——その新しい形式の呪術とは、安全の呪術である。

この呪術の呪文は、たぶんサルブウォイナの浜辺で、ほかの呪文といっしょに唱えられたものである。あるいは、それよりもっとまえの、旅行の中間の段階で述べられたかもしれない。しかし、陸に足をふみいれた瞬間に儀式が行なわれることになっており、その瞬間は、呪術が心理的に目標とする瞬間でもあるので、ここで述べておかなくてはならない。

合理主義的な観点からすれば、相手が自分を待つとわかっており、相手に招待されもしている住民が、相手の善意に確信をもてないなどとは、ばかげていると思うかもしれない。しかも相手とはなんども交易しているのだし、向こうからも来たこともあり、相互に訪問をくりかえした仲だというのに。平和な用向きで来たのに、彼らはなぜ危険にたいする不安にとらわれ、ドブー島人たちに会うための、特別な呪術でものものしく身を固めようというのか。

と、このような考え方は論理的な考え方なのだが、慣習は論理的ではなく、人間の感情にもとづく態度は理性よりももっと大きな支配力を、慣習にたいしてもっているのである。一般に自分以外のよその集団にたいして住民たちがまずとる態度は、敵対と不信のそれである。彼らにとって、よそものはみな敵だ、という事実は、世界各地の民族誌のなかで報告されている特徴である。この点では、トロブリアンド島人も例外でない。

島民自身の、狭い社会的視界のかなたには、疑惑と誤解と潜在的敵意の壁がたちはだかって、彼とその隣人をさえも、へだてている。クラは、ある地理的地点において、特定の慣習化したやりとりによって、その壁をぶちやぶるのである。しかしながら、あらゆる異常で例外的なもののばあいにそうであるように、このように、よそもの一般におしかぶされた禁忌を取り除くためには、呪術にうったえて理屈をつけ、つじつまを合わせなくてはならない。

実際、ドブー島人と、彼らを訪れる人たちの慣習的な身のふるまい方は、このことを、不思議なくらい正確に表わしている。トロブリアンド島人が、最初にまず敵意とはげしい対抗心を示して迎えられなければならないことは、習慣的な掟《おきて》である。しかし、訪問者が儀式として、到着するやいなや村につばを吐いてしまうと、この態度は、まったくなりをひそめてしまう。この点に関して、住民たちは、彼らの考え方を非常に特有な形で表現している。「ドブーの人間は、われわれほどよくない。どうもうで、人食いだ！　われわれがドブーに来るとき、殺されはしまいかと彼を恐れる。しかし、見ろ！　私は魔術をかけたショウガの根につばを吐く。すると彼らの心は動揺して、彼らは槍《やり》を置き、われわれを歓迎する」

3

いくつもの小村の寄り集まりから成るドブーの村が、禁制のもとにおかれるとき、右のような敵対心は、一定の儀礼的な態度の形をとって表現される。その小村のいずれの者であるにせよ、ある重要人物が死ぬと、その社会全体が、いわゆるグワラの禁制に服す。村の回りのココヤシとビンロウジの皮をむくことは禁じられ、ドブー島人はもちろん、よそものならなおさらのこと、その実に触れてはならない。

この状態の継続期間はさまざまであり、死者の偉さとか、そのほかの状況によってきまる。グワラが経過して終わりまぢかになってはじめて、キリウィナの人々は、ドブー訪問にふみきる。つまり、状況をまえもって知らせておいてもらうのである。

しかし、そのようにして相手がやってくると、ドブーの人々は真剣な敵対心を示す。そして、訪問者たちは、禁制を破るためにヤシの皮をはいで、禁じられた実を取りださなくてはならない。これは、パプア＝メラネシアに広く分布した型の禁制期間のしめくくり方と一致している。つまり、いついかなるばあいにおいても、禁制に服していなかっただれかが、それを終結せしめなくてはならず、禁制を自分自身に課した者に、それを破らせるよう強制しなければならないのである。そして、いついかなるときにも、禁制を破ることを許すべき立場にある者のほうが、暴力と闘争の構えをなにか示すのである。いまの例では、キリウィナの住民のことばを使っていうと、

「もしわれわれが、カウバナイ〔安全の呪術〕を行なわないとしたら、ドブーにグワラがあるうちは恐ろしい。ドブーの人々は、戦いの絵具を塗り、手に槍とプルータ〔剣状の棍《こん》棒《ぼう》〕を持つ。彼らは、すわってわれわれを見る。われわれは、村にぶつかり、木に登る。彼は、われわれに走りより、『登るな』と叫ぶ。そこでわれわれは、彼にレイヤ〔ショウガの根〕を吐きつける。彼は、槍を投げだし、うしろにもどって微笑する。われわれは、村じゅう、つばを吐いて回る。すると彼は、よろこんでこう言う。『あなたのココヤシ、ビンロウジの木に登りなさい。あなたのバナナを切りなさい』」

このようにして禁制は破られ、グワラは終了し、慣習的な、芝居がかった緊張の瞬間は終わる。とはいうものの、これは双方にとって、神経の疲れる話である。次にかかげるのが、

トリワガが数本のショウガの根に向かって唱える長い呪文である。その根はあとで乗組員に分配され、一人一人が上陸にさいして一本ずつ持っていく。

カウバナイの呪文

「ニキニキの漂う霊よ！
ドゥドゥバ、キラキラ〔これらのことばは翻訳不可能である〕」
「引き潮だ、潮が引いていく！
なんじたけり狂う怒りは引いていく。それは引いていく、おおドブーの者よ！
なんじの戦いの顔料は引いていく。それは引いていく。おおドブーの者よ！
なんじの針は引いていく。それは引いていく。おおドブーの者よ！
なんじの怒りは引いていく。それは引いていく。おおドブーの者よ！
なんじの追跡は引いていく。それは引いていく。おおドブーの者よ！」

敵対的な感情、クラをしたくないという気持、あらゆる戦争の備品を示すいろいろな表現がここではずらりと並べられている。そこで、「クラの拒絶」「不平」「ふくれ面《つら》」「嫌《けん》悪《お》」というようなことば、さらには、「武器」「竹の小刀」「棍棒状の剣」「長いカギのついた槍」「小さいカギのついた槍」「丸い棍棒」「戦いのための黒い顔料を塗ること」「戦いのための赤い顔料」のようなことばが連発される。さらに、キリウィナ語でそれらを述べおわると、ドブーの対応語を使って、またぞろくりかえされるのである。

ドブーの人に関する右の一連のことばが終わると、その一部が「ドブーの女性」ということばをつけ加えてくりかえされる。ただし、このばあい、武器の名は省略される。だがこれでこの長い呪文は、まだ終わったわけではない。長く引きのばされた連禱《れんとう》が終わると、朗詠者はこう歌う。

「だれがキナナの頂に姿を現わすか。私〔ここで、唱える者の名を言う〕がキナナの頂に姿を現わす」

そして、そのあとで連禱全体がくりかえされるのだが、基調語の「引き潮だ、潮が引いていく」の代わりに、「犬がクンクンと嗅《か》ぐ」がもってこられる。

ほかのすべての語とつなげられると、その表現は、大略、次のように自由訳できる。

「おおドブーの人よ、なんじのたけり狂う怒りは、犬がクンクンとにおいを嗅ぐときのようになるだろう」あるいはもっと明確に訳せば――

「おおドブーの人よ、なんじのたけり狂う怒りは、犬が新来者のそばに寄ってきてクンクンと嗅ぐとき、犬の怒りがやわらぐようにやわらぐだろう」

犬の直喩《ちょくゆ》は、呪術の伝統に非常に強くしみこんだものであるにちがいない。というのは、別の者から聞きとりした右以外の二つの呪文形式でも、「犬が遊び回る」「犬はおとなしい」などの表現が、基調語として使われていたからである。右の呪文の最終部は、この章の初めのほうで紹介したカイカヤのそれと同じで、「もはやそれは、私の母ではなく、あなたこそ私の母だ。おお、ドブーの婦人よ」の終わりに、「最近死んだ云々《うんぬん》」がくるのである。

右の呪文に注釈をつけると、まず最初に、第一行目にニキニキという名が出てくるが、これは、ふつう発音されるときには、男性の接頭辞MOをつけてモニキニキといわれる。彼は、「むかしの人で、神話はなにも伝えられず、彼は呪術を語る」というふうにいわれている。実際、ムワシラの呪術の主要体系は、彼の名をとって名づけられているわけだが、私が聞きとりをした人のなかで、彼に関する伝説を知っている者はだれもいなかった。

中間部の最初の基調語は、非常にはっきりとしている。それは、ドブーの人の興奮が退潮し、身につけた装飾が取りはずされることを示す。ここで使われる「退潮」の意味のことばが、ドブー語であってキリウィナ語でないことは、注目に値する。すでに説明した犬への言及は、住民たちの加える注釈によって、さらにはっきりとしてくる。ある説明をあげると、それは簡単なもので、

「彼らはムワシラで犬にうったえる。なぜなら、犬の主人が来たときに、犬は立ちあがってなめるから。同様に、ドブーの人の気持も同じことなのだ」。もう一つの説明は、もともってまわっている。「そのわけは、犬は鼻と鼻をつきあわせてじゃれるからだ。われわれが、むかしのやり方でことばを並べると、宝も同じように並べられる。われわれが、腕輪の貝をやってしまうと、首飾りがやってきて、その二つのものはあいまみえるだろ

う」

このことの意味は、古い呪術の伝統にしたがって、右の呪術のなかで犬にうったえかけると、クラの贈物にも影響力が及ぶ、というのである。この説明は、たしかにこじつけ的で、呪文の真の意味を表わしていない。それは、さまざまの情熱、武器を表わす語と関連づけられても、なんら意味をもたない。しかし、私は、これを住民たちのもってまわった言い方の一端を示す例としてあげておいた。

犬はまた、この呪術と関連した禁忌《タブー》でもある。カウバナイを行なう人がものを食べていて、犬が彼に聞こえる範囲内で吠《ほ》えたときには、食べる行為をやめなくてはならない。さもないと、彼の呪術は、「鈍化」するだろうから。

以上の呪術の保護のもとに、身の安全性を確保して、トロブリアンドの航海者たちは、トゥウタウナの浜辺に上陸する。次章でそこのありさまをみてみよう。

注

〔1〕このような、観念の相互関係を表わすもっともいいことばは、フレイザーが呪術的なものの考え方の一典型を表わすのに用いた「観念の感化」である。主観的、心理的な道筋を通って、住民たちは、呪術によって事物がたがいに感化され影響を与えあうと信じこむようになるのである。

第十章　ドブーにおけるクラ——交換の専門技術

1

前章においては、グワラ〔死の禁制〕の制度について述べ、それが村全体をおおっているのを取り除かねばならない時期に、村を訪れる客たちにたいして示される脅迫的な迎え方について一言した。グワラが行なわれず、やってきた船団がウヴァラク遠征装備のばあいには、盛大なお祭さわぎの歓迎が行なわれるだろう。

カヌーは、近づいてくると、岸に向かって長く一列に並ぶ。選ばれる地点は、トリウヴァラクの主要取引人の住んでいる村に面した浜辺である。ウヴァラク遠征隊長のトリウヴァラクのカヌーは、その列の終わりに位置するだろう。トリウヴァラクは、デッキの上にのぼり、浜に集まった住民たちに演説をぶつだろう。彼は、相手の者たちが、巨額の宝をくれて記録破りの成績が得られるようにと、その野心にうったえかけようとするだろう。

それが終わると、岸にいる取引相手はホラ貝を吹き、水を渡ってカヌーのほうに近づき、最初の宝の贈物を、遠征隊長にさしだすだろう。そのあとで、もう一つ贈物がトリウヴァラクに与えられるだろう。すると、ほかの者たちもホラ貝を吹きならして、それまで岸にかたまっていたのが解散し、それぞれの取引相手のための首飾りを持って、カヌーに近づく。このとき、一定の長幼の序が守られる。

首飾りは、かならず儀式めかして持ち運ばれる。すなわち、通例として、棒の両端に結びつけて下にさげ、たれ飾りを下にして持ち運ぶ〔写真32〕。ときどきは、ヴァイグア〔宝〕が女〔首長の妻か姉妹〕の手でカヌーに運ばれるばあいもあるが、そのようなときには、籠《かご》に入れて頭にかついでくるのが普通だろう。

2

この儀式的な歓迎が終わると、船団は解散する。ドブーの村々は、家が密集して立っておらず、それぞれ十二軒ほどの小村となって散在している。船団はここで岸にそって進み、一隻一隻が、そのトリワガの主要な取引人のいる小村の前に停泊する。

さて、ここでやっと本当のクラがはじまるところまできた。これまでのは、みな準備であり、冒険をともなった航海であって、予備的なクラがアンフレット諸島でちょっとばかり行なわれたにすぎなかった。それは、いつも最終目標のドブーでの大クラを目ざし、興奮と感情にみちみちていた。ここで、やっとクライマックスがやってきたのである。成果として得られる純益は、数個のきたならしい、油ぎった、みすぼらしい外観の現地住民の装身具である。なかば色あせ、なかばキイチゴの紅色か、または、れんがの赤色をした平たい円盤を、一つ一つ紐《ひも》に通して円筒形の長い輪にした装身具である。しかしながら、現地人たちの目から見れば、この成果は、伝統や慣習の社会的力によって意味を与えられており、その力がこれらの物体に価値のしるしを与えて、ロマンスの光の輪で取り囲むのである。ここで、この点に関する住民たちの心理についてすこしく考察して、その真の意味をつかみとろうとしてみるのがよかろう。

このことの理解のためには、次の考察が役立つだろう。クラの行なわれている場所から遠くないところで、おおぜいの白人の冒険者たちが、あくせくと汗を流し、その多くは命まで投げだして、現地住民の目から見ると、われわれが彼らのバギを見て感ずるのと同じように、きたならしい、くだらない、と思われるもの——数本の金の延棒《のべぼう》を手に入れようとしている。もっと近くのトロブリアンド諸島の礁湖《しょうこ》でも、貴重な真珠が見つかる。むかしは、現地住民が貝の口を開いて食べようとして、彼らのいわゆるワイトゥナ、すなわち真珠貝の「種」を見つけると、ポイと投げだして、子どものおもちゃにくれてやった。ところが現在では、多くの白人が、そのつまらないものを、できるだけたくさん手に入れようとして、彼らの目の前で全力をあげて競争しているのである。両者の行為は非常に似ている。どちらのばあいにも、物体に付随した因襲的な価値が、権力と名声を与え、またこの両者を増加させる楽しみを与えてくれる。

白人のばあいには、これはきわめて複雑で間接的な形をとるが、しかしここの住民のばあいと本質的には変わらない。次のようなことを仮定してみれば、相似はさらにあきらかだろ

32　首長の家に運ばれる首飾りとその贈呈

う。多数の有名な宝石が、われわれのあいだにばらまかれ、人の手から手に渡り——したがって、コイヌール(1)、オルロフ(2)そのほかの有名なダイヤモンドや、エメラルドやルビーが、たえずぐるぐる回っていて、運と勇気と進取の気性によって手に入れられるとする。するとそれらを持っていられる期間が短く、つかのまであるにしても、所有すれば令名が得られるし、それに収集癖も加わって、富への渇望は拍車をかけられるのである。

クラのこの一般的、人間的、心理的基礎は、いつも心にとどめておく必要がある。しかし、もしその特定の形式を理解したいのならば、取引きのやり方の詳細と専門的な技術を検討しなくてはならない。この点については、まえに第二章で概略を簡単に述べておいた。ここでは、前置きの問題がすでにはっきりわかっているのだし、現地住民の心理や習慣についての理解も深まっているのだから、もっとくわしい説明をしてもいい段階である。

クラの交換の主要原理は、第二章で述べておいた。すなわち、クラの交換は、かならず贈物でなければならず、それに引きつづいてかならずお返しがなされる。つまり、けっしてバーターではないので、交換物が同じ価値のものかどうか検討したり、値切ったりして、じかに交換を行なうことはない。

クラにおいては、名称も、性質も、時期も異なる二つの取引きが行なわれる。やりとりの初めに行なわれるのは、ヴァガという最初の皮切りの贈物で、それにたいして、ヨティレという最終のお返しの贈物がなされて、幕が閉じられるのである。これらはいずれも儀式をともなう贈物で、それにはホラ貝の伴奏がはいらねばならず、贈呈は、公衆の面前で、ぎょうぎょうしく行なわれる。

宝を「投げる」という現地の表現は、この行為の性質をよく表わしている。つまり、宝は、与えるほうの側から渡されねばならないのだが、受けとる側は、ほとんどそれに目もくれず、実際に自分の手で受けとることはまずない。取引きのエチケットによれば、贈物は、むぞうさに、やぶからぼうに、ほとんど怒ったような態度で与えられ、また受けとるほうも、同様に冷淡な、侮蔑《ぶべつ》的な態度で受けとる。

これのちょっと変わった形は、トロブリアンド諸島で、しかもそこだけでときどきみられるのだが、ヴァイグアが首長から平民に渡されるときに、平民は贈物を手に受けとって、やや感謝の意を表する。そのほかのすべてのばあいには、宝は、受けとる側の手のとどくところに置かれ、おつきの位の低い者がそれを拾いあげるのである。

この習慣化した贈物受納、贈与の行為を複合的につくりあげているさまざまな動機をあかすのは、あまり容易なことではない。受けとる側の果たす役割は、たぶんそんなに解釈しにくくはない。その儀式的、商業的なギヴ・アンド・テイクの行為の底流には、受けとったものの価値に不満を感ずるという、人間本来の根本的な感情がある。現地住民たちは、取引きについて話すときには、いつも自分のほうからやった贈物がりっぱで価値があると主張し、受けとったものがたとえ同価値であっても過小評価する。

これとともに、現地の住民には、なにか不足があるという態度を示したくない気持がある。これはすでに述べたように〔第五章3節〕、食物に関してもっとも顕著に現われる。

右の二つの原因が結びあって、結局のところ、贈物を受けとったときに、非常に人間的で、理解のいく、侮蔑《ぶべつ》の態度が生まれるのである。与えるほうの側についていうと、まず第一に、ものをやるときの演技的な怒りは、持ち物を手ばなしたくないという、自然な人間感情を、まっすぐに表わしている。これにかてて加え、贈物を手ばなすのがつらいというしぐさをして、その外見上の価値を高めようとする気持がある。私がなんども住民たちの行動を見、何回も彼らと話したり、そのさりげなく言うことばを耳にとめたりして得たギヴ・アンド・テイクのエチケットを解釈すると、以上のようになる。

クラの二つの贈物は、時間的にみてもずれがある。これがなによりも明瞭《めいりよう》に現われているのは、ウヴァラク型の海外遠征のばあいで、そこでは、訪問者側がいっさい宝を持っていかず、したがって、ヴァガ〔皮切りとなる宝の贈物〕であろうと、ヨティレ〔お返しの贈物〕であろうと、そのようなときに受けとる宝は、それゆえ同時交換という形はとらない。そして、交換が内陸クラにおいて、同一村内で行なわれるばあいでも、二つの贈物のあいだには、すくなくとも数分の間がおかれねばならない。

二つの贈物の性質にも、大きな差異がある。交換の口火を切る贈物としてのヴァガは、自発的にさしだされねばならない。つまり、なんらの義務のおしつけも、贈与にともなってはならないのである。受けとってくれ、とたのむ道〔ワウォイラ〕は開かれている。しかし、けっして強制してはならない。ところが、まえに受けた宝のお返しとして贈られる宝であるヨティレは、ある義務の圧力のもとに与えられる。

もし私が、たとえば、一年まえに、私の取引相手にヴァガを与え、そしていま、相手を訪問してみたときに、彼が等価のヴァイグアを持っているのを見たとしたら、彼がそれをくれる義務がある、というふうに私は考えるだろう。もし相手がそうしなかったら、私は腹をたててもかまわないのである。それだけでなく、もし私がなんらかの偶然で彼のヴァイグアに手をかけ、それを力ずく〔レブ〕で奪いとったとしても、相手はひどく立腹するかもしれないが、習慣上そうする権利が私にはあるのである。そういうばあいの争いも、なかば芝居でなかば本気なのである。

ヴァガとヨティレのもう一つのちがいは、ウヴァラクではない海外遠征においてみられる。そのような遠征においては、宝が持っていかれることもあるが、それは過去のヴァガのお返しの必要があるため、ヨティレとして贈られねばならない品物だけにかぎられている。皮切りの贈物のヴァガは、けっして海外に持っていかれることはない。

すでに述べたように、ヴァガは、ヨティレよりも、もっと懇願や口説《くど》きをともなう。このような行為を、現地ではワウォイラと呼ぶが、その内容は、主として一連の贈物を与えてものを懇願することである。そのような贈物の一つの型は、ポカフと呼ばれ、それは食物である〔1〕。

多くのばあい、かなりの量の食物が遠征に持っていかれ、ある人がりっぱな宝を所持しているとわかっているばあいには、その食物の一部が、次のようなことばとともに彼に贈呈される。「私はあなたの宝をポカラする。それを私にください」。もしも持ち主が宝を手ばなしたくない気持のときには、ポカラを受けとらない。もしポカラが受けとられれば、それは、ヴァイグアを遅かれ早かれポカラをくれた人に与えようという内意が示されたことになる。しかし、持ち主は、すぐには手ばなす気になれず、もっと懇請の贈物をもらいたがるかもしれない。

この種の贈物のもう一つの型は、カリブトゥというもので、概して、普通のクラの対象とならないような宝が用いられる。そこで、小さな研磨《けんま》した斧《おの》の刃とか、高価な帯が、次のようなことばとともに贈られる。「私は、あなたの首飾り〔または貝の腕輪〕をカリブトゥする。私は、それを取って、持っていってしまおう」

この贈物も、相手方がそれをくれた人に望むヴァイグアをあげて満足させようという気を起こさなければ、受けとらないだろう。ポカラ、そしてその次にカリブトゥを贈って、たいへん名の通った、偉大な宝が請われるばあいもしばしばある。そのような懇請の贈物が一つか二つ渡されて、やっと大きなヴァイグアが得られると、満足したもらい手は、しばしば相手にさらにいくらか食料を渡す。この贈物はクワイポルと呼ばれる。

食料の贈物のお返しは、もし似たような状況が起これば、行なわれる。しかし、食料の問題に関しては、厳格に等価ということはない。だが、カリブトゥの宝の贈与にたいしては、後刻かならず等価のお返しがなされねばならない。さらに付言すると、ポカラの食物の贈物は、それを持っていく先の地方よりも食料がゆたかな地方からなされることがいちばん多い。だから、シナケタの人は、アンフレット諸島にポカラを持っていくが、ドブー島の人にはめったに、いや、けっしてポカラをしない。というのは、ドブーは食料がゆたかだからである。また、トロブリアンド島内部でも、ポカラは、北方のキリウィナ農業地帯からシナケタの人々に贈られ、その逆はない。

クラに関係した特異な型の贈物で、もう一つ別の種類のものは、いわゆるコロトムナである。シナケタの人がキリウィナの人に首飾りを与え、後者が、さらに東の取引相手から、ちょっとした宝を受けとると、この小さな宝は、シナケタの人に彼の首飾りのコロトムナとして与えられるだろう。この贈物は、ふつうウミギクの円盤を飾ったクジラの骨の石灰質《せっかいしつ》のへらで、これにたいしてはお返しがなされねばならない。

注意すべきことは、これらすべての表現が、トロブリアンド諸島の言語でなされ、それが、一方ではトロブリアンド諸島の北と南、他方では、トロブリアンド諸島の南とアンフレット諸島とのあいだにかわされる贈物をさすのに用いられることである。シナケタからドブー島までの外洋遠征では、懇請のための贈物の仕方はやや大ざっぱで、訪問者のパリという贈物と同じであり、両者間に、名称と技術の点で、微妙な差異は見いだされないだろう。このことは、トロブリアンド諸島の北と南では群を抜いてすぐれた宝のうわさがいとも簡単にさっと流れるのに、ドブー島とボヨワ島のあいだでは、そういったことがないのをみれば、明瞭《めいりょう》である。

それゆえ、ドブーに渡るとき、人は相手に懇請の贈物をすべきかどうか、何をどのくらい贈るべきかきめるときに、相手からなにか特別なすばらしい宝を期待していいのかどうかわからずにきめなければならない。しかしながら、もし訪問者のパリのなかに、なにか特別に高価な贈物があったとしても、あとになってドブー島人はそれを返さねばならないだろう。

クラにとって本質的な、もう一つの重要な型の贈物は、バシという中継ぎの贈物である。シナケタの人がドブーの取引相手に、シナケタで最後に会ったとき、たいそう美しい貝の腕飾りを一対《いっつい》贈ったと想像してみよう。さていまドブーに着いてみると、相手は、自分のやった貝の腕飾りと等価なものをなにも持っていないことを知る。ところが、にもかかわらず、彼は、たとえ価値の劣るものであろうとも、首飾りを相手がくれることを期待するだろう。

そのような贈物、すなわち非常に価値あるヴァガのお返しではないが、間隙《かんげき》を埋めるために贈られるものがバシである。このバシにたいしては、後日になって、小さな、等価の貝の腕飾り一対でお返しをせねばならないだろう。そして、ドブー島の人の側には、受けとった大きな貝の腕飾りの返礼の義務は、いぜんとして残る。そして、それと価値の等しい品物は、自分の持ち物のなかにない。等価の品物が手にはいるやいなやお返しはなされ、それがしめくくりの贈物、すなわちクドゥとなって、取引きが完結するだろう。

これら二つの名称は、ことばの比喩《ひゆ》を含んでいる。クドゥは「歯」を意味するから、しめくくりをつける贈物の名にふさわしい。バシは「つらぬき刺す」ことを意味する。次にかかげるのは、バシについての現地の注釈を、逐語的に訳したものである。

「われわれはバシと言う。なぜなら、それはクドゥ〔歯〕のようにほんとうにかむことはしないで、ただ表面を、バシして〔つらぬいて〕、負担を軽くするだけだからだ」

この二つの贈物、ヴァガとヨティレが等しい価値のものであることは、クドゥ〔歯〕とビゲダ〔それはかむだろう〕という語を使って表現される。価値の等しさを表現するもう一つのことばの比喩は、ヴァイ、すなわち結婚するということばのなかに含まれている。二つの反対の宝がクラにおいてめぐりあい、交換されるとき、これらの二つのものが結婚した、といわれる。貝の腕飾りは、女性の性質をもち、首飾りは男性の性質をもつとされる。私は聞きとりをした一人の者から、この考え方に関して、おもしろい注釈を聞いた。

右に述べたように、食物の贈物はシナケタからキリウィナにはなされない。あきらかにこれは、ニューカッスル（イギリスの石炭の産地）へ石炭を運ぶのたぐいだろうから。なぜそうなのかと聞いたときの答えはこうだった。

「私たちは、クワイポルやポカラやムワリをしない。それらは女だから。それらにクワイポルやポカラをする理由は、なにもないのだ」

この注釈には、ほとんど理屈はない。しかし、女性的な原理は価値が低いという考え方が、あきらかに含みこまれている。あるいは、たぶん、結婚生活の根本的な考え方が述べられている。というのは、男に食物を供給するのは、女のほうの家族だから。

クラ取引きにおける等価の考え方は、たいそう強く、はっきりしている。そして、受けとる側がヨティレ〔お返しの贈物〕に満足しないときには、それがじぶんの皮切りの贈物に対する適当な「歯」〔クドゥ〕ではないとはげしく不平をならし、それは本当の「結婚」ではない、正しく「かみあって」いないといって怒るのである。

これらのことばは、キリウィナの言語で述べられ、ウッドラーク島ないしはさらに東のナダ〔ラフラン諸島〕からトロブリアンド島南部までのクラの半円形地帯一帯で用いられる。ドブーの言語では、ヴァガ、バシは同じ単語が用いられ、ヨティレはヨトゥラ、クドゥはウドゥと発音される。アンフレット諸島でも、同じことばが使われる。

クラ取引きの実際の規制については、このくらいにしておこう。クラで使われる宝の問題については、二、三、言を費やしておく必要がある。第二章で述べたことだが、簡単にいって、貝の腕飾りが一方向に流通すると、反対、すなわち時計の回る方向に、首飾りは動いていく。さて、ここで付言しておかねばならないのは、ムワリ——貝の腕飾り——は、ドガという別の品物、すなわち湾曲したイノシシのきばをともなうことである。むかしはドガは、クラの流通においてムワリと同じくらい重要だった。しかしいまでは、クラの品物としてお目にかかることはまずない。

この変化の理由を説明することは、むずかしい。クラにみられるような、重要性と伝統的な根強さをかねそなえた社会制度においては、時流によって変化が生ずるなどということはありえない。私に推測できる唯一の理由は、現今では、部族間の交流が非常に増大して、クラ地域以外のところから、あらゆるクラの宝物がどっと流入してくることである。だから、一方では、ドガは、クラ地域においてよりも、ニュー・ギニア本土でずっと貴重視されているようである。

そのようなわけで、この流入によって、ドガはほかの品物よりもずっと強い影響を受けるのだろう。ほかの品物の一例として、ウミギクの首飾りをとってみれば、それは、外からクラ地域に実際輸入され、それればかりか、現地住民たちの消費用に白人の手で大量に製作されすらしている。貝の腕飾りは、生産地域では多量に作られているので、いくら外に流出しても補いがつく。しかし、ドガは、湾曲したきばをもつイノシシという、稀有《けう》な自然の珍物から得られるので、（ニュー・ギニア本土での）再生はいちじるしく困難なのである。

ムワリと同方向に移動するもう一つの品物は、ボスー、すなわち鯨骨で作られ、ウミギク貝で装飾した、大きな石灰質のへらである。それは、厳密にいってクラの品物ではなく、コロトムナの贈物として使われ、こんにちではめったに見られない。首飾りとともに、重要ならざる、ただ補助的なクラの品物としてのみ流通するものに、同じく赤いウミギクの貝で作った帯がある。それは、小さな貝の腕飾りのお返し、つまりバシとして贈られるのが普通である。

首飾りと貝の腕飾りの、それぞれの動きのなかで、一つだけ重要な例外がある。クラで使われるものより、ずっと大きくてきめのあらい、ある型のウミギク貝を輪にしたものがシナケタで作られることは、まえの章で述べたとおりである。これらの輪は、キリウィナ語でカトゥダバビレ、ドブー語でサマウパと呼ばれ、ときおりシナケタからドブーへ、クラの贈物として輸出され、したがって、貝の腕飾りとしての機能を果たす。しかしながら、これらのカトゥダバビレは、東からトロブリアンド諸島には絶対にもどらないので、逆方向に動いてクラの環《わ》を完結することがない。その一部は、クラ以外の地域に吸収されてもどらないが、一部はまたシナケタにめぐりもどってきて、ほかの首飾りの円環運動に合流する。

クラ交換で補助的な役割を果たす、もう一つの種類の品は、キリウィナ語でベクと呼ばれる、大きく薄い研磨《けんま》した石斧の刃である。これは実用に用いられることは絶対になく、富のしるしとして、また誇示の品としての機能を果たすにすぎない。クラにおいて、それはカリブトゥ〔懇請の贈物〕として贈られ、両方の方向に動く。しかし、それはウッドラーク島で切りだされ、トロブリアンド諸島で研磨されるので、トロブリアンドからドブーに向かって動くほうが、その反対よりもずっとひんぱんである。

右の問題を要約すると、次のことがいえよう。本来のクラの品は、一方においては貝の腕飾り〔ムワリ〕と湾曲したきば〔ドガ〕であり、他方では、美しく長い首飾り〔ソウラヴァまたはバギ〕であって、後者には多くの亜種がある。それら三つの品の特別の地位を示すものは、それらが、呪文のなかであげられる唯一の、すくなくとももっとも重要なものであるという事実である。

すでに述べたように、クラ取引きには、かなりの儀式がともない、交換の技術のなかには、礼法または商業上の節義とでもいっていいものがともなっているけれども、紛争や軋轢《あつれき》の余地も多分にある。

もしある人が、なにか非常に美しい宝を手に入れ、それをヨティレ〔お返し〕として贈る義務がもうないばあいには、それをもらおうと思って競争する多くの相手が出てくるだろう。手に入れられる人は一人しかいないから、ほかの者たちはみな、のけ者にされて、程度の差こそあれ怒り、悪意をいだく。やりとりの価値を等価にたもつという問題で、怒りが誘発されることはさらに多い。交換される宝は、正確な基準によって計ったり、比較したりできないし、いろいろな種類の宝のあいだには、はっきりした対応や相関関係の指標がないから、高い価値のあるヴァイグアを贈った人を満足させることは、容易でない。

彼が等価とは考えないお返しをもらったばあい、そのことで騒ぎたてはしないし、あからさまに行為のうえに不愉快を表わすことはない。しかし、彼は深いいきどおりを感じ、それがしばしば悪口《あっこう》や雑言《ぞうごん》の形をとって現われる。そして、それは、相手に面と向かっては発せられないけれども、遅《おそ》かれ早かれその耳に達するだろう。結局、仲たがいの決着をつけるのにどこでも使われる一方法がとられる——つまり、黒呪術《くろじゅじゅつ》が用いられ、争いの相手のうえに、あるわるい呪《のろ》いをかけるために、妖術師《ようじゅつし》が雇われるのである。

ある有名なヴァイグァについてなにか話すとき、人々は次のように言って、その価値をたたえるだろう。「そのおかげで、たくさんの人が死んだ」と。なにも戦争や戦場で死んだというのではなく、黒呪術で殺されたというのである。

また、死の翌日に死体を調べてみると、呪術をかけられた理由がわかる、系統づけられた一連のしるしがある。これらのしるしのなかには、人がクラに成功したために呪《のろ》い殺されたこと、クラに関したことで相手を怒らせたために、呪い殺されたことなどを示すものが、一、二ある。

すべての取引きの底には、厳格な礼節と、その正反対のはげしい怒りや貪欲《どんよく》がまじりあい、人々の関心の心理的基調となっていることは、知っておく必要がある。公正と礼節の義務は、卑劣さをこのうえなく醜い不名誉であるとする一般通則から発している。そこで、人は受けとったものを軽んじようとするのが普通だとしても、それを与えるほうの側の人は、ほんとうに最善をつくそうと努力していることを忘れてはならない。

そして、結局のところ、人がほんとうにりっぱな宝を受けとることもままあるので、そういうときには、その者はそれを自慢し、あからさまに満足を示すだろう。そのようにうまくいくばあいは、もちろん、相手方が気まえがいいためとは考えず、自分の呪術がきいたと考えるのである。

たくさんの宝をとめおいて、なかなかそれを人に渡さない傾向を示すことは、一般に、非難すべき恥ずべき性質と考えられている。このような性向を示す人は、「クラにおいてがめつい」といわれる。以下にかかげるのは、アンフレット諸島の住民たちが描く、この性質の説明である。

「グマシラ人。彼らのクラはとてもがめつい。彼らは卑劣だ。彼らはけちんぼうだ。彼らはソウラヴァを一つ、二つ、大きいやつを三つ、たぶんは四つも手に入れたがる。人は彼らとポカラしたがる。ポカポカラをしたがる。親戚《しんせき》縁者なら、ソウラヴァを手に入れるだろう。カイレウラ人だけが手に入れるだろう。グマシラ人は卑劣だ。ドブー人、ドゥアウ人、キタヴァ人たちはよい。ムユワに来ると、人々はグマシラ人のごとくである」

ということは、グマシラの人は、たくさんの首飾りを平気で自分のものにしてためておき、ポカラとしてたくさんの食物を要求するだろう——語の特徴ある反復が、ポカラをしつこく要求する彼の態度を述べ表わしている——、そして、そういうときでさえ、親戚縁者だけに首飾りを与えるだろう、というのである。私が、このことを教えてくれた同じ者に、そのような卑劣な男でも妖術で殺される危険をおかすかどうか聞いてみたとき、こういう答えが得られた。

「クラにとても熱心な人——彼は死ぬだろう——卑劣な男は死なない。彼は平和裡にすわっているだろう」

3

クラの具体的な手続きにもどって、シナケタのトリワガの動きについていってみよう。

彼はたぶん、到着と同時に、首飾りを一つか二つ受けとっただろう。しかし、彼には取引相手がそのほかにもいるし、もっと宝もほしい。満足がいくだけ受けとるまえには、彼は禁制を守らなくてはならない。彼は、その土地の食物をなにも食べてはいけない。ヤム芋も、ココヤシも、キンマも、ビンロウジも手を触れてはならない。彼らの信仰によれば、もし彼がこの禁制をおかすと、それ以上もう宝はもらえなくなるのである。彼はまた、病気をよそおうことによって、取引相手の心をやわらげようとする。彼はカヌーのなかにとどまって、病気だという伝言を送る。ドブーの人には、そのような形式だけの病気の意味がわかるだろう。しかし、彼らは、このような説得の仕方に屈してしまうだろう。

もしこの策略が成功しないばあいには、呪術にうったえなければならないだろう。クウォイガパニ、つまり、「人を困難におとしいれる呪術」と呼ばれる呪文がある。それは、呪文の対象になる人の心を誘惑し、おろかにし、説得にしたがわせてしまう。呪文は、一つないし二つのビンロウジにたいして唱えられ、そしてそれは、取引相手と、その妻、姉妹に与えられる。

クウォイガパニの呪文

「おおクウェガの葉よ、親しいクウェガの葉よ。おお、こちらのクウェガの葉よ、おお、あちらのクウェガの葉よ！」

「私は、ドブーの女の口からはいるだろう。私は、ドブーの男の口から出てくるだろう。

私は、ドブーの男の口からはいるだろう。私は、ドブーの女の口から出てくるだろう」「クウェガの葉を誘惑する。クウェガの葉を困難におとしいれる。ドブーの女の心は、クウェガの葉によって誘惑され、クウェガの葉によって困難におとしいれられる」

クウェガの葉によって「誘惑される」「困難におとしいれられる」という表現は、次のような一連のことばとともにくりかえされる。「なんじの心、おおドブーの人よ」「なんじの拒絶、おおドブーの女よ」「なんじの不同意、おおドブーの女よ」「なんじのはらわた、なんじの舌、なんじの肝臓よ」、とこのようにして、理解と感情をつかさどるすべての器官、およびその機能を表わすことばが列挙されるのである。最後の部分はまえに引用した一、二の呪文の終わりと同じである。

「もはやそれは私の母ではない。私の母はなんじだ、おおドブーの女よ云々《うんぬん》」

クウェガは、おそらくビンロウジと同じ科に属す植物で、本当のビンロウジがないときには、その葉に石灰とアレカをまぜてかむ。クウェガは、注目すべきことに、一度ならず呪文のなかで本当のビンロウジの代わりに祈りかけられる。中間の部分はまったく明瞭《めいりょう》である。そこでは、クウェガの誘惑と困難に誘いこむ力が、ドブー島人の心の働きと、解剖学的にいって、その働きをつかさどる部分にたいして投げかけられる。

この呪文を試みてのちは、懇請する側の種はつきてしまう。彼は希望を捨て、禁制をおかして、ドブーの果物《くだもの》を食べたいという気持を起こす。

訪問者とその地方の（クラの）取引相手でない地域住民とのあいだにも、交易が行なわれる。ただしその相手は、クラの行なわれる社会の成員でなくてはならない。すなわち、ヌマヌマ、トゥウタウナ、ブワヨワが、われわれのいわゆる「クラ社会」ないし「クラの単位」なるものを形づくる三つの社会であり、シナケタの人は、彼らと取引きの関係で結ばれているのである。そして、シナケタの人がギムワリ〔交易〕するのは、これらの村のどれかに属して、自分個人のクラの取引相手でない人たちとのあいだにかぎる。現地住民のことばを借りていうと、

「われわれの品物のいくらかを、パリとして与える。いくらかは手もとに取っておいて、あとになって、それをギムワリする。彼らはビンロウジ、サゴヤシを持ってきて、下に置く。彼らはわれわれの品物をなにか欲してこういう。『私はこの石刃がほしい』と。われわれはそれを与え、ビンロウジとサゴヤシをわれわれのカヌーに入れる。しかし、もし彼らが十分な量をくれなければ、彼らをののしると、もっと持ってくる」

これはギムワリの明確な定義であり、その行為のなかに、価格を釣《つ》りあわせる値切りや調節が含まれている。

シナケタからの訪問者たちが到着すると、近接地域、すなわちドブー本島に付属した小島、ドーソン海峡の向こう岸、南のほうの村のデイデイなどから、住民たちが三つのクラ集

落に集まってくるだろう。これら他村からの住民は、一定量の品物を持ってくる。しかし、彼らはボヨワからの訪問者と、直接取引きをしてはならない。彼らは土地の住民と品物を交換せねばならず、後者がそれをシナケタの人と交易するのである。そこで、クラ共同体のなかの応接者たちが、シナケタ人ともっと離れた地区の住民とのあいだの交易関係を、すべて仲介者としてとりしきるのである。

これらの交渉の社会学をまとめてみると、訪問者は、ドブーの住民と、三重の関係を結ぶといえよう。まず、取引相手がいて、訪問者は、自由なギヴ・アンド・テイクの形で、一般的な贈物を交換しあう。これは、本来のクラと並行して行なわれる型の取引きである。次に、訪問者がギムワリを行なう、個人的なクラの取引相手でない地方の住民がいる。最後に、地方の人の仲介によって、間接の交換を行なう異邦人がいる。

しかし、にもかかわらず、これらの人々の集まりにおいて、商業取引が主役を演ずると考えてはならない。住民たちの集まり方は大変なものであるが、それは主として好奇心から、ウヴァラクの船団を、儀式的に迎える光景を見にきているのである。そして、かりにボヨワからのすべての訪問者が約半ダースの品物を持ってきたとしても、持ち帰る品は、けっして控えめにいっているのではないが、それと同量程度なのである。

これらの品物のあるものは、シナケタ人がクラの前段階の交易旅行で、ボヨワ島内の産地から手に入れたものである。その商売では、彼らはまちがいなくもうけているのだ。ボヨワで払った値段と、ドブーで受けとった値段とのいくつかの例があるが、それを見ると、その

シナケタからクボマへの支払い	クボマの交易品	ドブーからシナケタへの支払い
12個のココヤシ＝	１籠のタネポポ＝	12個のココヤシ＋１個のサゴヤシ＋帯１本
４個のココヤシ＝	１個の櫛	＝４個のココヤシ＋１房のキンマ
８個のココヤシ＝	１個の腕輪	＝８個のココヤシ＋２房のキンマ
12個のココヤシ＝	１個の石灰壺	＝12個のココヤシ＋２個のサゴヤシ

利得の多寡《たか》がわかろう。

上の表の（左から）第一列目は、シナケタの人がトロブリアンド諸島の北部の一地区である生産地クボマで払った値段を表わす。第三列目には、ドブーで受けとった値段がしるされている。この表は、シナケタで聞きとりをした人から教えてもらって作ったもので、とても正確というわけにはいかないし、取引きから得られる利益は、変動するのが当然である。しかしながら、一つ一つの品物にたいして、シナケタの人が、それに自分が支払った額プラスなにか余分の品物を要求することはたしかである。

このように、この取引きにおいては、中間に立つ者がはっきりと利益を得ていることがわかる。シナケタの住民は、トロブリアンド諸島の産地の中心と、ドブー島のあいだの仲介者として行動し、一方、彼らを迎えいれる側では、シナケタ人と、外縁地域の人々とのあいだで、同じ役割を果たすのである。

クラの宝を交易し獲得するほかに、シナケタ人たちは、友人や遠縁の者たちを訪問する。すでに述べたように、移住が行なわれるので、この地方にも親戚《しんせき》がいるのである。訪問者たちは、小さな村から村をたずねて、平たい肥沃《ひよく》な平原を横切り、この地方のすばらしい、未知の光景のいくつかを楽しむ。彼らは、たえず噴出しているヌマヌマとデイデイの温泉に案内される。数分ごとに、湯があとからあとから塊《かたまり》をなしてわきあがり、噴出する湯を数メートル高く吹きあげる。

これらの温泉の回りの平野は不毛で、そこここに発育のわるいユーカリの木があるにすぎない。そこは、私の知るかぎりでは、東ニュー・ギニア全体で、ユーカリの木が見つかる唯一の場所である。私は、イースタン諸島全体とニュー・ギニア地方の東部をくまなく旅行したことのある賢い人物といっしょに、これらの温泉を訪れたが、すくなくとも彼はそのように言っていた。

陸地に閉ざされた湾や礁湖《しょうこ》、山や円錐形《えんすいけい》火山によって取り囲まれたドーソン海峡の北端など、これらすべての光景も、トロブリアンド島人たちにとって、珍しく、美しく見えるにちがいない。

村々では、彼らは男友だちの歓迎を受ける。両者の話すことばはドブー語で、それはキリウィナ語とは完全にちがうが、シナケタの人々はごく若いころそれを学ぶのである。注目すべきは、ドブーではキリウィナ語を話す人がだれもいないことである。

すでに述べたように、訪問者たちとドブーの女たちとのあいだには、いかなる種類の性的関係も行なわれない。私に資料を与えてくれた一人は、こう言った。

「われわれはドブーの女たちと寝ない。なぜならば、ドブーは終点の山〔コヤヴィグナ・ドブー〕である。それはムワシラの呪術の禁制である」

しかし、この禁制を破ると、その結果はクラの成否だけに影響するのかどうか私がたずねたとき、得られた答えは、彼らはそれを破ることを恐れていること、またドブーの女に手を出してはならないとは、むかしから定められていた〔トクナボグウォ・アイグリ〕、ということだった。実際のところ、シナケタの人々は、ドブーの人々にひどく恐れをいだいていて、彼らを絶対に怒らせないように気を使っているのである。

ドブー島に三、四日滞在したのち、シナケタの船団は帰りの旅路につく。別れの儀礼はとくには行なわれない。朝早く、彼らはタロイ〔別れの贈物〕を受けとる。それは、食料、ビンロウジ、実用品で、ときにはクラの宝もタロイのなかにつつみこまれることがある。彼らの積み荷は重いけれども、彼らはカイルパという呪術によって船足を軽くし、ふたたび北に向かって航海していくのである。

注

〔1〕これは、現地住民の使うポカラという語の第三の語義であることを注記しておこう。

（1）Kohinoor. 一八四九年以来、イギリス王室御物として有名な百九カラットのインド産のダイヤモンドのこと。

（2）Orlov. ロシアのオルロフ伯（一七三七～一八〇八）が購入して、のちロシア皇帝の王笏（おうしゃく）に取りつけられた百九十四カラットあまりのダイヤモンドのこと。

第十一章　呪術とクラ

1

クラのさまざまな慣習と慣行を扱いながら、私はいたるところで呪術の儀式と呪文の分析の記述にたちいらねばならなかった。これは、なによりもまず必要なことだった。要するに現地のクラ観においては、呪術の占める位置が最高に大きいのである。さらにあらゆる呪術の呪文形式は、住民たちの信仰の本質をあきらかにし、その典型的な考え方を徹底的にまた有効に解明してくれるので、住民の心の内面を理解するには、それを調べてみるのが最良の道なのである。最後に、部族生活に圧倒的な影響を及ぼし、住民の心理状態の構成にまで深く浸透している呪術施行の詳細を知るのは、直接、民族誌のうえからいっても興味ぶかいことである。

さてここで、われわれの呪術に関する知識をしめくくり、ばらばらになったすべての資料を一点に集中させて、一つの一貫した像をつくることが必要である。これまでは、散発的に多くの事実をしるし、いろいろな具体的事実をくわしく述べてきたわけなのだが、呪術が住民たちにとってどのような意味をもつか、彼らが呪術の力の働きをどのようなふうに想像するか、また彼らが呪術の力の性質に関する考え方を率直に述べるときにはどのようなふうにいうか、間接的な表現で述べるときにはどのようなふうにいうか、などということに関しては、一般論はいっさいひかえてきた。しかし、これまでの章で述べたすべての材料を集め、それに住民たちの注釈や、民族誌学的な注釈を加えてみると、キリウィナ人の呪術理論に関して、総合的な見方をすることができるだろう。

これまでに集めたすべての資料は、クラにおける呪術の非常な重要性をあきらかにしている。しかし、住民たちの部族生活の他のどの面をとりあげてみても、根本的な重要性をもつ問題に取り組むときには、彼らはかならず、呪術に助けを借りているのである。彼らの考えにしたがえば、呪術が人間の運命を統率する、といっても誇張ではないだろうし、呪術は人に自然力を支配する力を与えるものであり、四方から人間に襲いかかってくる多くの危険にたいする武器と甲冑《かっちゅう》なのだ、といってもいいすぎではないだろう。

それゆえ、人間にとってもっとも肝要な問題、すなわち健康と身体の安全の問題において、人間は呪術の力や、黒呪術によって支配される悪霊《あくりよう》やその他にもてあそばれているにすぎない。ほとんどあらゆる形態の死は、これらの力の働きによるものである。肉体的な過労とか、ちょっとした風邪《かぜ》のように簡単に説明できる故障を除いたあらゆる種類の急病や慢性病も、呪術のせいだとされる。

伝染病をもたらすタウヴァウ、ずきずきする痛みやちょっとした病を起こすトクワイは、人間以外のものが、人間の運命になんらかの直接の影響を与える唯一の例である。そして、このかぎられた悪魔の殿堂に加わる悪霊ですら、人間たちのあいだに降り立って、その内在する力を発揮することは、ほんのときたまのことである。これよりも、住民たちがもっとずっと恐れ、いつもこのうえなく心配するのは、ブワガウである。これは完全に人間の呪術師であって、ひたすら呪術によって力を発揮する者である。

呪術の力量と、その仕事のひんぱんさの点で、ブワガウにつぐのは、ムルクワウシすなわち空飛ぶ魔女たちである。彼女たちは、呪術の信仰の根底には、かならずすぐれた力にたいする全面的な信仰があることのよい例である。

呪術は、人間生活を破壊したり、その他破壊力をもつ者に命令をくだしたりする力を、右のような妖術師《ようじゅつし》たちに与える。呪術はまた、人間に自己防御の力と手段を与え、もし適切にそれを用いれば、ムルクワウシのあらゆる悪辣《あくらつ》な企てをくじく力と手段を与えてくれる。

右の二つの実力者をくらべてみると、日常生活では呪術師のほうがはるかに恐れられ、そして、もっともひんぱんに力を発揮すると考えられているといえる。これにたいしてムルクワウシは、ある劇的な瞬間に登場してくる。たとえば、死が迫ったとき、陸上の災厄時、とりわけ海上の災難などにさいして。そして、そういうとき、ムルクワウシは、ブワガウよりもさらに致命的な武器をたずさえて登場してくる。

人間の常態である健康が、いったん失われたとき呪術によって、そして呪術によってのみ回復される。自然の回復などというものは存在せず、健康回復は、つねに呪術の反撃によってわるい呪《のろ》いを除去したおかげとされるのである。

人生の危機的瞬間において、人は危険を恐れ、強い感情や情緒《じょうちょ》をいだくものであるが、そのようなときに呪術が用いられる。子どもの誕生は、かならず呪術によって先導されるが、これは子どもによき将来を与えるため、また危険と悪霊の力を無力化するために行なわれる。

思春期にさいしては、なんら儀式や呪術は行なわれない。なぜというに、これらの民族にあっては、思春期は個人の生活において、なんら決定的な重大局面を意味しない。彼らの性生活は、思春期が訪れるずっとまえからはじまり、体が成熟するにつれて発展していくからである。

しかしながら、愛というはげしい感情は、多くの儀式や呪文で表現されるたいそうこみいった呪術によって処理される。これらの儀式、呪文は、非常に重要視され、性生活の成否は、それにかかると考えられている。道ならぬ恋——とは氏族内の恋のことであり、ついでにいっておくと、住民たちは、これを最大級の性道徳違反と考える(1)——も、特殊な型の呪術で防ぐことができる。

大きな社会的関心、たとえば畑作りにおける野心、クラで成功したいという野心、踊りのとき自分の魅力を発揮したい虚栄的な気持——これらすべては、呪術の形で表現される。踊る者にたいして儀式をともなない施されるある形式の美の呪術がある。羨望《せんぼう》をいだく妖術師の呪いの呪術を妨げるため、踊りのとき行なわれる一種の安全用の呪術がある。また、特殊な畑作りの呪術があって、自分の耕す作物や種にたいして行なわれたり、その他、競争相手の耕地にたいしてなされる呪いの呪術などもあるが、これらは畑作りにおける私的な野心の現われである。これと対照的な村全体の利益は、共同体全体の畑作り用の呪術によって維持される。

雨とか日照りのような、人間にとって大きな重要性をもつ自然の力は、適度に交互して働かせれば、作物の実りをよくする。また、風は、航海したり漁をしたりするためには調節しなければならない。これらの自然力も呪術の力で統御される。雨や日照りの呪術は、よい目的にもよこしまな目的にも使うことができる。そして、トロブリアンド諸島では、この呪術に特別の関心がもたれている。というのは、この呪術のもっとも強力な組織は、キリウィナの最高首長の手に握られているからである。

オマラカナの首長たちは、(呪術の力で) 日照りを長くつづけさせることによって、自分の支配下にある人々に不愉快な気持をいだいていることを示すことができた。彼らは、もっとほかのやり方で、個人や社会全体に意志をおしつけることもできるが、それとは別に、このようなやり方でも、自分たちの大きな力を高めることができるのである。

トロブリアンド諸島では、主として畑作りと漁撈《ぎょろう》が、基本的な食料供給のための活動だが、それらも呪術に支配されている。そのような仕事の成否は、もちろん大部分、運や偶然に左右されるのだが、住民たちは、そのため、超自然的な力に助けを求めることを必要とする。カヌー建造や、カロマ貝の採取について述べたとき、経済の呪術の例を示したが、ある村の社会全体が、共同して行なう畑作りの呪術や、漁撈の呪術には、カヌーの呪術に顕著な特徴が、むしろカヌー建造のときより高度に現われでている。つまり、儀式や呪文は、経済的な努力と並行して行なわれ、それになんの影響も及ぼすことのない、単なる付属品ではないのである。むしろ反対に、呪術にたいする信仰こそ、トロブリアンド諸島における経済的努力の組織化と体系化を可能にする、だいじな、心理的な力の一つなのである。

憎しみ、羨望、嫉妬《しっと》などの強い感情は、ブワガウとムルクワウシの非常に強力な妖術の形をとって表わされる。また、ブルブワラタという一般名で知られている呪術の多くの形態も、それらに根ざしている。この呪術の伝統的な形態は、妻または恋人の愛情を疎遠にさせたり、豚が家に近寄らないようにさせることを目的とするものである。豚は藪《やぶ》に追いやられて、主人をきらい、家畜としての習慣をいやがるようにさせられる。妻を疎遠にさせるために使われる呪文は、これとはすこしちがうが、妻に家庭生活をきらい、夫を捨て、自分の両親のところにもどるようにさせることができる。畑、カヌー、クラ、カロマ〔ウミギクの貝〕、要するにあらゆるものにたいしてブルブワラタがある。そして、ブルブワラタの効果を消すために使われる呪い消しの呪術も、かなりある。

呪術のリストは、以上につきるものではない。たとえば、他人から加えられる恐れのある危害から財産を守るために行なわれる、予防の呪術がある。戦争の呪術もある。ココヤシやビンロウジを育ててたくさん数をふやすための禁忌《タブー》に関連した呪術がある。雷を避けるための、また、稲妻に打たれた人たちを蘇生《そせい》させるための呪術もある。歯痛の呪術、食料を長もちさせるための呪術などもある。

以上の説明から、呪術が広く行きわたっていること、それがきわめて重要なことなどがわかる。また、次のようなばあいに、かならず呪術がもっとも強力に働くことがわかる――決定的に重要な問題が起こったとき。はげしい感情、情緒《じょうちょ》が呼びさまされたとき。神秘的な力が人間の努力に拮抗《きっこう》するとき。自分のもっとも細心の計算をもすりぬけ、もっとも慎重な準備と努力もないがしろにするなにかがあることを、人間がどうしても認めざるをえないとき。

2

さて、ここで、住民たちのもつ、呪術の本質的概念とはどんなものか、短いことばでまとめてみよう。われわれとは非常に異なる人間たちのあいだにみられる信仰を説明することばには、むずかしさと落とし穴がいっぱい待ちかまえている。そして、おそらく、信仰の根底そのもの――つまり、一連の慣行と多くの伝統の底にあるもっとも一般的な考え方をつきとめようとするとき、その説明は、もっとも理解しにくくなる。トロブリアンド諸島におけるような発展段階にある住民の社会を取り扱うときには、その社会自体の成員である、ある一人の深遠な思想家から、正確で抽象的ではっきりしたことばを聞こうなどということは期待できない。

現地の住民たちは、いくつかの基本的な前提条件をもうけて、頭からそれを信じこみ、かりに信仰していることがらを検討したり、せんさくしたりすることがあっても、それはかならず細部や、具体的な応用の問題に関してだけである。民族誌学者が、聞きとりの相手を誘導して、そのような一般的なことばをまとめあげさせようとしても、もっともわるい型の誘導尋問におちいらざるをえないだろう。というのは、そのような誘導尋問を行なうとき、民族誌学者は、現地の住民にとってまるでわからないことばや概念を使わざるをえないだろうから。

聞く相手の人々に、たとえ質問の意味がわかったばあいでも、こちらの観念が相手の考え方のなかに流れこんでいるから、住民たちの見解も歪曲《わいきょく》されているだろう。このように、民族誌学者は、自分で一般的結論を出さねばならず、また、現地住民の直接の助けなしに、抽象的な説明を構成しなければならない。

私が直接の助けなしにというのは、われわれが概括的に結論を導きだすためには、住民たちから聞いた間接の資料に全面的にたよらねばならないからである。資料を集め、そのまとめ方を吟味し、聞きとった話を翻訳する過程で、こまごまとした問題について、かなり多くの意見を住民たちから引きだせるだろう。そのようにむりなく引きだされた意見が、もし正しく構成された資料のモザイクのなかに組みいれられるならば、ほとんどそれだけで、ことのありのままの姿はあきらかになってくるだろうし、住民たちの信仰の全体像がつかめるだろう。そうすれば、われわれの仕事は、そのような具体像を要約して、抽象的な定式をつくりあげるだけですむだろう。

しかしながら、民族誌学者は、自分の結論を引きだすうえに、さらによい証拠の源をもっている。信仰は伝説、神話、呪文《じゅもん》、儀式などの具体的な形をとって現われるわけだが、このように客体化された文化の要素は、もっとも重要な知識の源なのである。これらのものをみれば、住民たちが呪術と緊密にかかわりあうとき接するのと同じ信仰の実体と、われわれは接することができる。そして、住民たちのことばのなかに表明されただけでなく、彼らの想像と実際体験の両方の生活のなかにみちあふれた実体そのものにふれあうことができる。

呪文の内容の分析や、その唱え方や、付随した儀式の行ない方などの研究、人々の行動およびその行動を行なう者と見る者の研究、呪術の専門家の社会的地位と機能についての知識——これらいっさいが、住民たちの呪術に関する観念のあらわな構造ばかりでなく、それに関連した感情や情緒、社会的な力としての呪術の性質などをあきらかにしてくれるのである。

以上のような客観的資料を検討してみると、民族誌学者は、住民たちの態度の内側までつきいって、呪術の一般理論をまとめあげることができるようになり、得られた結論を、そのあとで直接住民たちに問いただしてみて、ためすことができるのである。なぜなら、彼は、もう現地住民の用語を使い、彼らの考え方にそって思考の糸をたどれる立場にあるし、質問をするさいにも、聞きとりの相手に話の先手をとらせることができ、まえのように誘導尋問をして、相手や自分を誤らせることがないだろうから。とくに、住民たちから、実際の出来事についての意見を聞くときに、抽象的な一般化にはしる必要がなくなり、相手のことばを、具体的な概念にあてはめ、住民たちの考え方にそって翻訳できるだろう。

未開人の考え方と慣習は、非常にさまざまな様相を呈する。民族誌学者がそれを右に述べたようにまとめあげ、結論を得るためには、当人自身にすらぜんぜん意識されずに現われる人間性の現象をあきらかにするのだから、創造的な能力が必要である。非常に適用範囲の広い客観的法則が、人の心を調べることによって、かくされた状態から明るみに出されるようなばあいをみればわかるが、自然科学の総括的な原理を構成する仕事には、創造的な能力が必要とされるものである。民族誌学者の仕事にも、それと同じように創造的な能力が必要とされる。しかしながら、自然科学の原理が経験的に得られると同じ意味において、民族誌的社会学の究極の総括も経験的に得られる。なぜなら、それらは、調査者によってはじめてはっきりと説明されたものではあるが、にもかかわらず、客観的に示された人間の思考、感情、行動の生《なま》の姿だからである。

3

まず、住民たちが自分たちの呪術はどうやってはじまったと考えているか、という問題から考えていこう。

次のように、具体的に構成された質問を発するとする。「どこで君たちの呪術はつくられたか」「どのようにしてそれがつくりあげられたと君たちは思うか」。——彼らは、うまく答えられないだろう。ひねくれた、なまはんかの答えすらも得られないだろう。だが、このような質問、というよりはむしろ一般論的な質問にたいしても、答えは得られないわけではない。

いろいろな形態の呪術にまつわる神話を一つ一つ検討していってみると、そのそれぞれに、どのようにして呪術が人間に知られるようになったかについての見解が、はっきりと述べられていたり、暗示されていたりしているものである。それらの見解を記録し、比較し、総括的な結論に達してはじめて、なぜわれわれがある一定の予想のもとになされる質問を人々に向かって発してみても答えられないか、という理由が容易にわかる。というのは、あらゆる伝統、制度に深く根ざしている住民たちの信仰によれば、呪術は、けっしてつくられたり、でっちあげられたりするものとは考えられていないのである。呪術は、つねに存在したものとして伝えられてきた。それは、人間に非常に重要な影響を与えるすべてのものに内在する要素と考えられている。呪術師が、物や事件にたいして自分の力を及ぼすさいに使うことばは、その力と共存すると考えられる。呪術の呪文と、呪文が言い表わしている主題は、いっしょに生まれたものなのである。

あるばあいには、伝説上、それら二つのものが、文字どおり同一の女性から生まれたことにされている。そこで、たとえば雨は、カサナイの女性の手でもたらされ、呪術がそれにともなってきたので、それ以来、その女性の亜氏族のなかで伝承されてきたのである。また、文化的な英雄であるトゥダヴァダの神話上の母は、もろもろの動植物とともに、カラらといる。

う魚をも生んだ。この魚の呪術も、この女から出たとされている。カイガウの呪術——溺《おぼ》れ
る舟乗りを、妖術師《ようじゅつし》やその他の危険から守る呪術——の起こりに関する短い神話のなかで
も、トクルブウェイドガの犬を生んだ母が、呪術もその犬に伝えたということになってい
しかし、右のすべての例において、それらの女性が呪文をつくったりこしらえたりした、
とは神話はいっていない。それどころか、女性たちは、その母系の祖先から呪術を学んだの
だ、と何人かの住民ははっきり述べている。いちばんあとにあげた例では、その女性が、伝
承によって呪術を学んだ、と神話は述べているのである。

右以外の神話はもっと素朴《そぼく》であり、どのような環境で呪術が生まれたかについて述べると
ころは少ないにしても、呪術が初源的なものであり、本当のところ、文字どおりの意味で自
己発生的である、ということを、右の諸例に劣らずはっきりと示している。だから、グマシ
ラにおけるクラの呪術は、セラワヤの岩から生まれでたことになっているし、カヌーの呪術
は、地面の穴のなかから出てきた人間といっしょにもたらされたことになっている。畑作り
の呪術は、その土地にむかしからある穴から出てきた最初の祖先の手で、地下から持ってこ
られたものといつも考えられている。一つの村だけでみられる魚の呪術、風の呪術などの、
一地区だけに行なわれるいくつかの小規模な形の呪術も、地下から持ってこられたものと想
像されている。

あらゆる形態の妖術は、人間ならざる存在から人々に手渡され、人間はそれを伝えるけれ

ど、つくりはしなかった。ブワガウの魔術は、カニからある神話上の人間に伝えられ、その人のダラ〔亜氏族〕のなかで呪術が行なわれ、そこから全諸島にひろめられたのである。トクワイ〔木の妖精〕は人間に、ある形の呪《のろ》いの呪術を教えた。

キリウィナには、空飛ぶ魔女の呪術の起こりについての神話はない。しかし、他の地域では、タウクリポカポカという、神話上の悪意ある人物から、その呪術が教えられたことを示すような基本的資料を私は集めた。それによれば、人々は、いまでもその人物とある種の関係を維持し、ゲーテの『ファウスト』のヴァルプルギスの夜を強く思わせるような、夜の集《つど》いと性の狂乱でその関係は絶頂に達するのである。

愛情の呪術、雷鳴と稲妻の呪術も、れっきとした一定の事件によって説明される。しかし、そのいずれにおいても、呪文の形式がつくりあげられたと想像されるようなものはない。事実、これらすべての呪文には、一種の先決問題要求の虚偽《ペティティオ・プリンキピー》が含まれている。つまり、一方では、呪術の由来や事情について説明するところがありながら、他方、あらゆるばあいに、呪術は、既成の形で与えられているのである。しかし、この虚偽は、じつはわれわれがまちがった態度で右のような物語に接するために生まれてくるものにすぎない。なぜなら、住民たちの考え方からすれば、それらの物語は、呪術発生の事情ではなしに、ボヨワの地方集団ないしは亜氏族のどれかの圏内に呪術がもたらされた事情をものがたるものだからである。

そこで、以上すべての資料を総括すれば、呪術はけっして人の手でつくられるものではない、ということができよう。神話上の事件が起こったむかしに、呪術は地下からやってきた。ないしは、ある人間ならざる存在から人間に与えられた。あるいは、呪術によって支配される現象をもたらした女性の始祖から子孫に伝えられた。また、いまの住民たちが個人的に知っている現在または近い過去の世代の実際の出来事のばあいをみてみると、呪術はある人から他の人に与えられるのであり、またそれは父から子に与えられるか、あるいは母方の親戚《しんせき》によって与えられるのが普通である。

しかし、本質的なのは、呪術が人の手でつくったり発明したりすることが不可能で、人の手で変えたり訂正したりするのに全面的に抵抗するという事実である。呪術は、事物がはじまってこのかたずっと存在した。それはものを創造するが、それ自体はけっして創造されない。それはものを変更するが、それ自体はけっして変更できるものではない。

さて、次のことがもう明言できる。われわれがまえに述べたような、呪術の起源に関する質問を調査対象の住民に発すれば、かならず質問それ自体が証拠を歪曲《わいきょく》させる。さりとて、もっと一般的で、まったく抽象的で無色な質問では、住民にはその意味が通じない。彼らが育った世界では、一定の変化、活動がおのおの呪術をともない、呪術はそれらの属性の一つといっていいくらいなのである。人々は、呪術の内容を、伝統によって教育されて知っている。どうやって人々が呪術を得たかは、多くの神話の物語のなかで述べられている。そして、そこには、現地住民の視点が正しく述べられている。

ひとたび帰納的にこのような結論に達すれば、われわれはもちろん、その問題に関して直接の質問を発し、または誘導尋問を行なって、その結論をためすことができる。「どこで人間は呪術を見つけたか」という質問にたいして、私は次の答えを得た。

「すべての呪術は、地下の世界でむかし発見された。われわれは、決して夢のなかで呪文を見つけない。もしそういったら、うそになるだろう。精霊はけっしてわれわれに呪文を与えない。歌や踊りを与えてくれるのはたしかだが、呪術はくれない」

このことばは、彼らの信念を非常に明確な、直接的な形で表現するもので、私のたしかめたところによると、質問を受けた者の非常に多くが、変更や補足を加えながらも同じことばをくりかえしている。彼らはみな、呪術が伝統に根ざしていること、それが伝統を形づくる要素のなかでも、もっとも変わりがたく、価値あること、トクワイやタウヴァウのような、人間ならざる存在や精霊と、いま人間が交渉しても、人間は呪術についていささかも知ることができないことなどを、一様に強調している。前世代から受けとったという特性は、非常にはっきりしているので、この連続に切れ目など考えられないし、実際の人間の手でなにかそれに付加したものがあったとしたら、呪術はまがいものになってしまうだろう。

同時に、呪術は、本質的に人間的なものとして考えられている。それは、なんらかの方法により人間の手でつかまえられ、その用に供される自然力ではない。それは、本質的に、人間の内面の力の自然にたいする自己主張である。と、こういっても、私はもちろん住民たちの信仰を、抽象的なことばに焼きなおして言っているので、彼らはそうした表現はとらないだろう。にもかかわらず、そのような信仰は、彼らの民俗のすべての相や、呪術の実行、思考の様式のいっさいに具現されている。

あらゆる伝承において、呪術はかならず人間または人の形をした存在に所有され、人の力で地下から持ってこられたものになっている。それは、はじめ人間の関知せざるものであって、しかるのちに人間が理解するようになったものとは考えられていない。さきに検討したように、むしろ逆に、呪術によって支配されるもの自体――たとえば、雨とかカラの魚などのほうが、人の力によって引きだされてくるのである。人間の形をしたカニが生みだす病についても同じことがいえる。

このように、呪術が人間中心的なものであるという考え方は、呪術と一定の亜氏族との社会学的な意味でのつながりのうちに、強く表わされている。実際、多くのばあい、呪術は、自然力それだけではなく、人間の活動や、人間活動にたいする自然の反応にかかわるところが大きい。したがって、畑仕事、漁撈《ぎょろう》においては、人間に世話を受けたり、追跡されたりする動植物の行為とかかわる。カヌーの呪術、彫刻者の呪術にあっては、人間のつくった事物が呪術の対象である。クラや、愛情の呪術や、いろいろな形態の食料の呪術においては、呪術の力の向けられるのは、人間の心にたいしてである。病は、外からきて人間にとりつく異質の力としては考えられず、じかに人間や妖術師のつくりだしたものなのである。

それゆえ、われわれには、右に述べた定義を拡張して、呪術とは、伝統的に伝えられた人間の力であり、人間自身がつくりだしたものや人間によって生みだされたもの、ないしは人間の活動にたいする自然の反応などにたいして働きかけるものだ、ということができよう。

すでにふれたが、この問題にはもう一つの重要な側面――呪術の神話にたいする関係の問題がある。神話は、超自然的というよりは、超常態的な領域で働き、呪術は、それと現在の現実とのあいだの橋渡しをするものである。ところが、この事実は、ここで新たな重要さをもつようになる。呪術は、人間にとって、父祖の時代との伝統的なつながりの本質をなすもののように思われるのである。

本章で強調したように、呪術とは、けっして人間が新たにこしらえあげたものとは考えられないばかりでなく、その性質上、神話の事件の状況をつくりなす超自然的な力と同一のものである。この力のいくらかは、現代にまで伝えられる途中で失われてしまっているかもしれない――神話の物語は、その間の事情を告げている。しかしながら、付加されたものは絶対になにもないのである。呪術に関しては、現在あるものは、古いむかしの神話の時代にすべて存在したのである。

この点において、現地住民は、現在と過去との関係に関し、きわめて退行的な見方をする。この点では、彼らは、黄金時代やエデンの園のたぐいにあたるものをもっているといえる。そこで、われわれは、呪術の起源を求めて問題に接近するにせよ、現在と神話的な過去との関係を研究して問題に接近するにせよ、同じ真理を認めざるをえなくなるわけである。すなわち呪術とは、けっして人間その他のものの手でつくりあげられたものではなく、また干渉できるものでもないということを。

もちろん、これは、住民たちの信仰においてそうであるというのであって、実際には呪術はつねに変化せざるをえないことは、ことさらに明言するまでもない。人間の記憶力では、受けとったものを、一字一句たがえずに伝えられはしない。そして、呪文の文句は、他のあらゆる伝統的な伝承と同じく、実際には、一つの世代から次の世代に伝えられるとき、たえずつくりなおされるし、同一人物の心のなかでもそのようなことが起こるのである。

実際のところ、私がトロブリアンド諸島で集めた資料からですら、ある呪文形式が他のものより古く、呪文のある部分、または呪文によってはその全部すらもが最近つくられたものであることが、たしかに認められる。ここでは、この興味ぶかい問題を指摘することしかできない。これを完全に追求するためには、かなりの言語分析と、他の形式の「高等批評[2]」が必要なのである。

以上のように考察を進めてくると、本質的な問題に迫ってくる。すなわち、現地住民にとって、呪術とは実際にどんな意味をもっているものか、という問題に。

いままでの議論でわかったのは、呪術とは、人間に重大な影響を与えるものごとにたいして働きかける、人間の内在的な力であり、その力は、かならず伝統によって伝えられる、ということである[1]。

呪術の起こりについては、世界の起源についてと同様、住民たちはほとんど語らないし、関心もうすい。彼らの神話は、社会制度や、世界における人間の発生について述べている。

しかし、世界の存在は、自明の理として受けとられ、その点、呪術も同様である。彼らは、宇宙発生論についてと同様、呪術発生論についても、なにも疑問を起こさないのである。

4

これまで行なったことは、神話の検討、および、呪術の性質について神話から何を学べるか、ということだけにすぎなかった。この問題にもっと深い洞察《どうさつ》を加えるためには、呪術の実行についての具体的な資料を、もっと綿密に検討してみる必要がある。これまでの章においてすら、正確な推測をくだすに十分なほどの材料を集めておいた。そこでカヌーやクラや航海の呪術以外の形態について、思いつくままに言及するにとどめよう。

私はこれまで、あたかも「呪術」が一体をなしたものであるかのように、おおづかみに論じてきた。しかし、じつは、世界じゅうの呪術は、どんなに幼稚なものであろうと、発達したものであろうと、三つの本質的な側面をもっている。呪術が行なわれるとき、かならずあることばが発せられたり歌われたりし、ある行為が行なわれる。そして、かならず儀式をつかさどる者がいる。それゆえ、呪術の儀式の具体的な細部を分析するときには、呪文、儀式、儀式を行なう者の身分を区別して考えなければならない。

これら三つの因子は、トロブリアンド諸島の呪術においては、まったくはっきりと現われている。しかもそれらは、事実自体を検討してみても、住民たちのそれをみる見方を調べてみても、はっきり現われているのである。ここでいますぐいえることは、この社会において、これら三つの因子の重要性をひきくらべてみると、それはかならずしも同じではないことである。呪文は、きわだって重要な呪術の構成要素である。ことばの使い方のうえで、住民たちはヨパという特定の単語をもってはいるが、彼らはしばしば、呪文をさしてメグワ、すなわち呪術という単語を使う。

呪文とは、秘密にされ、秘儀的な専従者の仲間だけに知られた、呪術の部分である。呪術が、購買、贈与、伝承の形で伝えられるときに、新しく受けとる側に教える義務があるのは、呪文だけである。そしてすでに述べたように、それは何回にも分割して授けられ、一方、支払い方法も同じ形をとる。

人が呪術の知識について論じるとき、ないしはある人がいくらかでも呪術を知っているかどうかをせんさくするとき、かならず問題にされるのは呪文である。というのは、儀式は性質上は、つねにまったくあらゆる人の共有物だからである。本書であげられた例からですら、儀式がどんなに単純で、しばしば呪文がいかに凝《こ》っているかがわかるだろう。この問題に関して質問を発すると、人々はかならず、呪文が重要度の高い部分だと答える。「どこに呪術の本当の力があるのか」と聞けば、「呪文のなかに」という答えが得られるだろう。

呪術師の身分は、儀式と同じく、呪術の施行にとって欠くべからざるものだが、同時に、現地住民たちは、それが呪文にとっては副次的な意味しかもたないとみなしている。

右のことは、実際の事実の検討によってもっとあきらかにされねばならない。まず第一に、呪文と呪術の関係を調べてみよう。このためには、呪術の施行を、それにともなった儀式の複雑さにしたがって、いくつかの種類に分類してみるのが最善だろう。まずもっとも簡単な儀式からはじめよう。

随伴する儀式なしに、じかに唱えられる呪文――呪術を行なう者が、空間に直接呪文を唱えるだけの呪術の例は、一つか二つあった。たとえば、カロマ〔ウミギクの貝〕を採集する村の呪術師は、浜辺に歩いていって、海に向かって呪文を唱えてから初めて行動する。本当の難破のとき、カヌーから離れるまえに、トリワガは最後のカイガウを嵐《あらし》に向かって直接にあびせかける。また、彼は、溺死《できし》しかかった乗組員を、どこか友好的な人の住む海岸へ連れていってくれる不思議な魚を呼びよせるために、その声を波間に漂わせる。

また、クラの最後の呪文、すなわち三人の者によって唱えられ、陸地に近づくカヌーによる、「山をゆすぶる」呪術は、直接コヤ〔山〕に向かって発せられる。カロマを採るとき海をさらうのも、このようにして行なわれる。そして、畑仕事の呪術、風の呪術、その他本書では述べなかったほかの種類の呪術から、もっとたくさんの例を引くことができよう。

人々は、このやり方について、特定の表現をもっている。すなわち、彼らは、呪文が「オ・ワドラ・ワラ」つまり「口だけで」唱えられるというのである。しかしながら、そのように簡単な儀式をともなったこの様式の呪術は、比較的異例である。そのような例においては、儀式がまったくない、ということもできる。なぜなら、呪術師はなにごとも処理しないし、なにごとも行なわず、ただことばを発するだけだからである。

しかし、もっとちがった見方をすれば、呪術師が呼びかける自然現象または存在にたいして、かならず声を発しなければならないという意味においては、この行為全体は儀式である。たしかにこのばあい、他のすべてのばあいと同じように、呪文を唱える者が呪術をかけようとする物体にたいして、とにかく声をとどかせねばならないのである。さらにその物体の性質が、直接声をかけられるようなものであることは、右の諸例においてあきらかである。反面そのような物体は、たとえば、風とか、遠くの珊瑚礁《さんごしょう》に育つ貝とか、コヤ〔山〕などのように、それにたいしては、なにかものをあてがったり、行為を行なったりするのは、困難なものである。

簡単な注入の儀式をともなう呪文――本書で説明した多くの例は、この項目に該当する。ずっと初めの個所〔第四章2、3節〕で、呪術師が、斧《おの》の刃や、カヌーを引っぱる綱や、結びあわせる蔓《つる》、槙皮《まいはだ》、カヌーの塗料などにまじないをかけるさまを述べた。クラの儀式のなかでは、香《かお》りのよいハッカ、リラヴァ〔呪術の包み〕やゲボボ〔カヌーの中央部〕などにかける初めの呪術、サルブウォイナの浜辺でココヤシ、顔の塗料などにかけるすべての美の呪術、およびホラ貝の呪術などは、みなこれに属する。

これらの行事においては、物体が、声の十分とどく範囲内の適当な位置に置かれる。しばしば、物体は容器かおおいのなかに置かれ、声が閉ざされた空間にはいって、まじないをかけるべき物質に集中するように配慮される。だから、リラヴァにたいして歌の呪文が唱えられるとき、声はむしろのなかに吹きこまれ、しかるのちに注意ぶかくたたまれる。香りのよいハッカにまじないをかけるときには、焼いて、したがって堅くなったバナナの葉で作った袋の底に入れられてある。呪文がすむと、それは注意ぶかくたたまれ、糸で縛られる。

また、斧の刃はまず最初にバナナの葉ではんぶん巻きあげられ、まじないを唱える声は、刃と葉のあいだにはいっていく。唱えおわってから、葉はたたまれて、しっかりと刃にゆわえつけられる。ホラ貝の呪術では、まじないが吹きこまれた直後に、楽器の両側の穴が注意ぶかく栓《せん》をされる事実に、私は注意しておいた。物体がただちに用いられようとしているばあいには、これほど注意は払われないが、しかし例外なしにいつも呪文をかけられる物体のすぐ近くに口をもってくる〔写真33〕。可能なばあいにはいつでも、物体は、たとえばたたんだ葉とか、ときによっては合わせた二つのてのひらだけでもいいから、なにか囲まれた空間のなかに入れられる。

以上のことからあきらかなように、呪術を正しく行なうためには、声が直接に物質に伝えられなければならず、可能なばあいには、その物質は、封をされるか、回りから圧縮されていることがのぞましい。そして、しかるのちに、なにかを巻きつけて、閉じこめておかなければならないのである。したがって、この型の儀式では、主として、呪文を注意ぶかく物体に伝え、その回りにとどまらせるための行為がなされる。

右にしるされたほとんどすべてのばあいにおいて注意されることは、儀式中に傷つけられた物質は、呪術の究極の目的ではなく、目標になっている物体の一部を構成するにすぎないか、あるいは目標をつくりあげるために使われる道具にすぎない、ということである。したがって、ワユゴの蔓、カイバシ〔槙皮《まいはだ》〕、塗料、へさき板などはすべてカヌーの構成部分であり、それらに施される呪術は、それらになんらかの性質を賦与することを目的とせず、それらが構成するカヌーに、かろやかな速さを分かち与えるためになされるのである。

また、クラで呪文をかけられる草や、ココヤシの油で塗った色彩は、その呪術が究極的に目的とするところのもの、すなわち、呪術を行なう者個人の美しさと魅力の付属品でしかない。斧、つまりカロマの呪術における砕く石は、呪術が向けられた物体を手に入れるために使われる道具なのである。

目標とされた物体にたいして簡単な注入の儀式が直接行なわれる例は、わずかしかない。山、珊瑚礁、風などに呪術をかけようとするばあい、それらのものを、バナナの葉で作った大きな袋に入れるわけにはいかない。また、人間の心なども入れるわけにはいかない。そして、一般に、呪術の儀式の究極の目的であるものは、簡単に扱えるような小さなものではない。本書で記述された呪術においては、儀式で扱われ、人の手でまじないを圧縮して注ぎえた物質が、呪術の究極の目的であるばあいは、一例もないと思う。

戦争の呪術においては、呪文をかけて槍《やり》の穂先の切れをよくし、楯《たて》は槍がつきいらないようにされる〔写真34〕。個人的な畑仕事の呪術においては、植えられたヤム芋は呪文によって実りゆたかにされる。そして、他の型の呪術からも、これに類した例がいくつか引用できる。

転移の儀式をともなう呪文——斧の刃に呪文をかける儀式と、カヌーを打つために使われ

33　妊娠した女の着る着物に口を近づけて呪術をかけているところ

34　楯に呪術をかけるところ

る、あるかわいた草に呪文をかける儀式とをくらべてみると、後者においては、呪術がその究極的な目的物、すなわちカヌーとなんら内的なつながりをもたないものにたいして施されていることがわかる。それは、目的物の一部を構成するものでもなければ、目的物を製造するための道具として使われるものでもない。このようなばあいには、儀式を行なうために、ある特種な媒体が導入され、呪術的な力を吸収して、究極の目的物にそれを転移させるために用いられているのである。したがって、そのような媒体が使われる儀式を、転移の儀式と呼ぶことができる。

カヌーを打つ呪術で使うために、棒にまじないがかけられるばあい、カヌーを削るムラサキイ貝にまじないがかけられるばあい、カヌーの重さを減らすために水に投げこまれる一片のココヤシの殻《から》にまじないがかけられるばあい、カヌーの船足を速くするためのパンダナスの吹流しにまじないがかけられるばあい——これらの儀式には、すべて呪術的な役割のみを演ずるある物質が導入されている。したがって、この種の儀式は、ものを構成する部分とか、ものをつくるとき使われる道具とかにまじないをかけるといった単純なものではない。このばあいの儀式は、もっと独立的であり、もっとそれ自体の意味をもっている。

二束の草で交互にカヌーをたたくしぐさは、最初にカヌーから重さを取りさり、ついでそれに速さを与えるために行なわれるのだが、それは呪文に並行するにしても、それからは独立した意味をもっている。ココヤシの殻を投げこむばあいも同じである。パンダナスの吹流しのはためきは、住民たちがはっきりと述べているように、カヌーの速さと直接の関連をもっている。ビシラ〔パンダナス〕の吹流しが風にはためくように、カヌーとその帆は、すみやかに進んでふるえなければならないのである。敵意をよそおってドブー島人たちに吐さかけるショウガのばあいも、その物質の内にひそむ性質が、儀式の意味をあきらかにする。それは、薬局で興奮剤と呼ばれる物質なのだが。

ある儀式は、他のものよりも、ものをつくりだす力をはるかに強くもっていることが容易にわかる。すなわち、住民たちの考え方にしたがえば、（ある儀式で）行なわれる行為そのものが、他の行為よりも決定的な効果を生む。ショウガを吐く行為は、まさにそのようなものであり、霧をつくりだしてムルクワウシの目をつぶすために石灰《せっかい》をまく行為などは、さらにその性質が強い。そして、たとえばこの二つの行為は、パンダナスの吹流しをかけるばあいよりも、ある事態をつくりだす力が強いのである。

供物と祈りをともなう呪文――本書でいちばん最初にしるした儀式において、供物が前に置かれ、祈りが、木の精霊トクワイに捧《ささ》げられるのをみた。父祖の霊に供物が捧げられ、それが供物にのりうつることが祈願される多くの儀式がある。そのような儀式は、畑仕事の呪術〔写真35〕、漁撈《ぎょろう》の呪術、天気の呪術などにおいて行なわれる。しかしながら、ただちに言っておかねばならないのは、これらの呪術においては、礼拝《らいはい》は行なわれず、犠牲《いけにえ》としての供物はなされない。すなわち、ふつうにいわれるような礼拝や供犠《くぎ》は行なわれないのである。なぜならば、霊が呪術師の手先としてその命令を遂行するために働くとは考えられていないからである。

この問題は、またすぐあとで論ずるが（三九三ページ以下）、ここでは次のことを注意しておけば十分だろう。われわれのぶつかったそのような呪文の唯一の例——すなわちトクワイの祈り——においては、その人間を追いたてたことの代償として、ないしはその者に立ち去らせるように説得する手段として、付随的に供物がなされるにすぎない。おそらく、前者の目的のためだろう。というのは、トクワイは、祓《はら》い清められたあとには、なんら自由選択の余地をもたないからである。彼は呪術師の命令にしたがわねばならない。

以上の概観からあきらかなように、呪術の力や効能や、その効果的な原理は、呪文の内に存する。多くのばあい、呪文は、物体に直接吐きかけられれば、それでまったく十分であることがわかった。また、広く普及しているといってもよい型の儀式においては、呪文を述べるとき行なわれる行為は、呪文を物体に向け凝集させる働きしかもたない。そのようなばあいにおいて、儀式は、独立した意味と、自律的な機能をいっさい欠いている。あるばあいには、儀式において呪術の目的にのみ使われる物質が加えられる。概して、そのようなとき、物質は、それと並行した行為のおかげで、呪文の意味を強化する。

全体としていえるのは、呪術の主要な創造力は、呪文のなかにあるということである。すなわち、儀式は、呪文の意味を伝達し、物体に転移させることにより、またあるばあいには、転移のための媒介物の力により、あるいはそれが究極的に用いられるときのあり方により、呪文の意味を強調するものである。トロブリアンド諸島の呪術において、呪文なしに行なわれる儀式がないことは、ほとんど言をまたないだろう。

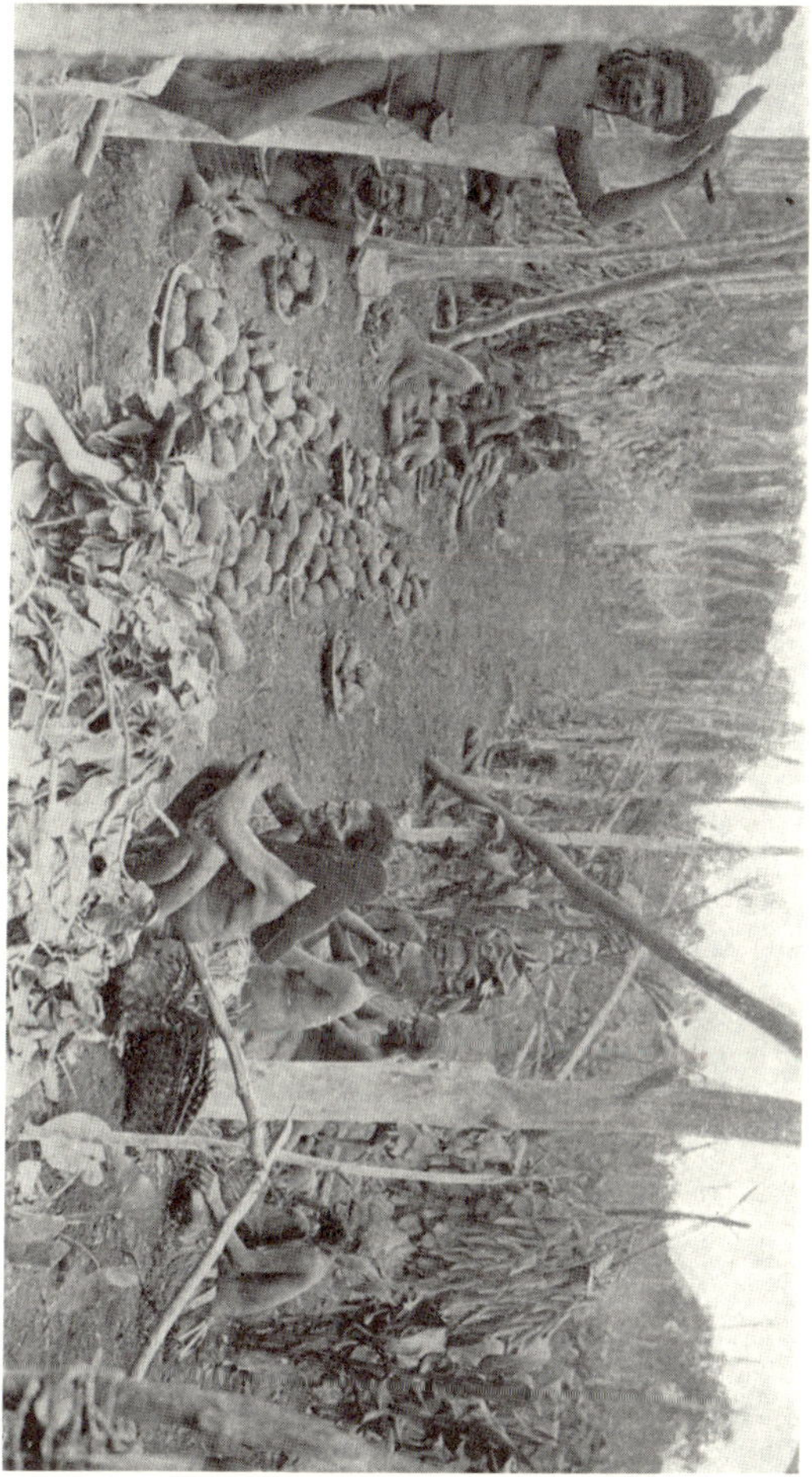

35　畑仕事の呪術

5

呪文の力が物体に伝達されるときのさまを検討してみると、呪文を唱える者の声が、その力を転移させることもあきらかである。実際、呪文を引用するとき、くりかえして指摘したように、そしてまたあとで論じなければならないと思うが、呪術のことばは、いわば、たえまなくくりかえして物質にこすりつけられるのである。このことをもっとよく理解するためには、われわれは、住民たちのもつ精神生理についての概念を、検討してみなくてはならない。

心、すなわちナノラは、英知、識別力、呪術の呪文を学ぶ能力、そしてあらゆる形態の非肉体的技能のみならず、道徳的な資質を表わすことばだが、これは喉頭部《こうとう》のどこかにこもるとされる。ナノラのありかを示すために、住民たちは、かならず、ナノラのやどる発声器官を指さしてみせるだろう。なにか器官に欠陥があって口をきくことができない男は、名前(トナゴワ)のうえでも扱いのうえでも、精神的な欠陥者と同一視される。

しかし、記憶力すなわち暗記した呪文と伝承のたくわえは、もっと深く腹のなかに蔵される。ある男がたくさんの呪文を覚えられるとき、その男はよいナノラをもつ、というふうにいわれる。一語一語順ぐりに覚えるとき、当然、喉頭部を通って呪文ははいっていくのだけれども、それをしまいこんでおくのは、もっと大きく広いいれものでなければならず、したがって、腹の底にまっすぐ沈みこむのである。

オマラカナの首長には、何代も戦争の呪術師たちが仕えたが、その最後の地位保持者であるカヌクブシから、私が戦いの呪術を採集していたときに、この解剖学的な真理を発見した。カヌクブシは、長いひげをはやし、広く高い額と、ずんぐりした鼻をもち、顎《あご》のない老人で、私が聞きとりした者のなかでも、いちばんおだやかでおとなしかった。そして、その正直な顔には、いつも困惑し、おびえたような表情を浮かべていた〔写真34〕。

私は、この老人が、その専門の狭い範囲内では、非常に信用できる、正確ですぐれた情報提供者だと思った。彼や、彼の前任者たちは、その専門技術を使って、オマラカナの人たちの「ナノラに怒りを燃えあがらせ」たり、敵が勝ちに乗じた戦士たちに追われ、殺されて、恐怖のとりことなって敗走するようにしむけたのであった。

私は、彼がわずかな資料を提供してくれたのにたいして、十分な報酬をやった。そして、最初の聞きとりをしたときの終わりに、なにかほかの呪術をみせられるか、と彼に聞いてみた。彼は、誇らしげに腹を数回たたいて答えた。「もっとたくさんここにあるよ！」と。私はすぐ別の聞きとりの相手に、この点を聞きただしてみたところが、だれでも呪術を腹のなかにしまっていることがわかった。

それからまた、呪術は層をなしている、というような考え方もある。つまり、ある形式の呪術は、最初に覚えねばならないが、それは、それが下に沈んで、ほかの呪術が上に浮かびあがってくるようにするためである。しかし、この考え方は、漠《ばく》としてつじつまの合わない点がたくさんある。しかし、呪術が腹のなかにおさまる、という大きな考え方は、はっきりとしている。

この事実は、住民たちの呪術にたいする考え方を、新しい角度からあきらかにしてくれる。呪術の定式のうちに結晶した呪術の力は、現世代の人々の体内におさめとどめられる。そこは、過去のもっとも貴重な遺産の貯蔵所である。呪術の力は、もののなかには存在しない。それは、人間の内に存在して、その音声によってのみ外に現われることが可能になるのである。

6

これまでは、呪文と儀式の関係ばかりを論じてきた。しかし、前節の最後に述べた点から、必然的に呪術を行なう者の状態が問題になってくる。

呪術を行なう者の腹は呪術的な力を納める聖堂である。そのような特権には危険と義務がともなう。言わずもがなのことだが、きわめて貴重なる持ちものが納められている場所に縁もゆかりもないものを無差別に詰めこむことはできない。それゆえに、食物の制限はどうしても必要である。多くのばあいそうした制限は、呪文の内容によって直接に決定される。たとえば、呪文で祈りのうちに現われる赤い魚が、その祈りをする者にとって禁制となるとか、カウバナイの呪文のなかで唱えられる犬のなき声が、その呪文を唱える者の食事中に聞こえてはならないといったような、いくつかの例はすでにあげた。

　これとは別に、呪術の対象になるものが、呪術を行なう者の食用に供されてはならないばあいもある。サメ釣《つ》り、カララ（魚名）釣り、その他の形の釣りの呪術では、それが通例である。畑仕事の呪術師も、ある一定の時期までは、新しい収穫物を食べてはならない。呪術の呪文のなかにあげられた事物が、呪術の目的であろうと、呪術を助ける因子であろうと、食用に供されてはならない理由は、あまりはっきり説明されていない。それを破ると、呪文がそこなわれるだろうという、漠然とした不安があるにすぎない。

　そのほかにも、呪術師を拘束《こうそく》する禁制があり、そのあるものは恒久的に、また、そのあるものは呪術が行なわれる期間中、一時的に守られる。すでにあげた例のうちで恒久的なものは、カイガウの呪術を知っている人のばあいで、彼は子どもたちがさわがしいあいだは、ものを食べることを許されない。

　クラの最初の儀式期間中の性的行為の禁止のような一時的禁制の例は、もっとほかの形の呪術からいくらでもあげられる。たとえば、雨を降らすためには、呪術師は体を黒く塗り、しばらくのあいだ、それを洗い落とさず、きたないままでいなければならない。サメの呪術師は、サメ釣りとその呪術がつづいているあいだは、自分の家を開けひろげ、腰の葉を取り除き、足をひろげてすわらねばならない。これは、サメの口をずっと開かせておくためである。しかし、これらの禁制や戒律をあまりたくさん並べたてるひまはない。

　要するに、はっきりいっておかねばならないのは、呪術師の正しいふるまいが、呪術のだいじな点の一つであり、多くのばあいこのふるまいは、呪術の内容によって規定されるのだということである。

（呪術師にとって）禁制と戒律を守ることが、ある形式の呪術を行なうために必要な唯一の条件ではない。多くのばあい、もっともたいせつな条件は、一定の社会集団に属しているということである。というのは、多くの形態の呪術は、厳密に特定地域のみにかぎられ、その呪術の神話上のもとの所有者の子孫の手で行なわれねばならないからである。たとえば、住民たちに利益をもたらす多くの型の呪術のうちで第一等に位する畑仕事の呪術のばあい、かならず、呪術を行なう者は、その地方の穴から出てきた最初の祖先と血がつながっていなければならない。この掟《おきて》に例外が認められるのは、地位の高い家族がやってきて、集団の頭《かしら》の地位を奪ったばあいにかぎるが、その例はまれである。

いくつかの地方における漁撈《ぎょろう》の呪術の体系においては、呪術師の職は世襲であり、土地と結びついている。カサナイに「生まれ」た、たいせつな雨と太陽の呪術は、もともとその地方の首長だった者から、そのたいせつな特権を奪いとったその地の首長だけが行なう資格をもつ。そして、継承は、もちろん母系による。ある男が、その息子《むすこ》にそのような呪術を与えることもできるが、息子は父が死んだらその特権を放棄せねばならず、自分の子にそれを伝えることは、けっして許されないだろう。ただし、その息子が、交叉《こうさ》いとこ婚(3)によって、ふたたびその土地の者となるばあいは別である。

呪術が、一つの氏族から他の氏族に売られたり贈与されたりする取引きにおいてすら、一定地域の集団は、特定の部門の呪術の専門家としての特権をたもちつづける。たとえば、黒呪術は、いたるところで行なわれ、もはや局地的なものではないけれども、もともとカニが天から落ちてきて呪術をもたらした、バウとブウォイタルの村の連中が、もっともそれに通暁していると考えられている。

以上の社会学的観察を要約すると、次のようにいえよう。呪術の地域的性格がいぜんとしてたもたれているところでは、呪術師は、神話上の祖先のダラ〔亜氏族、または地縁集団〕に属していなければならない。そのほかのすべてのばあいにおいても、呪術の地域的な性格は、たとえそれが呪術師の社会学的意味に影響していないばあいですら、なおも認められるのである。

呪術の伝統的な性格と、それを行なう者の呪術にたいする系譜関係は、呪文のもう一つのだいじな特徴に現われている。すでに述べたように、ある呪文においては、神話上の出来事が引き合いに出されたり、神話上の祖先の名が唱えられたりする。そしてそれよりさらにしばしば、神話上の呪術の創始者からはじまって、すぐまえの前任者、すなわち実際の行為によって呪術を伝えてくれた人に至るまでの、長い人名表ができているばあいもある。そのような表は、一種の呪術的な家系によって、現在の呪術師を、過去において同じ呪術を用いた人たちと結びつける。

そのほかの呪文においても、呪術師は、自分がある神話上の個人と同一人物であると考え、その個人の名を一人称で唱える。たとえば、ハッカをとるとき唱える呪文のなかに、

「私クウォイレグは、私の父とともに、ラバイのスルムウォヤを刈る」という文句がある。呪術師が、神話上の祖先の血統を実際に引く者であるとされたり、呪文のなかに呪術者の血統が表現されたりすることなどは、伝統がこのうえなく重要なものであることを示している。そして、このばあい、呪術師の社会的地位は、そのような血統関係によって規定されてくるのである。

　呪術師は、一定の社会集団のなかに位置づけられる。そして、その社会集団は、生まれにより、または「呪術の養子縁組」とでもいうべきものにより、その呪術を行なう権利をもっているのである。呪文を唱える行為そのもののなかに、呪術師は呪術者の名を列挙し、神話と神話的な事件を引き合いに出して、自分が過去を受けつぐ者であることを示している。社会的な規制――それがいまだに行なわれているところならどこでも――と呪術的な親子関係は、あらためて、呪術が伝統に依存することを証明している。

　他方、この二つのことから、禁制のばあいと同じように、呪術師に課せられた義務と、呪術師がみたさなくてはならない条件が、大部分、呪文によって決定されるものであることがあきらかである。

7

前節で論じた問題と密接な関係をもつのが、呪術の体系の問題、および「系統的」な呪術による儀式・呪文と、「独立的」な呪術による儀式・呪文とのあいだの区別の問題である。

本章の初めで述べたように、呪術を全体としてみると、それは当然いくつかに類別され、そのそれぞれが風・天候などの自然の部門、畑作り・漁撈《ぎょろう》・狩猟・戦争などの人間のある種の活動、芸術的願望・妖術《ようじゅつ》・個人的魅力・勇気などの、現実上の、ないしは想像上の力などに対応する。

しかしながら、そのように区分された呪術のあいだには、重要な区別がある。というのは、ある儀式および呪文は、それ自体独立していて、必要に応じていつでもそれだけで用いることができる。風の呪術のほとんどすべての呪文、個人の畑作りの呪文のあるもの、歯痛そのほかのちょっとした病を防ぐ呪文、ある種の狩猟や食料採集の呪文、いくつかの愛情呪術と彫刻の呪術の儀式などは、このたぐいである。

たとえば、ある者が、カヌーに乗って礁湖《しょうこ》を漕行《そうこう》している最中に逆風が吹きこんできたら、その者は呪文を唱えて、その風を弱め、変えるだろう。それと同じ呪文が、村で危険なくらいに強く吹く風が起こったばあいにも唱えられるだろう。このような呪文は、自由な個人の行為であり、必要なさいに唱えられてかまわないものだし、また実際に唱えられもする。

私が先に体系的な呪術と呼んだものに属す呪文は、いささかこれとはちがう。この呪術は、関連しあい、前後関係のある一団の呪文およびそれに付随した儀式をその内容とし、どれ一つをとっても、連鎖のなかからちぎりとって、それだけで唱えることはできない。それらは、ある定まった順序にしたがってひとつひとつ行なわれねばならず、ひとたびひとつながりとなった呪文が開始されれば、すくなくともそのもっとも重要なものは、絶対省略できない。そのような一連の呪術は、たとえば、カヌーの建造あるいは遠洋クラ航海、魚釣《さかなつ》りの遠征あるいは畑仕事の収穫などのような、なにかの活動とつねに密接に関係している。

われわれが、系統的な呪術の性質を理解することは、困難ではないだろう。というのは、本書で説明されたほとんどすべての儀式と呪文は、この種類のものだからである。概していって、トロブリアンド諸島においては、独立した関連物をもたない儀式と呪文は、数においても重要性においても、まったくとるにたりない。

カヌーの呪術にせよクラの呪術にせよ、カイガウの呪文にせよカロマ採りの呪術の儀式にせよ、とにかくまえに説明した系統的な呪術の形態の一つを考察してみよう。このさい、まず第一に注意されねばならない一般的事実は、呪術なしにはけっして行なわれない型の事業や活動がみられるということである。呪術の儀式が行なわれなければ、カヌーは建造されないし、ウヴァラクははじめられないし、カロマは採られないだろう。

この儀式の特徴ある主要部分は、細心の注意をもって守られるだろう。すなわち、もっともだいじな呪文のうちのいくつかは、どんなことがあってもかならず唱えられる。まえに述べたように、重要性の低い呪文はときどき省かれることはあるけれども。実際上の活動と、それにともなう呪術とのあいだの関連は、非常に緊密なものである。前者の諸段階と行為、および、後者の儀式と呪文は、一つ一つたがいに対応しあっている。

ある儀式は、ある活動を開始するために必要であり、またある儀式は、仕事が実行されおわったあとに行なう必要がある。またある儀式は、活動の一部に含みこまれている。しかし、住民たちにしてみれば、どの儀式や呪文をとってみても、実際の活動行為と同じように、仕事の成功にとって欠くべからざるものなのである。たとえば、トクワイを祓《はら》わねば、木はカヌーの材料として用をなさなくなってしまうだろう。斧《おの》、結びあわせるための蔓草《つるくさ》、槙皮《まいはだ》、塗料などにまじないをかけなければ、カヌーは船足が遅《おそ》く、手に負えなくなり、しかもそのような手続きを怠ると、生命の危険すら起こるだろう。

いままでの章に引用したいろいろなばあいを頭のなかで思いかえしてみると、仕事と呪術のあいだのこの密接な関係のゆえに、系統的な呪術には特別な性格がみられることが、すぐわかる。すなわち、仕事と呪術の連鎖的な進行が分かちがたいことであるが、それは、まさに、住民たちの考えによれば、仕事は呪術を必要とし、また呪術も仕事の欠くべからざる構成要素となってはじめて意味をもつからなのである。

仕事も呪術も同じ目的を志向する。すなわち、速く、安定したカヌーを建造すること、クラでよい結果を得ること、溺れ死なないように安全を確保することなどの目的である。したがって、系統的な呪術は、一つの仕事と結びついた一群の儀式と呪文から成るということができ、そしてまた、それらの儀式と呪文は、一つの目標に向かい、しかるべき場所において定められた一連の順序にしたがってとり行なわれるものである。この点——系統的な呪術なるものを正しく理解すること——は、理論的にいって非常に重要である。そのわけは、それが、呪術と人の実際の活動のあいだに結ばれる関係の性質をあきらかにし、その二つがいかに深くかかわりあっているかを示してくれるからである。

こうした問題は、表の助けを借りなければ、うまく説明したり理解したりすることは不可能である。以下にかかげた「クラ呪術とそれに対応した活動の表」（三八四ページより）として示されたのは、そのような表であって、そこには、これまでの数章の要旨がまとめられている。その表を見ると、最初のカヌー製作から、終わりの帰郷までのクラの一連の活動、および、それとつながる呪術などが一覧される。

また、系統的な呪術一般のきわだった特徴と、とくにムワシラ呪術とカヌーの呪術のきわだった特徴がそこに示されている。さらに、呪術、儀式の活動と実際の活動とのあいだの関係、両者が相関的につながりあい、段階を追って並行して展開していき、一つの中心的な目的――すなわちクラの成功に向かうさまが示されている。そこで、この表は、「系統的な呪術」という表現の意味をあきらかにするに役だち、また、クラの、呪術的、儀式的、実際的な本質の輪郭を、はっきりと描きだしてもいるものである。

系統的な呪術のそれぞれの区分のなかにも、さまざまの呪術の体系がある。そこで、儀式、呪文の型はすべての村を通じて同じでも、たとえばワユゴの呪術の実際の細部は同一でなく、個々の呪文暗唱者《あんしょうしゃ》がどのような系統の呪術を知っているかに応じて変わってくる。儀式の差は、あまり目だたないのが普通である。儀式は、トロブリアンド諸島の呪術においては、通例非常に単純であり、あらゆる系統の呪文において同一だが、文句はまったく異なっている。たとえば、ワユゴの呪術〔第四章3節〕において、儀式はほとんどちがいはないが、私の別に記録した一、二のワユゴの呪文は、本書であげた呪文とはすっかりちがっている。

すべて、呪術の体系は、程度の差こそあれ、発達した神話の系譜をもち、またそれと関連して、地方地方により特有の性格をもっている。これは前節でくわしく扱った。第四章に出てきたワユゴの呪文および本書に引用したすべてのカヌー建造の呪文は、カヌーの呪術のカイクダユリの体系に属する。この体系は、神話で、空飛ぶカヌーを作ったとされる人が知っていて暗唱したものであり、その子孫に伝えられ、しかもわれわれの知るかぎりでは、不完全な形で伝えられたもの、と信じられている。

前節で述べたように、この呪術や他の体系の呪術を知り、かつ用いる人たちは、がんらいその呪術が行なわれた氏族内だけに厳密にかぎられるものではない。その知識は、外にもひろがって、一種の呪術的な近親関係により、元来の呪術所有者と関係をもつ多くの人々に知られるようになったものである。

現地の住民たちの信ずるところによれば、これらの人々は、みな同一の呪文を知っている。が、実際には、年をへて、伝達がくりかえされるうちに、かなりのちがいが現われてきて、こんにちでは、「本当のクダユリ」の呪文と称せられるものの多くは、それぞれまったくちがったものになっている。

以上のように、呪術の体系とは、多くの呪術の呪文形式が、一つの一貫したつながりをな

クラ呪術とそれに対応した活動の表

1　カヌー建造の最初の段階〔第四章２節〕				
時期とおよその持続期間	場　所	活　動		呪　　術
開始：６～８月	ライブワグ	木の伐採〔建造者およびその助手が行なう〕	そのはじめに	木から精霊を追いはらうためのヴァブシ・トクワイ〔贈物と呪文〕を〔所有者か建造者が〕行なう
上の直後	同　上	カヌーの丸太を削り落とす〔建造者および助手が行なう〕。		呪術をともなわない
上の数日後	道　路	丸太を引く〔村人全部で行なう〕	その補助として	軽さを与える二つの儀式〔カイモムワウとカイガガビレ〕を行なう
村に到着した翌朝	村の広場	丸太をそこに置く	期限は	カヌー工事の開始の儀式の呪術行為〔カピトゥネナ・ドゥク〕の行なわれるまで
同じ日の夕刻	同　上	丸太の外面を工事する		呪術をともなわない
数日または数週間後	同　上	カヌーの内部を削りとる	そのはじめに	リゴグの呪文を，可動取っ手つきの斧カヴィラリにたいして唱える
以上の期間の終わり	建造者の家の前	建造者と助手がカヌーの他の部分を作る		呪術をともなわない
仕事の終了後				しめくくりの儀式カピトゥネラ・ナノラ・ワガ
この段階の呪術は，みなカヌーの呪術である。これは，新カヌー建造のときだけに行なわれ，古いカヌーの改装のときには行なわれない。呪文を唱えるのは建造者で，所有者ではない。ただし，第一の呪文は例外である。この段階の仕事は，主として一人の人――建造し彫刻する人――によって行なわれ，それに数名の助手がつく。ただし，丸太を引く仕事は多くの人の手で行なわれる				

2　カヌー建造の第二の段階〔第四章３節〕				
時	場　所	活　動		呪　術
仕事の第一日	礁湖の村の海に面した場所，または，東部の村のどれかの浜辺	へさき板の固定	そのはじめに	トリワガか，装飾のへさき板にカトゥリリヴァ・タブヨの儀式を行なう。ムワシラ〔クラ呪術〕に属す
		次の活動を	開始するために	ヴァカカヤの儀式が行なわれる。カヌーを呪術と儀式によって清める。これは，所有者か建造者が，すべてのわるい感染物を除き，船足を速くするために行なう
〔ときによると，カヌーの結び合わせは一日ですまず，次の期間にも継続される〕		カヌーを縛る	これにともなって	ワユゴ〔結びあわせる蔓〕の呪文の儀式が行なわれる。第二段階における呪術行為のうちでも，最も主要なもの。カヌーを速く，強くするために，建造者か所有者が行なう
第二の仕事：このあいだに，槙皮詰めとそれについで三つの厄ばらいが行なわれる	礁湖の村の海に面した場所，または，東部の村のどれかの浜辺	カヌーの槙皮詰め	これにともなって	カイバシ〔槙皮詰め〕の呪術。カヌーを安全にするために，呪文を建造者か所有者が唱える
				ヴァカスル〔厄払い〕 ヴァグリ〔厄払い〕 カイタペナ〔白い塗料〕
		カヌーの塗装	これにともなって	カイコウロ〔黒い塗料〕，マラカヴァ〔赤い塗料〕，プワカ〔白い塗料〕の呪術が行なわれる

3　カヌー進水の諸儀式〔第五章1節〕

活　動		呪　　術
進水と試験運転	そのはじめに	ムワシラ呪術の一環であるカイタルラ・ワドラ・ワガの儀式を行なう

このあとの期間に，カビギドヤ〔儀礼的訪問〕，予備交易その他の外洋遠征の準備がなされる

4　出発にさいしての呪術とその準備〔第六章〕

時：出帆の約三日ないし七日まえ

活　動		呪　　術
カヌーの出帆準備〔台の上にむしろを敷き船体に枠をはめる〕	そのはじめに	ココヤシの葉にヤワラプの儀式を行なう。これは，トリワガが，クラの成功を保証するために行なう
		香りのよいハッカにたいして，カイクナ・スルムウォヤの儀式を行なう カイムワロヨの儀式が，ココヤシの油のなかで煮たハッカにたいしてなされる。トリワガが行なう
交易品の荷づくり	これにともなって	トリワガの友人か義理の親戚が，四個のココヤシの実にたいして行なうゲボボ〔またはキプウォイ・シクワブ〕の儀式。これは，すべての食料を長もちさせるために行なう〔呪文はクラの成功の祈願だけを表わす〕

この呪術は，ムワシラに属し，最後の呪文を除いては，トリワガがこれを行なわねばならない

5　外洋航海に最終的に出発するとき行なわれるカヌーの呪術〔第七章3節〕

カヌーがピロル島で，長い航海に出発しようとするとき，この一連の儀式がはじめられる。これらの儀式は，進行する一連の行為と関連せしめられることなく，一つの目標に向かって行なわれる。つまり，カヌーが速く，安全たらんことを願って。トリワガがすべてこれを行なう

活動：一連の呪術儀礼によって開始される海外航海

時：遠征第二日目の朝 所：ムワの浜辺 呪術の目的：カヌーにスピードを与えること 儀式を行なう人：トリワガ	まじないをかけた葉でカヌーをこすってきれいにする儀式，カドゥミヤラ ビシラの呪術。まえもって歌の呪文をかけられたパンダナスの吹流しが，帆柱と引き綱に結ばれる カイクナ・ヴェヴァ。呪文を唱え、ロープをゆする ヴァブシ・モムワウ。古くなったヤム芋を使って，カヌーから「重さを追いだす」こと ビシボダ・パティレ。他のカヌーを遅らせて自分の速度を結果的に速めようとする呪いの呪術儀礼

6　最終目的地到着にさいして行なわれるムワシラ

(A) 美の呪術〔第九章1節〕

活動：洗身，塗油，塗色 場所：最終段階にはいるまえに船団が休む場所，またはその近くの浜辺〔ドブーの途中のサルブウォイナの浜辺。シナケタの途中のカイクヤワ〕 行なう人：呪文はふつうトリワガが唱え，ときには乗組員の年長者が唱える	カイカカヤ——まじないをかけた葉で洗身し，体をこする儀式 ルヤ〔ココヤシ〕の呪文——塗油に使われる，削ったココヤシにたいして シナタ〔櫛〕の呪文——櫛にたいして サイヤク——香りのよい黒い塗料 ボワ——普通の炭の黒塗料 ターロ——ビンロウジをつぶした赤い塗料

(B) 目的地接近の呪術〔第九章2節〕

活動：船団は，一団となり櫂でこぐ〔ドブー接近のとき〕かさおでこぐ〔シナケタ接近のとき〕 行なう人：すべてのカヌーで同時的に，トリワガと二人の乗組員が行なう 目的：「山をゆすぶり」，浜辺で待つ取引相手に影響を与えるため	タウヨ——まえもって呪文をかけてあるホラ貝を吹く儀式 カイクナ・タブヨ——呪文が唱えられる最中に，前面のへさき板をゆすぶる カヴァリクリク——トリワガによる呪文 カイタヴィレーナ・ムウォイナワガ——コヤに向かって船尾で唱えるまじない

(C) 安全の呪術〔第九章3節〕

活　動	呪　　術
ドブーの村にはいる〔この呪術は，ボヨワの人がコヤに来たときだけに行なわれる〕	ショウガにたいして唱えられるまじないのカウバナイ。そのショウガは，ドブーの村と取引相手にたいして，儀式として吐きかけられ，相手の心をやわらげる

(D) 説得の呪術〔第十章3節〕

活　動	呪　　術
訪問者が，海をへだてた取引相手にたいし，クラを誘う〔ワウォイラ〕	クウォイガパニ——ビンロウジの一片に唱えられる呪文。その一片は，そのあとで取引相手に与えられる

7　帰りの旅だちにさいして唱えられるカヌーの呪文〔第十章3節〕

活　動	呪　　術
取引相手から受けとった贈物，交易で得た品物，帰国の旅の食料などの船積み	カイルパ——カヌーを軽くし，水からそれを「持ちあげる」ための呪文

したものである。カヌーの呪術の主要な体系は、カイクダユリのそれであって、キタヴァ島の同名の土地と関連がある。この体系は、トクワイの追放から、最後の厄ばらいに至るまでの、カヌー建造の呪文の全系列を含んでいる。もう一つ別の包括的体系はカイカパヨウヨと呼ばれ、カイレウラ島だけに局限されている。

イルムテウロと呼ばれる重要な体系は、現在はシナケタ起源と称せられるが、たぶんドブーから来たものだろう。これらの体系のあるものについては、その神話に関した資料が、私にはわかっていない。また、その体系のうちのいくつかは、非常に素朴《そぼく》なもののように思われる。つまり、かくかくの体系が、かくかくの地ではじまり、がんらいはかくかくの氏族の所有物であった、といった程度のものであるようである。

ムワシラの体系のうち、南ボヨワでもっともよく知られたものは、モニキニキと呼ばれ、本書に引用した呪文の大部分は、これに属する。この体系は、元来の所有者であったとときどきいわれるトクシクナと、なんとなく関連づけられることがある。もっと別の伝によると、もともとの所有者の名は、モニキニキである。ドブー島のムワシラは、カサブワイブワイレタと呼ばれ、これもあの英雄のもたらしたものとされる。クラ呪術のモンロヴェタの体系は、ムユワ島から由来し、一方キリウィナ島では、モニキニキの系統がふつう唱えられる。そして、その地方のクウォイガパニという呪術に属する、ほんの少しの呪文がそれにさしこまれるにすぎない。

以上の説明に照らしてみれば、本書でたくさんあげた「呪術の体系」の問題はあきらかになるだろうから、ここでは、もうこれ以上つけ加える必要はない。

8

呪術は、超日常的な神話の世界と、ありきたりの、正常な現在の出来事とのあいだの裂け目を橋渡しする、ということはすでに述べた。しかし、そうなると、この橋は、必然的に超日常的なものにふれ、その領域への道を開かねばならなくなる。それならば、呪術は、超自然的な性格をかならずもたねばならないのだろうか。

たしかにそうである。呪術の効果は、つねに、確かめられ、また、つねに基本的な事実とみなされるけれども、他の人間の活動の結果とは、まったく別なあるものと考えられている。人々は、カヌーの速度と浮揚力は、それを作った人の知識と仕事によることは、ちゃんと知っている。だが、彼らは材料のよさや、作る人の腕のよさがだいじだということを十分わきまえている。だが、速度の呪術は、もっともよく作られたカヌーにたいしてさえ、なにか付加するところがあるのである。この、さらに加えられた性質こそ、神話のカヌーに空を飛ばしめる特性とほとんど同じものとみなされる。ただしこんにちのカヌーにあっては、その特性は、たんに他のカヌーを抜くだけの速度に落ちてしまっているのだが。

呪文のことばは、たえず神話に言及し、現在のカヌーが、神話のカヌーをまねするようにうながすたとえを引いて、右の信仰を表現している。人々は、クダユリの神話に、はっきりと注釈をつけて、次のように言いきっている。「十分にまじないをかけたカヌーの発揮する非常な速度は、むかしの（カヌーの）飛ぶ速度のなごりであり、写しである」

このように、呪術の効果は、人間の努力と自然の諸性質の力でつくりだされた他のすべての効果のうえに、さらに加えられるなにものかなのである。愛情の呪術についても同様である。美しい顔や姿、装飾や装身具、よいにおいなどは、魅力的な価値あるものだと十分に認識されている。しかし、ほとんどあらゆる人が、その成功を、愛情の呪術が完璧《かんぺき》さを与えてくれたためとしている。呪術の与える力は、他のすべての人間の魅力の力とは無関係、いやそれ以上のものと考えられている。このことをよく表わすのが、非常によく聞かれる次のことばである。

「ほら、私は美男ではないが、あんなにたくさんの女の子たちに好かれる。そのわけは、私がよい呪術をもっているからだ」

畑仕事の呪術において、土壌《どじょう》や雨量や適切な仕事量などが、十分それなりの効力をもつことは認められている。にもかかわらず、十分な呪術を施すことなしに畑仕事を行なうなど、夢想だにできないことである。自分の回りのだれもができるだけいっしょうけんめいに働き、あらゆる点で自分と同じ条件下にあると考えられるばあいに、「偶然」または「運」によって期待できるような差が、畑仕事の呪術によってもたらされると考えられるのである。

そこで、これらすべての例をみていえることとは、呪術の影響が人間の仕事や自然の条件の効果と並行しており、無関係だということである。呪術の影響は、他のどのような因子をもってきても説明できないちがいと、予期せざる結果を生む。

これまでで、呪術が、いわば普通とはちがった種類の現実を表わすことがわかる。このちがった種類の現実を、「超自然的」とか「超日常的」とか呼ぶのは、住民たちの情緒的な反応にもとづいていっているのである。これは、もちろん、呪術のばあいにもっともはっきりしている。妖術師は、よこしまな心をもっているというだけで恐れられるのではない。われわれが幽霊を恐れるように、無気味なものの現われとして恐れられるのである。人は彼に暗《くら》闇《やみ》で会うことを恐れる。その理由は、なにか害を加えられるからというよりは、彼の姿が恐ろしいからであり、黒呪術に通じていない者がもたないあらゆる種類の力や能力をほしいままにするからである。彼の汗は真っ赤に燃え、夜鳥が彼のあとを追って警告を発する。彼は好きなように姿をかくすことができ、会う者たちに恐怖を与えて無力にしてしまうことができる。

要するに、われわれのあいだでは幽霊の出る場所という観念にともなうヒステリー的な恐怖が、妖術師の力で住民たちの心のなかにつくりだされるのである。ここでつけ加えておかなければならないのは、人々が死者の霊に関しては、そのような恐怖の感じをまったくもたないことである。彼らがブワガウにたいしてもつ恐怖は、あらゆる種類のもっとも無気味な性質をそなえた、ムルクワウシのばあいにはもっと強い。ムルクワウシは鬼のように死体を食べ、飛ぶ能力をそなえ、姿をかくし、夜鳥に変身するが、これらのことが住民たちの心に非常な恐怖心を吹きこむのである。

他の呪術師やその術は、住民たちの心にそのように強い感情は引き起こさない。そして、もちろんいかなるばあいにおいても、示される感情は恐怖のそれではない。地方地方の呪術の系統は、非常に価値をおかれ、だいじにされる。そしてその力は、社会にとって一つの資産であると、はっきり考えられている。

それぞれの形態の呪術は、それに関連した呪術的な異常現象、すなわちカリヤラをもっている。ある呪術の呪文が唱えられるときには、はげしい自然現象の変化が起こるだろう。たとえば、畑仕事の呪術が行なわれるとき、雷鳴と稲妻が起こるだろう。ある形態のクラの呪術を唱えると、虹《にじ》が空に現われるだろう。にわか雨の雨雲をもたらすクラ呪術もある。呪術の包み〔リラヴァ〕を開くときに起こる軽い嵐《あらし》の現象は、すでにもう引用した。カイガウは潮の波を引き起こすだろう。一方、他の形態の呪術を行なうと、結果として地震が起こる。戦いの呪術は意外に牧歌的で、ある植物と鳥に影響を与えるにすぎない。ある形の呪術においては、呪文が唱えられると異常な現象がいつでも起こり、その他、それほどそれが規則的に起こらない呪術もあるが、カリヤラは、呪術師が死ぬとかならず起こる。右にあげたような自然現象は、どれでもその真の原因は何か、と聞かれたとき、彼らはこう答えるだろう。

「呪術が真の原因〔ウウラ〕です。それらは呪術のカリヤラなのです」

呪術が超自然的ないし超日常的なものにふれるもう一つのばあいは、ある呪術の慣行に霊が結びつくときである。特別な型の呪術のやり方であるウラウラは、同時にバロマ〔霊〕への奉納をも意味する。呪術師は、自分のところに持ってこられた大量の食料のうちのすこしを取り分け、ある特定の場所にそれを置いてこう言う。

「おお霊よ、なんじのウラウラにあずかれ、そしてなんじの呪術を栄えさせよ」

ある儀式においては、霊がその場にいると考えられている〔写真35〕。呪術になにか故障があったり、それがへたに行なわれたばあいには、「霊は怒るだろう」と住民たちはよく言う。

ばあいによっては、バロマが夢のなかに現われ、呪術師に仕事の命令をする。呪術に関するかぎり、これは霊が人間の問題にたいして行なうもっとも積極的な干渉であるから、この問題に関して得られたある言明を、自由訳して示そう。

「魚の呪術の所有者は、たくさんの魚があるとしばしば夢みるだろう。その原因は、呪術師の祖先の霊にある。そのような呪術師は、夢をみたときにこう言うだろう。『祖先の霊が、夜、私に教えてくれた。魚をつかまえにいけ！　と。そして事実、私たちがそこに着くと、たくさんの魚を見いだすので、われわれは網を投げる』」

「ナルゴの母方の伯父《おじ》のモクデヤ」とは、オグラクの漁撈《ぎょろう》の呪術師の最たる者だが、彼は、「夢のなかで甥《おい》を訪れ、教えをたれる。『明日、魚の網をクワブワワに投げよ！』ナルゴはそこで言う。『さあ行こう。老人が私に昨夜教えてくれた』」

「シナケタのカロマ〔ウミギク〕の呪術師は、たくさんのカロマ貝の破片のある場所について夢にみる。翌朝、彼は水にもぐって、珊瑚礁《さんごしょう》に貝をたたきつける。あるいは、彼はカヌーの夢をみ、しかるのち実際にこいでいって、その場所に停泊する。トウダワダ、ルヴァヤム、シナカディは、たくさん貝をぶつけた夢をみる。翌朝、われわれがそこに行ってみると、実際にたくさんある」

右のすべての例をみると、〔最後の個所を除いて〕霊が忠告者、助力者として行為することがわかる。儀式の行ない方がわるいため、霊が怒るときには、霊は伝統の守護者の役割を演ずる。または、霊が呪術師へのウラウラ（分けまえ）にあずかるときには、仲間や共鳴者としての役割を演ずる。しかし、霊は、直接動かせる力ではない。

トロブリアンド諸島の悪魔学においては、呪術師は、霊に、行けとか仕事をせよとか命令を発しない。仕事は呪文の力によって行なわれ、呪文は、それに随伴する儀式に助けられ、それにふさわしい呪術師によって行なわれる。呪術の力のみが積極的なものであり、霊と呪術の力の関係は、呪術を行なう者と呪術の力の関係と同じである。霊は、呪術師を助けて、呪術の力を適切に発揮させる。しかし、霊は、けっして呪術師の道具にはならない。

呪術の超日常的な性質についてわれわれが知った結果を要約してみると、それは、独自のはっきりした性格をもち、人間の非呪術的な行為とは区別されるといえよう。呪術の力は、人間の日常の努力と並行して働くが、それとは無関係なものと考えられる特殊な状態をもつ。また一定の型の呪術や呪術師にたいしては、感情の反応が引き起こされる。カリヤラが起こる。儀式の進行中には、霊との交渉が行なわれる――といったようないろいろな特別の性質をもつゆえに、呪術は人間の日常の活動と区別されるのである。

現地の用語では、呪術的なものの領域は、メグワということばで呼ばれる。これは呪術の「施行」「呪文」、呪術の「力」「効力」などを表わし、呪術的な性格を示すもの一般を表わす形容詞として使うことができる。動詞として使われると、同じ語根から出たメグワ、ミガ・メグワ、ミガなどの変化形は、「呪術を行なうこと」「呪文を唱えること」「儀式を行なうこと」などを意味する。ある行為が仕事のためにではなく、呪術に関連してなされたということや、ある結果が呪術のおかげでもたらされ、他の努力のおかげをこうむらなかったことをもしも住民たちが言い表わそうとするならば、彼らはメグワということばを、名詞または形容詞として使う。それは、人間またはもののうちにある力をさしては絶対に使われないし、呪文と独立した行為を表わすことばとしても使われない。

禁制に関連した概念は、キリウィナのことばではボマラという語で〔所有代名詞の接尾語をつけて〕表わされる。それは「禁止」、すなわちどのような状況下でも、人間がけっして行なってはならないことをさす。それは、呪術の禁制、人の地位に応じて定められた禁止事項、たとえば、トカゲ、蛇、犬、犬の肉などの、不潔なものとされる食物一般に関する制限などを表わす。しいていえば、ボマラということばには、「神聖な」という意味は、いささかも含まれていない。しいていえば、ボマということばの用法にそれがみられる。

ボマは、人がはいることを許されない禁制の茂み、はじめて人間が出てきて、呪術もそこからはじまった穴がしばしば見いだされる伝説的な場所を意味する。トボマ〔トは、人をさす名詞を示す接頭辞〕という表現は、地位のある人間を意味するが、神聖な人を意味することはほとんどない。

9

最後に、呪術の社会学的な、または儀式上からみた背景について、数言を費やさねばならない。儀式は簡単で、即物的な性質をもっているとは、これまでにもしばしば述べた。カヌー建造に関連して、そのように述べたし、畑仕事の呪術においても、同じように簡単で、まったく事務的に儀式が行なわれるといえるだろう。

呪術的な行為を「儀式的」というときの意味は、おおぜいの人々が参加して行なわれるということである。さらにまた、儀式を見る者も行なう者も、一定の身のふるまい方の規律を守り、みな静粛を守り、儀式の進行にうやうやしい注意を払い、すくなくともある関心を示す、などのことも意味する。

さて、もしそのような務めの最中に、ある人が手早くそのような行為を果たすのに、ほかの者がしゃべったり、笑ったり、その者をうっちゃりだしてひとところに集まったりしたならば、この事実は、呪術行為に、ある決定的に社会学的な刻印を押し、そういうばあいには、呪術行為がはっきりと儀式的な特徴をもつとはいえなくなる。

呪術行為のあるものは、この性格をもつ。たとえば、カロマ採りをはじめるときの皮切りの儀式は、全船団の助力を必要とし、船団員たちが一定の型の行為をすることが求められる。そして呪術師は、彼らのため、だが彼らの助力のもとに、船団の複雑な進行をつかさどるのである。二、三の系統の漁撈《ぎょろう》の呪術においても、同様の儀式が見いだされる。また、ある村々の畑仕事の呪術のいくつかの儀式にもそれが見いだされる。実際、畑仕事の呪術の開始の儀式は、どこでも儀式の施行をともなう。畑仕事の儀式には、食物を霊に捧《ささ》げる儀式がともない、写真35に見られるように、村人の一団がそれに参加する。戦いの呪術における一、二の儀式は、多数の人間の積極的な助力を必要とし、大儀式の形をとる。

そこで、呪術の儀式は、儀式ばっているかいないかの二様だが、トロブリアンド諸島の呪術には、儀式の点できわだった、普遍的な特徴があるとはけっしていえないのである。

10

禁制は、それを守るべき者が呪術師であるかぎりにおいては、呪術とつながりがある。しかしながら、ある形態の制限と禁止は、特定の目的のためにきめられていて、もっとちがった形で呪術と関連をもつのである。

たとえば、カイトゥブタクという制度では、ココヤシとビンロウジの消費に、ある禁制が行なわれるが、これはそれらの木を大きくする特定の呪術と関係がある。また、村から離れすぎて監視できない熟した果実や木の実の盗難を防ぐ、保護的な禁制がある。これらのばあい、まじないをかけたもののはいった小さな包みが、その木か、その近くに、小さな木切れにのせて置かれる。

そのような物質にたいして発せられる呪術は、ヴェステルマルク教授(4)が用いられたすぐれた用語でいえば、「条件的な呪《のろ》い」である。条件的な呪いは、その木の実にさわろうとするすべての人のうえにふりかかり、その人をなにかの形で病気にかからせる。これは、個人にたいして働きかけることが求められる唯一の形態の呪術である。その呪文のあるものにおいては、トクワイ〔木の精〕が、まじないをかけた包みをのせたカイタパク、すなわち木片の上にやどるようにしむけられるのである。

このように、現地住民の信仰の一般の傾向からすこしばかり逸脱する現象は、つねに存在する。あるばあいには、それは事実へのある重大な手がかりを提供し、またより深い洞察《どうさつ》を与える。あるばあいには、それにはなんの意味もなく、人間の信仰に絶対的な一貫性を求めることは不可能であるということを、あらためて思い知らされるにすぎない。似たような諸現象をもっと深く分析し、比較研究することによってのみ、ことの真相はあきらかになるだろう。

11

呪術のあらゆる特徴の概観のしめくくりとして、呪術師の地位の経済的な側面について簡単に述べておこう。ただし、この問題に関係のある資料は、すでにこれまでの各章に散発的に述べられてある。

呪術は母系によって継承されるが、その例外として父から子に継承されたり、購入によって呪術が伝達されることのあることは、すでに述べた〔第一章〕。購入による伝達は、二つの名称をとって行なわれうるが、実際そのおのおのは、本質的に異なる行為なのである。その一つはポカラで、呪術をもらいうけようとする母方の親戚《しんせき》にたいする支払いを意味する。その第二はラガであり、呪術をよそ者から購入することをいう。

ある一定の形態の呪術だけが、一つの氏族ないしは亜氏族から、別の氏族や亜氏族に自由に伝えられることができ、またラガの体系によって購入することができる。呪術の体系の大部分は、各地方固有のものであり、同一の亜氏族においてのみ伝承される。そしてときとして、氏族員の子に伝える例外も許されるが、しかし、その子どもから呪術はふたたび亜氏族にもどされねばならない。

さらに、呪術の経済的特徴としては、呪術師がその仕事にたいして受ける支払いがあげられる。それには多くの型がある。ある一定の呪術行為の代償として、一個人から支払われるばあいがいくつかある。妖術や治療の呪術のばあいがそれである。また、畑仕事、漁撈《ぎょろう》の呪術のばあいのように、社会全体が定期的に行なう支払いもある。妖術、雨・天候の呪術、畑仕事の呪術などのさいにみられるように、支払いがかなりの額に達するばあいもある。また、単なる形式的な贈物とほとんど変わりないようなばあいもある。

12

右に述べたいっさいは、ボヨワ〔トロブリアンド〕の呪術一般にみられる特徴に関することがらである。それは、主として本書であげられた材料をもとに述べておいた。そして、他の分野の呪術からのいくつかの例も、それに加えておいた。いまのところ得られた結果は、次のように要約できるだろう。

住民たちにとって、呪術は、特別の部門をなす。それは、本質的に人間的で、自律的で独立的な行為を含む特殊な力である。この力とは、社会の伝統と、一定の遵守規定によって資格を与えられた人間が、ある行為を行ないながら発する一定のことばの性質のなかにひそめられている。そのようなことばと行為は、それ自体この力を有し、その作用は直接的で、なんら他の力の仲介をへない。その力は、霊とか悪魔とか超自然的存在の権威から引きだされたものではない。またそれは、自然から苦労して引きだされたものとも考えられていない。

ことばと儀式の力は根本的かつ不変の力であるという信仰が、彼らの呪術の信仰の基礎となっている信条である。それだからこそ、人間が呪文をいじくったり、変更したり、改善したりすることは絶対できないという考え方が、しっかりとできあがっているのである。また、伝統が呪文の由来することのできる唯一の源泉であるという考え方、人間の考え及ばない遠いむかしから伝統が呪文を伝えたという考え方、呪術は自然発生しないという考え方など も、しっかりとできあがっているのである。

注

〔1〕呪術となにか重要な問題との関連は、真珠採りのばあいに示されている。このばあい、白人の出現によって、新しい、非常にもうかっておもしろい仕事が住民たちに与えられたわけである。この採集に関係した呪術の一様式が現在ある。これは、もちろん、呪術はつくりあげることができない、という住民たちの信条とあきらかに矛盾する。住民たちは、もしこの矛盾をつきつけられたならば、次のように説明する。これは、ほんとうは、礁湖の底に見つかるあらゆる貝に関係のある、古い貝採りの呪術なのだが、いままではイモ貝採集だけに関して行なわれていたものなのだ、と。じつをいうと、この呪術は、真珠貝のために、ムワリ〔貝の腕輪〕の呪術を翻案したものにすぎない。しかしなが

ら、善意の意図はもっているが、かならずしも賢明有益でない白人の教育、統治によって、また交易の開始によって、住民たちの信仰、習慣の基礎が揺り動かされる以前に、いったいこのような翻案や脚色が行なわれていたかどうかには、疑念がある。

(1) トロブリアンド島では族外婚が行なわれ、同一氏族内の通婚が禁じられている。

(2) 「高等批評」は、higher criticism の訳語である。文学上の高等批評、とくに科学的、歴史的方法による聖書研究をさす語である。

(3) いとこは、異性きょうだい(つまり兄妹か姉弟)のそれぞれの子である交叉いとこと、同性きょうだい(つまり兄弟か姉妹)のそれぞれの子である平行いとこに分けられる。交叉いとこ婚とは、交叉いとこ同士の婚姻のことで、これが義務または慣習化している社会の例は、非常に多い。トロブリアンド島のばあい、母系制氏族が族外婚を行なうから、交叉いとこ婚によって、男子は父の死後も母系集団とのつながりを持続し、呪術の特権を受けることになる。

(4) E・A・ヴェステルマルク(一八六二〜一九三九)。フィンランド生まれの社会学者。モーガンの原始乱婚説に反対し、また母系社会が父系社会に先だつことを否定して、大著『人類婚姻史』*The History of Human Marriage*, 1891, 1921 を書いた。

第十二章　クラの意味

これまで、クラの多様な経過やいりくんだこまかい筋道を追ってきて、その規律や慣習、信仰、実際の儀式、およびそれにまつわる神話的伝承などを、微細にわたって追求し、調査の結果を終わりまで述べて、一応のしめくくりをつけた。さて、そこで、精密な調査の拡大鏡をいったんわきに置いて、われわれの探求の主題を遠くから眺《なが》め、その制度、組織全体を一望のうちに見わたして、それにはっきりとした形をとらせてみようと思う。それは、たぶん民族学的研究において、いまだかつてなかった異常なものとして、人に驚きを与えるような形をとるだろう。そこで、それが体系的民族学のほかの諸問題のなかでどのような位置を占めるかを見いだし、その意義をはかり、それを熟知することによって、どれだけ知識として得られたものがあるか、価値評価しようと試みるのもわるくはなかろうと思う。

つきつめていって、遊離孤立した事実は、それ自体どのように目新しく印象的にみえても、学問にとってはなんの価値もない。真の学問的研究が、単なるこっとう品集めとちがうのは、後者が、風変わりで特異な事物だけを追い、センセーショナルなものを求め、普通の倍の刺激を与えるものを集めるのにきゅうきゅうとしている点にある。これに反して、学問は、事実を分析、分類するさいにも、それを有機的な全体のなかに位置づけ、現実の多様な諸面をいくつかの体系に類別しようと努力したうえで、その体系のどれかに事実を組みこむことを目標としているのである。

もちろん私は、これまでの章で述べた経験によって得られた資料に、なにか推測を加えたり、仮説的な臆測《おくそく》をつけ加えるようなことはしまいと思う。私はただ、あのクラの慣行制度のもっとも全体的な姿に省察を加え、そのさまざまな慣習の底にひそむ人間の心のあり方をどう解釈するか、もうすこしくわしく述べてみたいと思うにすぎない。

これらの大きな問題点は、クラに似た主題について将来さらになされる現地調査や、理論的な研究において考察され、ためさるべきであると思うし、そうしてこそ、これからの学問上の仕事にとっても有益な結果が得られよう。

もし右のような行き方がなされるならば、ある珍しい現象を記録する者が、同じ学問の研究者たちに考えてもらうために自分の報告をゆずり渡すことは、特権であるといってもよかろう。だが、それは特権であると同時に、義務でもあるのだ。すなわち、記録者が、事実と直接に接していることは当然であるが――そして、ほんとうに、もし彼の報告がりっぱなものならば、彼が知りえた知識の大部分が読者にうまく伝えられなければいけないはずである――、民族誌的な現象の基本的な諸相、諸特徴を一般化する仕事も、経験的なものにもとづいてなされねばならないから、その記述する制度を打って一丸としてまとめあげた概観図を描きだして、報告書の結びとすることは、記録する者に課せられた仕事である。

すでに述べたように、クラは、ある程度まで珍しい型の民族学的事実であるように思われる。その珍しい点とは、一つには、クラの社会学的、地理的な範囲の広さにある。諸部族間の大きな関係があって、広大な地域と多くの人々を、はっきりとした社会的なきずなで結びあわせ、義理のやりとりでしっかりとつなぎとめて、こまごました規則やしきたりを、調和のとれたやり方で守らせる――クラは、それを行なう人たちの文化的水準の程度を考えれば、驚くほどの規模と複雑さをもった社会学的機構だといえる。

また、この大きな社会的相互関係と文化的影響の網の目のような構造は、いやしくも新しく一時的で、あやふやなものなどと考えてはならない。なぜなら、その高度に発達した神話と呪術《じゅじゅつ》の儀式をみてみれば、それがどんなに深くあの現地の伝統に根ざしたものであるかがわかり、またそれが非常に古くから育ってきたものにちがいないことが理解されるからである。

クラのもう一つの特異な特徴は、その本質そのものをなしている取引き自体の性格である。なかば商業的、なかば儀式的な交換であるクラは、ものを所有したいという深い欲望をみたそうとして、それ自体を目的として行なわれるのである。しかし、ここでも注意せねばならないことは、それが、普通の所有ではなく、特殊な型の所有であって、二つの種類の品物を短期間だけ相互的に所有することである。所有の状態は、恒久性の点では完全ではないが、その代わりに、つぎつぎと所有する人の数の点ではたいしたもので、累積的所有とでもいったらよかろうか。

クラの普通とはちがう性格を、おそらくもっともよく示すたいへん重要な、いや、たぶんもっとも重要なもう一つの側面は、富のしるしにたいする住民たちの心の態度である。彼らが富のしるしと考えるものは、貨幣とか通貨として使われたり、みなされたりすることがない。それが、貨幣のような経済的な道具といささかでも似ている点は、貨幣もヴァイグアも圧縮された富の表現である、ということ以外にはほとんどない。

交換のための媒介物となったり価値の尺度となることは、貨幣や通貨のもっとも重要な機能である。しかし、ヴァイグアは、そのようなものとして使われることは、絶対にない。クラ型のヴァイグアは、すべて、いかなるばあいにも、ある一つのだいじな目的をもつ――つまり、所有され、交換されるという目的をもつ。また、それは、あるだいじな機能をもち、あるたいせつな目的のために用いられる――、すなわち、クラの円環のなかを流通し、ある様式で所有され、表示される。これについては、このすぐあとで述べよう。

ヴァイグアの品がつねにやりとりされる交換は、非常に特殊な種類のものである。それが行なわれる地理的な方向がかぎられている。交換を行なう相互の社会の範囲が、狭く限定されている。あらゆる種類の厳格な規則と規律に規制されている。それは、物々交換ともいえないし、単なる贈物のやりとりでもないし、またいかなる意味でも交換の遊びとはいえない。実際、それはクラ、すなわちまったく新しい型の交換なのである。

それらの物品が高い価値を獲得するのは、この交換によってであり、それらの物品がいつも手のとどく範囲にあって、競争心をかりたてる欲望の目標になっており、また羨望心《せんぼうしん》を引き起こしたり、社会的な名声と卓越がそれによって得られるためである。実際のところ、これらの品物は、住民たちの生活でもっとも大きな関心事の一つであり、彼らの文化の内容目録のうちのだいじな項目の一つなのである。

そこで、クラのもっとも重要で特異な性格の一つは、クラのヴァイグアのあること、つまり、たえず流通し交換することのできる価値ある品があって、その価値が、まさしくこの流通自体と流通の性格に出来している点にある。

価値をもつ品物の交換は、一定の規範にしたがって行なわれねばならない。この考え方のだいじな点は、取引きは売買ではない、ということである。交換されるものの価値が等しく釣《つ》りあうことは必須であるが、それは、品物にたいして支払いをする側が、習慣と自分の威厳にふさわしい額はどのくらいか、ということを判断したことの結果でなければならない。

ものを与える行為にともなう儀式や、ヴァイグアを運んだり扱ったりするさいのやり方は、それが単なる商品以外のものとみなされていることをはっきりと示している。本当の話、それは、住民たちにとっては、自分に威厳を与えてくれ、自分の存在を高めてくれるなにものかなのであって、それゆえに、それは、敬意と愛情をこめて扱われるのである。取引きのさいの住民たちの行動を見ていると、あきらかに、ヴァイグアにたいする態度は、高い価値をもっている物としてだけでなく、儀式的な形でも扱っていて、感情の反応を引き起こしているのである。

普通のクラの品物のほかに、カロマの帯とか、大きな石斧《せきふ》のような貴重品も加えられて、ヴァイグアが特殊な目的のために用いられるばあいを考えてみると、右の認識は確認され、深められる。

たとえば、悪霊《あくりょう》のタウヴァウ〔第一章7節〕が、蛇やリクガニの形をとって、村のなかや近くに発見されたとする。すると、あるヴァイグアが、儀式によってその前に置かれる。この行為は、贈物を犠牲《いけにえ》に捧《ささ》げて、悪霊を買収しようとして、というよりは、むしろ、その心に直接に働きかけてやわらげるために行なわれるのである。

毎年の祭と踊りの季節であるミラマラには、霊が村々に帰ってくる。すると、たまたまそのとき、その地域の社会に所有されていたクラの貴重品や、石斧、カロマの帯、ドガの首飾りのような恒久的なヴァイグアは、家の入口の高くなった床に犠牲として並べられる。このとりきめと習慣は、ヨローヴァと呼ばれる〔第一章7節参照〕。

そこで、このようにヴァイグアは、霊に与えられるもっとも効果的な供物であって、それを供えることによって霊の気持を愉快にさせてしまえる、ということになっているのである。住民たちの使うおきまり文句を使っていえば、「彼らの心をよくしてやる」のである。

ヨローヴァにおいては、生きている人間たちが、もっとも価値あると考える霊にたいして、供物をする。影の訪問者たちは、ヴァイグアの霊ないしは影の部分を取って帰っていくと考えられている。そして、クラの一行が、自分の村の浜辺に、手に入れた貴重品のタナレレ[1]をするように、霊は、トゥマの浜辺で、手に入れたもののタナレレをすると考えられている。

右の例すべてをみても、そこに住民たちの心の態度がはっきりと現われている。つまり、彼らは、ヴァイグアを、それ自体このうえなくよいものと考えているのであり、換金できる富とか、金目を含んだ装飾品とか考えているのではない。いや、権力の道具としてさえ考えていない。ヴァイグアを所有することは、それ自体うれしいこと、心の安まること、ほっとすることなのである。彼らは、ヴァイグアを何時間も眺《なが》めたりいじったりする。さわっただけでも、それに含まれたよい力がいろいろな状況下で伝わってくるのである。

このことは、人の死のさいにうかがわれる習慣に、いちばんはっきりと現われている。死にのぞんだ人は、そのすべての親族、義理の親族がそういうときに持ってきて貸与してくれる貴重品でとりまかれ、おおわれる。そして、すべてが終わったときに、それらはまた持ち主が持っていってしまい、死人自身のヴァイグアだけが、死後しばらくのあいだ、遺体の上に残される〔写真36〕。

いろいろ理屈めかした説明や理由づけが、この習慣にたいしてなされている。たとえば、それは、地下の世界の管理人であるトピレタへの贈物だとか、それは、その精神的な形式においてトゥマで高い社会的地位を獲得せんがためのものにちがいないとか、あるいは、ただたんに死者のいまわのきわを飾って幸福にするために置かれるのだ、とかいわれている。このような信仰は、あきらかに並列的に存在しているのだろう。そして、それらは、奥にひそむ心の態度——貴重な品はいこいを与える力をもつという考え方と矛盾せずに両立している、いやそれどころか、そのような考え方を表現しているのだろう。

そうした品物は、善にみちたものとして、心楽しい作用をもつものとして、安らぎと力を同時に与えるものとして、死にゆく人の上に置かれる。人は、それを死者の額の上、胸の上に置き、それでもって腹や肋骨《ろっこつ》をこすり、あるヴァイグアを鼻先にぶらさげてやる。私は、実際そういう光景をよく目にしたし、住民たちがそれを何時間もつづけるのを見た。私は、ああいった行為の底には、複雑で感情的、知的な態度がひそんでいると信ずる。たとえば、生命を吹きこみたいという願望、同時に死への準備をさせる気持、死者を現世にしっかりとつなぎとめたいという気持、来世のしたくをしてやろうという気持などがひそんでいるのだろう。しかし、なかんずく重要なのは、ヴァイグアは最高の安息であって、人のもっとも忌むべき瞬間でさえ、ヴァイグアで取り囲むと、その忌むべき悪の度合いがうすまる、という深い信仰である。

やもめの兄弟たちが、死んだ夫の兄弟たちにヴァイグアを与え、そのヴァイグアがその日のうちに返還さるべきことを定めた習慣の根底にも、おそらく同じ考え方があるのだろう。これだけの短いあいだヴァイグアを与えるだけでも、住民たちの親族観念からみて、その人の死によってもっとも直接の打撃を受けた者たちにとっては、大きな心の慰めになるのである。

右のすべての例に、われわれは同一の心の態度を見いだす。すなわち、凝縮された形の富に付せられた莫大《ばくだい》な価値、それを扱うばあいの真摯《しんし》で敬虔《けいけん》なやり方、それが最高の善をこめたものであるという考え方と気持ちなど。ヴァイグアは、われわれが富を評価するのとはまったくちがったやり方で評価される。あの聖書に出てくる黄金の犢《こうし》(2)のシンボルなら、われわ

36　財宝でおおわれた死者

れの態度よりも、彼らの態度を説明するのに適当かもしれない。といっても、彼らはなにものも礼拝《らいはい》しはしないのだから、ヴァイグアを「礼拝する」というと正確でないだろう。ヴァイグアは、クラの諸事実や、いま右に例証した資料などに現われている意味での「崇拝の対象」なのである。すなわち、ヴァイグアは、住民たちの生活のもっとも重要な行為のいずれかのなかで儀式的に扱われるかぎりにおいて、「崇拝の対象」なのである。

このように、クラはいくつかの側面において、われわれに新しい型の現象をさしだしてくれる。それは、商業的なものと儀式的なものの中間にあり、複雑で興味ぶかい考え方を表わしている。しかし、それは珍しくはあっても、唯一無二とはとてもいえない。というのは、このような規模で行なわれ、しかもあきらかに人間性の深奥の層に深くかかわった一つの社会的現象が、地球上の一地点にのみ存在するおかしな変わり種でしかないなどとは、とうてい考えられないからである。

このような新しい型の民族誌上の事実が見つかったのだから、似たような型のものが、どこか他の地方で見つかることを期待してよいだろう。われわれの学問の歴史をみれば、新しい型の現象が見つかり、理論でとりあげられて、議論と分析の対象になると、つまるところ同じものが世界じゅうで見つかった例がたくさんある。タブーとは、ポリネシア語であり、ポリネシアの慣習だが、未開、野蛮、文明を問わず、あらゆる種族に見いだされる似たような規制の原型となり、名祖《なおや》となった。

トーテミズムは、北アメリカのインディアンの一部族において最初見つかり、フレイザーの労作によって世に知られたものだが、のちになると、あらゆるところから広範、豊富にそれに関して報告がなされ、フレイザーは、はじめに書いた小冊子を書きなおしたとき、四巻[3]をみたすことができたくらいである。メラネシアの小社会で発見されたマナ[4]は、ユベール、モース[5]、マレット[6]そのほかの研究により、根本的な重要性をもつものであることがわかった。そして、その名をつけられていようといまいと、マナは、あらゆる現地の住民の呪術的信仰と慣習において、非常に大きな位置を占めていることに疑いはない。

以上は、もっとも古典的でよく知られた例ばかりだが、必要とあらば、このほかにいくらでも例はあげられる。「トーテム型」「マナ型」「タブー型」の現象は、すべての民族誌研究の領域に見いだされるはずである。そのわけは、それらの概念のおのおのが、未開人の現実世界にたいする根本的態度を表わしているからである。

クラについても同じことがいえる。たとえそれが新奇にみえようとも、変わり種ではなくて、根本的な人間の活動と、人間の心のあり方を示しているのだとしたら、ほかのさまざまな民族誌領域に、縁続きの、関係づけられる現象が見つかることを期待してもよい。われわれが注意してさがすべきなのは、交換し、取引きされる貴重品にたいして、うやうやしい、ほとんど崇拝するような態度を表わす経済取引であり、一時的、断続的、累積的な新しい型の所有を含む経済取引であり、巨大で複合的な社会機構と経済事業をともなって遂行される経済取引である。

右のようなものが、半経済的、半儀礼的な、クラ型の活動である。この制度とそっくり同じものが、こまかいところまで一致して、どこかに見いだされようなどと期待してもむだだろう。たとえば、貴重品が動く円環状の経路、各集団が移動するときとらねばならない一定の方向、勧誘のための仲介的な贈物の存在などの点で、まったく同じ制度が見つかるなどと思ってもむだだろう。そのような技術的な問題は、たいせつであり、おもしろくもあるが、それらは、おそらくクラのその地方の特殊条件となんらかの形で結びついているのである。世界の他の地方で発見することを期待できるものとは、クラの根本的な理念であり、その大ざっぱな線にそってなされている社会の構成なので、現地調査をする者は、そのようなものをこそさがせばいいのである。(8)

進化の問題に主として関心をもつ理論専門の研究者にとっては、クラは、富と価値、商取引と経済関係一般の起源について考える手がかりを、なにか与えてくれるだろう。それはまた、儀式生活の発展について、また経済目的と野望が、部族間の交流と、初源的な国際法の発展に与える影響について、なにか示唆《しさ》してくれるだろう。

主として民族学の問題を、文化接触の視点から考え、制度、信仰、事物が、伝達によってひろがっていく問題に関心をよせる研究者にとっても、クラは同様に重要である。クラにおいては、新しい型の部族間の接触が認められる。すなわち、文化がすこし、だがはっきりとちがっているいくつかの地域社会間の、新しい型の関係が認められる。また、偶発的でなくて新しい型の規律的、恒久的な関係も認められる。さまざまの部族間に、どのようにしてクラの関係が発生したか説明しようとするさいに、われわれがどうしてもぶつからざるをえない文化接触の問題は、一応まったく抜きにするとしても。

私は、理論的考察を掘りさげる余裕がないから、以上の数言で一応とどめておきたい。しかしながら、クラには、理論上非常にたいせつだと思われるがゆえに、注意を払わねばならない一つの側面がある。

この制度が、いくつかの側面を示し、それらは、緊密に結びあい、おたがいに影響を及ぼしあうことは、すでに検討した。二つの側面だけをとりあげてみても、経済上の事業と、呪術儀礼が、解きはなちがたい一つの全体を構成していて、呪術的な信仰の力と、人間の努力が、おたがいを形成し、おたがいに影響を及ぼしあっている。どのようにしてこのようなことが起こるかは、これまでの章で、くわしく述べた。

しかし、私の意見では、文化の二つの側面が、機能的に依存しあうありさまを、もっと掘りさげて分析比較してみると、理論的考察にとって、ある興味ぶかい材料が得られる可能性があるように思う。また、ほんとうに、新しい型の理論をつくる余地が存在するように、私には思われるのである。

時間における連続、まえの段階のあとの段階にたいする影響などは、イギリス人類学の古典派〔タイラー、フレイザー、ヴェステルマルク、シドニー・ハートランド（一八四八〜一九二七。イギリスの人類学者）、クローリー（一八六九〜一九二四。イギリスの社会人類学者）〕の行なうような、進化主義的研究のたいせつな問題である。民族学派(9)〔ラッツェル、フォイ、グレーブナー、W・シュミット、リヴァース、エリオット＝スミス〕は、接触、浸透、伝達による文化の影響を研究する。環境が文化の制度や人種にたいして及ぼす影響については、人間地理学〔ラッツェルその他〕が研究している。一つの制度のさまざまな側面が、相互に与える影響、制度の基礎になっている社会的、心理的メカニズムの研究などは、いままでのところ、試験的にしか行なわれてこなかった。しかし、私はあえて予言するが、それらは、遅《おそ》かれ早かれ、独自の研究領域になるだろう。(10) 本書のような研究は、それへの道を整備し、ほかの研究のための材料を提供するだろう。

いままでの章のなかの一、二ヵ所で、ある種の教科書や、われわれの心のなかに習慣的に残っている未開人の経済性についての誤った見方を批判するために、かなり詳細にわたって、わき道にそれた説明をした——つまり、自分のもっとも素朴《そぼく》な欲求を満足させることのみを欲し、最小限の努力の経済法則によってそれを実行しようとする、合理主義的な人間として未開人を考えることへの批判である。

このような見方による経済的人間は、つねに自分の物質的関心の那辺《なへん》にあるかを知っており、それを直線的に追求しようとする。いわゆる唯物史観の根底には、人間とはだいたい似たような存在で、ものをくふうしたり追求したりするときには、いつでもまったく功利主義的な型の物質的利益しか念頭におかない、という考え方がある。

さて、私は、クラが民族学にとってどのような意味があるにせよ、文化科学一般にとっては、クラの意味は、右のような粗雑で合理主義的な未開人観を一掃し、思索する者にも、観察する者にも、経済上の事実分析を掘りさげさせるのに役だつ点にあると思う。実際、クラは、未開人の価値なるものの全体的概念を示してくれる。価値を含んだ物体を、なんでも「貨幣」とか「通貨」とか呼びならわすことは、たいへんまちがっている。未開人の交易と所有に関する現在の通念――それらはみな、このクラという制度を手がかりにしてあらためられなければならないのである。

この本の初めの部分をなす序論で、私は、いわば、諸事件をそのもとの視野のなかでみさせるようなやり方で、また同時に、一瞬たりとも、私が資料を得たときの方法を見失わないようなやり方で、読者に諸事件のいきいきした印象を伝えよう、と約束した。私は、できうるかぎり、具体的な事実によってすべてを示そうとし、読者の心の目の前で住民たちみずからに語らしめ、取引きを行なわしめ、活動を行なわしめた。私は、事実を詳細に記述することによって説明を行ない、記録や、数字や、実際に起こった例などを示して、それを果たそうとした。

しかし、同時に、私が確信をもってなんどもくりかえしたことは、本当の問題は詳細な点や事実にはなくて、われわれがどうそれを学問的に使うかということだった。したがって、クラの詳細な技術的な問題は、現地住民のある中心的な心の態度を表わしていて、その結果、われわれの知識と視野をひろめ、人間性の理解を深めるかぎりにおいてのみ意味をもつのである。

現地住民に関する研究で、ほんとうに私の関心をひくものは、彼らの事物にたいする見方、世界観、住民たちが呼吸してそれによって生きていく生活と現実の息吹《いぶ》きである。あらゆる人間の文化は、その文化をつくる者たちに、一定の世界像を与え、はっきりとした人生の意味を示す。人間の歴史をたずね、地球のおもてをさまよい歩いてみて、私の心をもっともとらえ、他文化につきいり、ちがった型の人間の生を理解しようという気持にならせたのは、人生と世界をさまざまな角度からみる可能性だった。

奇妙で独特な事実のまえに一瞬たちどまり、それにおもしろ味を感じ、その表面上の風変わりさをみて、こっとう品としてそれを眺《なが》め、記憶力の博物館か、逸話の倉庫のなかにそれをしまいこんでとっておくこと――このような心の態度は、いつも私にとって無縁であり、気にくわなかった。人々のなかには、他文化にみられる、表面的に珍しい、一見不可解なすべてのものの内的意味や心理的現実をつかみとれない人がいる。そのような人たちには、民族学者の素質はない。ほんとうに「人間の科学」に取り組める人かどうかという試金石は、一つの文化のすべての要素を吸収同化して、究極的な総括をすることに喜びを感ずるかどうか、いやそれより以上に、さまざまな文化の多様さと独自さに愛情を感ずるかどうかにある。

しかしながら、多様な人間の生活様式をよろこんで味わうことよりも、もっと深く、もっと重要な、あるものの見方がある。それは、そのような知識を英知に変えたいという願望である。われわれが、しばしのあいだ、未開人の魂のなかにつきいり、その目を通して外界を見、彼が自分自身をどう感じとっているか、われわれみずから感じてみることは可能ではあるけれども――しかし、われわれの最終の目的は、われわれ自身の世界の見方をゆたかにし、深化させ、われわれ自身の性質を理解して、それを知的に、芸術的に洗練させることにある。

他人の根本的なものの見方を、尊敬と真の理解を示しながらわれわれのものとし、未開人にたいしてもそのような態度を失わなければ、きっとわれわれ自身のものの見方は広くなる。おのおのの人間の生まれた環境のなかの、狭苦しく閉ざされた慣習、信仰、偏見を捨てなかったならば、ソクラテスのいうような自己自身の認識に達することは不可能だろう。このうえなくだいじなこの問題に、いちばんいい教訓を与えてくれるのは、他人の信仰や価値を、その他人の見方からみさせてくれるような、心の習慣である。

偏見と悪意と復讐心《ふくしゅうしん》が、ヨーロッパの各国民のあいだを引き裂き、文明、科学、宗教の最高の成果としてだいじにされ、もてはやされてきたすべての理想を、風に吹きとばしている。このようなこんにちの時代ほど、文明社会が右のような心のゆとりを必要としている時代はない。「人間の科学」は、もし徹底的に洗練され、掘りさげられるならば、われわれに、他人のものの見方の理解に立脚した、右のような広い知識と寛容と心のゆとりを与えてくれることになるだろう。

民族学の研究は、しばしば誤解されてきたが、それは、この学問に耽溺《たんでき》した連中が、こっとう品をなんとなく追い求めたり、原始的で怪奇な形態の「野蛮な慣習や、粗野な迷信」のなかをあてどもなく彷徨《ほうこう》してきたからだった。しかし、民族学研究は、科学的研究のなかでも、もっとも深い意味において哲学的で、啓蒙《けいもう》的で、高度な学問の一分科になる可能性があるのである。だが、悲しいことに、民族学にとって、時間はかぎられている！　いままで述べたようなこの学問の真の意味と重要性が、遅すぎないうちに、ほんとうにわかってもらえるだろうか。

注

（1）クラで獲得した貴重品を、自分の村に帰ってから展示し、くらべあうことをいう。

（2）聖書で、アーロンがシナイ山に立てた金の偶像（出エジプト記第三十二章）のこと。財宝である黄金が、崇拝の対象に転化されたことをさす。

（3）フレイザーが一九一〇年に発表した『トーテミズムと族外婚』*Totemism and Exogamy* のこと。最初の小冊子とは、『トーテミズム』*Totemism*, 1887 をさす。

（4）マナは、超自然的な呪力であり、なにものにでも伝播して、それがやどったものに、一定の効力を与えるとされる。この信仰は、メラネシアで発見されたが、同種の呪力観念は、アメリカ先住民にもあることがのちにわかった。マナにたいして、わるい呪力は、タブーと呼ばれる。

（5）アンリ・ユベール（一八七二〜一九二七）は、フランスの社会学者、歴史家。デュルケームの強い影響を受けた。ここに書かれたマナの概念は、『社会学年報』*L'Année Sociologique* に、マルセル・モースと連名で発表したいくつかの論文のなかに示されている。

（6）マルセル・モース（一八七二〜一九五〇）。デュルケーム派のフランスの社会学者。前注にしるしたように、ユベールと協力して未開宗教の問題を研究したが、彼の代表的な著作といわれる『贈与論』*Essai sur le Don*, 1925 では、未開社会で贈物が経済的動機からでなく、ただ義務的に返礼されることを述べ、マリノフスキと似た結論に到達している。

（7）ロバート・R・マレット（一八六六〜一九四三）。イギリスの人類学者。タイラーの跡を継いで、そのアニミズムの概念を修正し、アニマティズム理論を唱えた。

（8）本文に詳説されているように、クラは実用的目的のための交易でなく、儀式的な贈答慣習としての性格が強いが、そのような慣習はメラネシアの島々に多くみられたほか、北アメリカ北西部のインディアンの諸部族にあった、有名なポットラッチという栄誉のための贈答も、それと一脈相通ずるものをもっているといえよう。

（9）ここにあげられたラッツェル以下の民族誌学者は、いずれも、モーガン、タイラーの単系進化主義に反対して、文化の伝播による成立を唱えた。その中心となったのが、グレーブナー（一八七七〜一九三四）、シュミット（一八六八〜一九五四）などのドイツ・オーストリア文化史学派だった。

（10）マリノフスキの予言どおり、社会人類学においては、これらの点が主要問題点となった。

解説　クラと螺旋——新しい贈与経済のために

中沢新一

1

いまでもその事情はあまり改善されているとは思えないが、二十世紀はじめ頃の経済学者たちの多くは、限界革命以後の古典派経済学者もマルクス主義経済学者もおしなべて、すべての交易は物々交換に始まると信じていた。そのために、マリノフスキの『西太平洋の遠洋航海者』の出現（一九二二年）は、経済学者にとっても少なからぬスキャンダルだった。生活に必要以上の余剰物を持ち寄った人同士が、ほぼ等価と思われる比率で、自分の所有している物を交換しあうのが、物々交換である。ところがマリノフスキが発見したのは、それとはまったく異なる考えにもとづく交易の形態だった。

マリノフスキの調査したトロブリアンド諸島とその周辺では、通常の物々交換と並行して、ソウラヴァと呼ばれる首飾りとムワリと呼ばれる腕輪を、それぞれ時計回りと反時計回りの大きな環の中で、一定方向に受け渡していく「クラ」の交易がおこなわれていたが、島の人々はこのクラのほうに、物々交換をはるかにしのぐ重要な価値づけを与えていた。クラで受け渡しされる財物は、同じ価値を持つモノとして交換されるのではなく、冒険の記憶や歴史伝承やその交易に携わった人々の武勲とそれを通して獲得された威信など、幾重にも重なった価値といっしょに、クラ交易の相手に「贈与」される。そのお返しとして、受け手は反対方向に動いていくことを義務づけられた財物を、贈り主に渡すのである。

マリノフスキの本が出たのと同じ頃、今度は北アメリカの北西海岸から、「ポトラッチ」と呼ばれる競争的贈与の習俗についての詳細正確な報告が、アメリカの人類学者フランツ・ボアズによってもたらされた。そこでも、通常の交易と並行して、より根源的な交換形態として、死者の追憶や威信の称揚といった複雑な意味をになう、贈与が熱気にみちた儀式的雰囲気の中でとりおこなわれていた。これらはいずれも、人間性の本質の研究にとっては、まちがいなく新しい大陸の発見を意味するものだったが、集積されつつあったたくさんの具体的事実の背後にひそんでいる普遍的な問題をはじめて明るみに出したのが、マルセル・モースの画期的な『贈与論』であったことは、言うまでもない。

これらの研究では、「互酬性 reciprocity」という概念に重要な意味が与えられた。物々交換や商品交換では、受け手と与え手、または売り手と買い手の間に、人格的な結びつきはおこらないように仕組まれている。受け渡しされるモノや商品からは、以前の所有者の人格的痕跡はいっさい消し去られて、いわば「無縁」になったモノが交換されるのである。ところが、クラでもポトラッチでも、交易の相手に受け渡される財物は、以前の所有者の人格の一部がモノにこめられた霊性や過去のつきあいの歴史や冒険の記憶といっしょに、相手に手渡されている。クラやポトラッチで贈り物の受け手は、財物といっしょに人格や霊性や記憶などを受け取ることによって、送り手とより親密な関係を固めていく。贈り物には、相応なお返しが求められる。こうして、モノの贈与をとおして、人間同士の間に強い結びつきをつくっていくのが互酬性である。

互酬性は物々交換とは著しいコントラストをなす「思想」に基づいている。たとえば、物々交換をあらゆる交易の出発点に据える古典派経済学では、「方法的個人主義」という考えに基づいて、理論が組み立てられている。この考えを採ると、自分の利益にきわめて敏感な個人の心理や思考傾向をすべてに優先させて、ほかのことを考えないから、この経済学は自分の内部に矛盾を生まないですむような整合性を保つことができる。またそれだから、数学を自在な道具として使いこなすことができる。ところが、互酬性はこのような個人を出発点に据えることを拒否して、つねに個人は全体の中で意味を持つ存在である、と考えるから、それを科学の方法論で処理しようとすると、扱うべき変数は巨大なものとなってしまう。そのために互酬性の経済科学を打ち立てることは、たいへんに困難なのである（いまでもその事情はさして変わっていない）。

産業資本主義が本格的な稼働をはじめていた十九世紀後半でも、ヨーロッパの田舎へでかけてみれば、まだこの互酬性にもとづく人間関係が、生き生きとした活動を続けていた。この時代の社会思想家たちは互酬性の働きを実際によく知っていたので、この互酬性こそが、産業資本主義によって解体しかかっていた人間の社会性を蘇らせる有力な原理であると考えた。

そこでたとえば富の配分の不公平に憤っていたプルードンのような思想家は、その原因を私有制の中に見いだして、「私有制は非－互酬性（non-réciprocité）である」と書くことができた。彼は互酬性に基づいて人々が連合していた古い社会（そこにも私有制は存在していたのであるが）を解体して出現しつつあった産業社会の私有制を告発していたのであるが、これを見ても、当時盛んだった社会主義や共産主義の思想にとって、互酬性の概念が想像力の源泉のひとつであったことが、よくわかる。

このような広い意味での社会主義に深い共感を抱いていた社会学者マルセル・モースにとっても、同時代の人類学の研究がつぎつぎに明らかにしつつあった互酬性の概念は、未来社会を開く鍵のような輝きを秘めたものと思われた。物々交換を組織化した市場の発達によって、それ以前の人間社会のあり方であった互酬性の諸組織は、たちまちのうちに衰退しつつあったが、その衰弱しつつある諸制度の内部から、大急ぎで「贈与」の原理を救い出し、歴史の埃を落として真新しい現代の理論に鍛え上げることによって、産業資本主義の生み出しつつあった非人間性からの脱出口を見いだすことができるかも知れない。モースの『贈与論』には、このような真剣な済民的企画が秘められていた。

物々交換にもとづく交易と、クラに代表される贈与＝互酬性の交易との間には、本質的な違いが存在している。贈与論は根源的な意味での「経済学批判」であり、互酬性によるシステムが等価交換システムに変化することはありえても、物々交換から贈与のシステムが発生することはありえないのである。ところが二十世紀も後半になると、当の人類学者の中にも、贈与や互酬性の本質的特徴を無視して、それを一般的な交換の概念に解消してしまうことが、あたかも現代的な理論であるかのように考える学者が出てくるようになる。英国の構造主義を代表していたエドマンド・リーチなどが、その代表者である。

リーチは「なぜ人々はクラをおこなうのか」という問いには意味がないと断じた。クラの習俗では、一つのシステムが作動し、人間はそのシステムの実現のために、適切な行為をおこなう存在なのである。クラのようなシステムの作動を外側から観察すると、集団から集団へのモノの移動と、それを実現するための行為の組み合わせとしてあらわれる。「なぜ」という質問は、心理的な層に属しているから、システムの作動を客観的に説明していない、とリーチは考える。

クラをモノの移動の面だけで観察すると、物々交換の場合と本質的な違いなどはなくなってしまう。物々交換は二集団あるいは二人の人の間の、閉じた関係の中でおこなわれる。したがってそれを、レヴィ＝ストロースの親族論で言うところの「限定交換」と見なすことができる。これに対してクラのような互酬性の習俗では、交換される財物は当事者同士の閉じられた関係を超えて、反対方向に回り続ける大きな環に投げ込まれている。『親族の基本構造』で明らかにされた「一般交換」に、これが該当する。このように考えると、物々交換とクラの間に存在すると感じ取られてきた違いは、システムの類型における違いに解消されてしまうことになる。そうなると、プルードンやモースの抱いた互酬性社会の夢などは、一般システムの類型論から生まれた幻想にすぎない、ということになるだろう。

しかし、このような「構造主義的」還元論は間違っている、と私は思う。贈与と物々交換の間には、システム論に還元不能な質的差異が存在している。私たちは贈与的または互酬的な交換がおこなわれるとき（それは現代生活のまっただなかでも、しばしばおこなわれている）、商品交換（モノの売買）がおこなわれるときとは違う関係性が、当事者間に発生しているのを、はっきりと感じ取ることができる。外側から観察していると感知できない違いが、それらの交換を内側から体験してみた人間には、はっきりとわかるのだ。

このとき感じられる違いは、質的で実存的なものである。等価交換（それが物々交換の背後で働いている原理であり、いずれそこから市場社会がつくられてくる）と贈与交換（それをもとにして互酬性の社会は築かれていた）との間にある質的な違いを追求していくと、私たちは自分たちがいま生きている社会の特質を、はっきり理解できるようになるばかりではなく、いま主流の経済学的思考に対する根本的な批判の土台を、固めることができるようになる。だから、そこにある違いを明確に取り出すことのできる思考が、私たちには求められているのである。マリノフスキの発見したトロブリアンド諸島のクラの習俗には、「新しい経済学批判」を実行するためのヒントが、いっぱいに詰まっている。

2

トロブリアンド諸島では、通常の物々交換や商業交易といっしょに、贈与的なクラ交易が並行しておこなわれている。この二つの交易の違いを、じっさいにそれに従事している現地の人々は、「限定交換」と「一般交換」のような同質概念の対立によっては理解していない。二つの交易形態には、相互に置き換えすることが絶対に不可能な、質的な対立が存在している、と考えられている。現地人がとらえているこの差異を、外からやってきた（資本主義の社会で育った）研究者が自力で見いだすことはほとんど不可能であり、またいままでにげなくクラを実行してきた現地人でさえ、その違いを明確に認識して、はっきり言語表現できる人は少ない。現地に生まれ育ち、思索と表現の才能にめぐまれたごく少数の「哲学者」だけが、それをおこなうことができる。

クラには一つの「哲学」が潜在しているのである。マリノフスキの『西太平洋の遠洋航海者』では、その哲学はまだ表面にあらわれてきていない。じつは彼がその本の中に紹介しているたくさんの「呪文」を細かく分析すると、ようやくそれが見えてくるようにもなるのだが、マリノフスキ以後の研究でも、「現地人の思考」としても「人類学者の理論」としても、その哲学はおぼろげな輪郭しか示してこなかった。謙虚な心を持った人類学者が、クラの実践者でありクラの本質について考え抜いてきた現地の哲学者に出会って信頼を勝ち得て、彼らの話に素直な心で耳を傾けることができたときはじめて、「クラの哲学」は言葉となって立ち現れてきたのである。

ドキュメンタリー映像作家でありアマチュアの人類学者であるジュッタ・マルニック Jutta Malnic は、レニ・リーフェンシュタールがアフリカのヌバ族のもとでおこなった映像の仕事に感動して、自分はぜひともあの有名なクラの航海を題材にした映像を撮りたいと切望して、一九八〇年代のはじめ頃、トロブリアンド諸島で長期間の滞在をおこなった。*Kula——Myth and Magic in the Trobriand Islands*, Cowrie Books, 1998, Australia はそのときの調査をもとにして書かれた本である。

彼女は、マリノフスキの主要な調査地の一つでもあったキリウィナ島の出身者であるジョン・カサイプワロヴァ John Kasaipwalova と、シドニーで知り合っていた。彼は、偉大なナルブタン首長の跡を継いでクウェナマ・クラン〔氏族〕の首長となった男であった。トロブリアンド諸島の言語と英語で書く詩人であり、作家でもあった。クランの伝統に忠実な生き方を保ち続け、ナルブタン首長の語った伝承を正確に受け継ぎつつも、そこにさらなる思索を加え、現代の概念を使ってそれを表現する能力にも恵まれていた。彼の導きによって、ジュッタ・マルニックはトロブリアンド諸島の人々に迎え入れられたのである。

ジョン・カサイプワロヴァはクラの習俗に潜在している哲学を、多彩に表現してみせることができた。彼はクラの本質を彼女に説明するのに、まずつぎのような物語から語り始めている。

空とカタツムリ

空はどこまでも広く限りがなかった。この世界の誰もが、空より大きいものなどはいない、と思っていたし、空自身そう考えていた。ところがある日、空は一匹の小さなカタツムリの繊細な角を、ちらっと見かけた。空はカタツムリがしゃべりたそうにしているのがわかった。そこで空は視線をカタツムリの上にとめて、彼の話に耳を傾けることにした。「空さん」とカタツムリは言った。「あなたはとても大きくて、どんな地平線でも水平線でも、軽く超えています。でも、自分より大きなものはこの世にはいないなどとお考えになる前に、どうかちょっと私の話に耳を傾けてください。そうすれば、あなたよりも私のほうが大きいということをわかってくれるでしょう」。

それを聞いた空は驚いた。しかし、空は小さなカタツムリが特別な存在であることを思い出していた。

カタツムリのしょっている家には、螺旋のしるしがついている。螺旋はトロブリアンド諸島の人たちが「グム gum」と呼んでいる中心点から出発している。グムから出発して、螺旋は外側に向かって広がり、さらにどんどん大きく広がっていって、とうとう空の大きさにまで広がり、最後はそれさえも超えて広がっていくのである。

空はカタツムリに言った。「そのとおりだね、小さなカタツムリさん。私はいまはじめて、自分よりも君のほうが大きいということに気がついたよ。それればかりじゃない。私は君が背中にしょっているしるしの持つ力のことも理解したよ。螺旋は広がっていくばかりじゃなくて、グムに向かって集中していって、宇宙のエネルギーを吸い込んでいるんだ。君はとってもすばらしいものを、背中にしょっているね」。

これを聞いたカタツムリはうれしくなった。「話を聞いてくれてありがとう、空さん。お礼に秘密を教えましょう。私が背中にしょっている家についているしるしは、五つのすぐれた特性をあらわしています。この特性を習得した人間たちにとって、空さん、あなたは努力の限界をしめしているのです」。

その日以来、さらに賢くさらに謙虚になった空は、トロブリアンド諸島の上に覆い被さりながら、クラの環の中を生きている人間たちを、見守り続けているのだった。

この物語は、おそらくはジョン・カサイプワロヴァによって創作ないし改作されたものであろうが、トロブリアンド諸島の人々の抱いている一種の宇宙哲学をクラとの関わりで語った「新しい神話」として、豊かな人類学的意味をもっている。伝統的な思考の倉庫から過不足なく取り出された題材をブリコラージュ的に組み合わせて、この物語はつくられている。それゆえ、この物語をトロブリアンド諸島神話の一つのヴァリエーション（異文）と見なすことができ、それを分析することによって、表面にあらわれていない彼らの思考の宝庫の中身を、推測することができるからである。

この神話では、空とカタツムリの殻の構造にあらわれた螺旋とが対立させられている。空は空間としてどこまでも広がっていくが、その広がり方には「ひねり＝spin または twist」が入っていない。現代風に言えば、空は「線型＝リニア」空間としてのつくりをしている。ところが、カタツムリの殻が描き出している螺旋は、エネルギーの噴出口であり凝集口である「グム」という特異点を出発点にして、みずからにひねりを加えながら、ダイナミックな運動として一つの空間をつくりだしていく。螺旋はひねりを内在させた運動がつくりだす「非線型＝ノンリニア」な空間なのである。この新しい神話は、クラの環がひねりをはらんだノンリニアな原理を原動力として運動していることを、暗示しようとしている。

クラの有力な指導者でもあるジョン・カサイプワロヴァによると、トロブリアンド諸島の人々の考え方のベースには、この「リニア／ノンリニア」の対立が潜んでおり、クラの習俗は思考に内蔵されたこの対立から大いなる生命力を得てきた。そのことは、つぎのような対話の記録によくしめされている。

ジョン・カサイプワロヴァは自分の哲学の要点を、私（ジュッタ・マルニック）につぎのように説明した。

「思考にはリニアと螺旋という、二つのやり方がある。あなたがリニアな思考法で、たった一つの点に心を集中していると、自分を孤立させることになる。自分を一つの方向に狭めてしまうからだ。でも、生命の世界は樹木やまわりにあるすべての自然で出来ていて、あなたが生きているあらゆる瞬間に、あなたに何かを与えている。あなたがグムの原理を、螺旋の中心点の原理を理解できたときには、あなたは疲れ果て死に絶えて惨めな結果に終わるクラと、力強い目的にあふれたクラとを、はっきり見分けることができるようになるだろう。成功裏に終わるそういうクラは真実の冒険であり、真実の冒険とは螺旋の姿をしている。われわれのおこなっているクラははじめ魔術から生まれたものだが、みんなの経験によって豊かに発達してきたものなのだ……。

螺旋の方式でものを考え生きるようにしていると、頭を空に向けていようがグムに向けていようが、よいものが四方から流れ込んでこられるようになる。まっすぐに進んでいくだけだと、目標にしていたたった一つのものは手に入れることができるだろうが、じつは道の途中で自分で見つけたいくつもの発見を、伸ばしていくことができなくなる。経営上の義務だとかいますぐに必要なことだとか他人の意見だとかに気を使っていると、問題を解決するために日々の体験の中で獲得してきた、心の明晰さを失うことになる」。

もしもクラを、自分に利得をもたらす経済行為としておこなうとするならば、当然その人ないし集団は、目的志向型のリニア思考に支配されるようになるだろう。そうなったが最後、その人たちのおこなうクラはとてつもなく貧弱なものとなり、とうてい冒険の旅を完遂することはできない、と有能なビジネスマンでもあるこのトロブリアンド島の指導者は考えている。商業は彼にとっては当然のことながら、リニア思考によって狭められた交換であり、それに対してクラは螺旋思考にもとづいて、人間を拡大していく行為として、昔からおこなわれてきた偉大な業なのである。

クラはなによりも冒険である。功利主義が冒険を偉大なものとなすことはできない。功利主義は狭められた目的に向かって進められる、リニア思考にしたがっているからだ。あらゆる冒険は、螺旋型の思考によって突き動かされ、実行され、豊かになし遂げられる。グムの中心点からエネルギーが四方に広がっていくように、螺旋型思考はトロブリアンド諸島の人々の心を駆り立てて、西太平洋への危険な航海へと押し出していったのである。

さらにこのトロブリアンド島民は、螺旋の内部構造まで明確に描き出すことができる。クラ航海の最中、参加者は村の中でのんびり過ごしているときとは違って、自分の五感を敏感に働かせ続けていなくてはならない。このとき、カタツムリが空に教えた螺旋に備わった「五つのすぐれた特性」は、身体の機能のすぐれた用法となって、参加者たちにとってクラが豊かな意味を持った冒険につくりあげる力を発揮する。

それによると、グムから湧き出した力は、次ページの図のような五感能力となって展開をとげる。それぞれの感覚は、ふさわしい動物や植物によって象徴され、人間の知覚を動植物の存在につなげている。

ジョン・カサイプワロヴァはクラにおけるこの「五つのすぐれた特性」の働きを、こう説明している。「完全なクラがおこなわれるとき、ここぞという時点で、これら五つのすぐれた特性は一つの関心、一つの焦点に集中される。そのときはじめて、ただのモノの授受が、一つの贈与の行為へと変化をおこす。ムワリとソウラヴァが実現しようとしているのは、そ

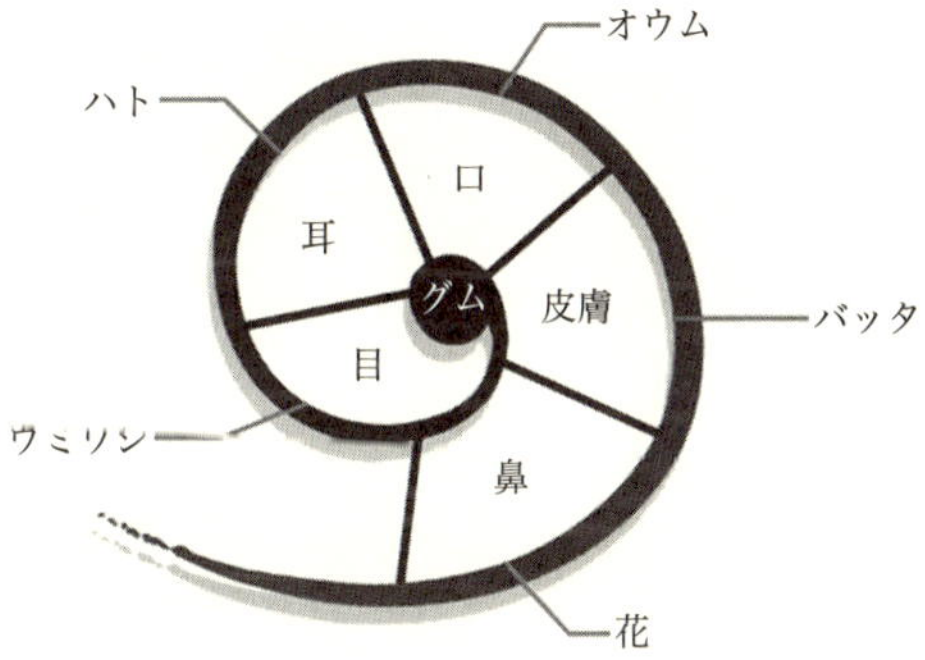

グムから湧き出す力
（*KULA*, Jutta Malnic）

うということだ」。クラに交易される腕輪や首飾りは、たんなる財物でないことが、ここからもわかる。それは目的に向かって閉じたリニア思考を多次元に向かって開かれた螺旋思考に飛躍させることによって、物々交換を贈与に変容させる力を持つ。あとでしめすように、魔術は螺旋思考からしか生まれない。それゆえに、クラは魔術から生まれた、と言われるのである。

ジュッタ・マルニックの本は、クラの理解にいままでになかった新しい次元を開いてみせてくれるものだ。それは、クラを内側から体験して、その本質を内在的に理解しようとしている現地の人による「解釈」をしめすことによって（それが可能になったのは、土地の「哲学者」との幸運な出会いによる）、クラを突き動かしてきた深層の原理に接近する機会を、私たちに与えてくれる。

スポーツをただ観客席からみているだけでは、じっさいの競技の現場において、スポーツマンの身体と心の内部で何がおこっているのかを、内在的に理解することはできない。それをほんとうに理解できるのは、内側からの体験を適切な言語で表現できる能力を持ったスポーツマン本人だけである。芸術的創造の秘密を理解できるのは、創造の瞬間におこっていることを正確で深い言語で表現することのできる芸術家本人だけである。クラは芸術であり、魔術であり、スポーツであり、同時に交易なのである。そうだとしたら、クラがなんであるのかを一番よく知っていて、それを誰よりも的確に表現できるのは、クラを実践している思索者自身をおいて、ほかにはいない。マリノフスキによって開かれた実証的人類学研究は、いまや実践者みずからによって探求される内在的人類学の段階に入ったのである。

3

クラはこの世界に見いだされるあらゆる「螺旋的なるもの」のなかで、もっとも強力で、もっとも豊穣な富をもたらす存在である。たしかにカタツムリの殻に描かれた螺旋も、すばらしく美しいものだが、クラは人間の心の中で作動している螺旋型をした思考がつくりだすものとして、この世界でもっとも強力な魔術の一種なのである。トロブリアンド諸島の人々が「なぜクラをするのか」という問いに対する、一つの答えがここにある。

クラはカヌーの製造や財物と贈り物の準備や高度な航海術の知識などを含む、じつに多くの「部品」を組み合わせて構成される複合体である。その複合体のあらゆる「部品」の細部にいたるまで、巻き貝の形で象徴される螺旋の思考がゆきわたっている。

クラの航海に使用されるカヌーの構造体に、そのことはじつに印象的に表現されている。

ワガと呼ばれるクラ航海に使われる特別なカヌー（同前掲書）

ワガと呼ばれるそのカヌーには特別な装飾が施されている。

船体一面に描かれた文様は、ヤム芋小屋の壁面などに描かれているのと類似の、独特な渦巻きの意匠をしている。文様の構成にはいくつものグムがあって、そこから流出してくる力が渦を巻いているように感じられ、その渦の上に、神話の先祖の男女神の姿が彫り込まれている。その板のまわりを、たくさんの巻き貝が取り囲んでいる。藁で結ばれた巻き貝の一つ一つに螺旋文様が刻まれている。カヌーはいわば全身が螺旋の運動に包まれているといっても過言ではない。強力なスピンの運動をはらんでいるから、ワガ（カヌー）は、並のカヌーにはとうてい追いつけない、「魔法のカヌー」と化すわけである。

カヌーにはさらに魔力を持った言葉、すなわち呪文が注ぎ込まれる。ジャングルに生えている太い木を切り倒してきて、カヌーをつくる材料とするのだが、たいてい立派な姿をしたそうした木には、トクワイという樹木の精霊が住んでいる。この精霊は、大地に根を生やした木と相性がいい、ということは航海は苦手ということになる。そこで船大工はカヌーの乗員を集めて、木を切り倒す作業の前に、精霊に頼んで木から出てもらうための魔術をおこなう。そのとき唱えられる呪文が、マリノフスキによって報告されている。


「降りてこい、おお、木の精よ、トクワイよ、枝に住む者よ、降りてこい。降りてこい、枝のまたに、若枝に住む者よ。降りてこい、ここへ来て、食べよ。向こうのサンゴの頭を出したところに行け。そこに集まり、群らがり、騒ぎ、叫べ」

「木からとことこ降りてこい、老人たちよ。これが評判のわるいカヌーだ、これがおまえたちをはずかしめ、逃げださせたカヌーだ。日が昇り朝となったら、おれたちがカヌーを切り倒すのを手つだってくれ。この大きな木を、老人たちよ、さあさ、切り倒そうではないか」

木は森の生命であるから、トロブリアンド諸島の人々にとっては当然「魔術的存在」であり、そこには「五つのすぐれた特性」の構造をもった生命力が、螺旋状の運動をおこなっている。木はたんなるモノではない。なぜなら木は代表的な森に生きる螺旋的存在として、みずからの中心部にグムの構造を備えており、そのグムからたえまなく自然のエネルギーの放散と凝集が繰り返されているからである。精霊はグムからこの世界に出入りするその見えない力をあらわしている表現なのである。

その木をカヌーという別の螺旋的構造体につくりかえるための作業をはじめなければならない。その前には、木の螺旋構造に慣れ親しんで住み着いてきたトクワイの精霊には、ぜひとも立ち去ってもらっている必要がある。そうでないと、木の螺旋構造体をカヌーという別の螺旋構造体に組み換える作業が、うまく進行しないだろう。この呪文を「アニミズム」的と呼ぶのは簡単だが、その背後には「野生の思考」という別の合理性を持った螺旋状の思考が働いていることを、見落とすことはできない。

儀礼と技術が混然となった時間のかかる複雑な工程を経て、ようやくカヌーが出来上がると、いよいよ進水の儀式である。ここでも呪文が大活躍する。

「私は山を足蹴にするだろう。山は傾く。山はのめりこむ。山はぱくりと口を開く。山は歓喜する。それは倒れる。私は自分のカヌーが沈むようにと願って、クラを行なうだろう。私は自分の舟の浮きがさがるようにと願って、クラを行なうだろう。私の名声は雷のようであり、私の足音は、空飛ぶ魔女の吼え声のようである」

英雄の心を持った者だけが、クラの航海を成功のうちに安全になしとげることができる。この英雄の心は、どこまでも拡大していく螺旋の構造を備えている。そうでなければ、ちっぽけな功利的野心だけの、みじめな交換者で終わるだろう。呪文は航海者たちの心を拡大し開いていく螺旋の力に満ちている。

こうして海に出たカヌーは、いよいよ遠洋の航海に乗り出す。みんなの願いは、カヌーが海上を冒険者にふさわしい速度と浮揚力をもって滑走していくことだ。そこで空飛ぶ魔女（ムルクワウシ）のおそるべきイメージが呼びだされる。空飛ぶ魔女は、空中を飛ぶときに、パンダナスの吹流しを使うとされているので、トリワガたちは帆柱といわず引き綱といわず帆といわず、パンダナスで作ったたくさんの黄色い吹流しを結わえつけて、それがはたはたと風になびくさまを頼もしげに眺めるのだ。カヌーの装飾のすべてが、カタツムリの教えと結びついている。それはグムの穴から放出される力が、螺旋状に拡大していく運動をあらわしている。

魔術と科学の大きな違いは、この点にあらわれてくる。魔術はトロブリアンド島民の哲学が語っているグムのような、人間的な世界の外部からの力が出入りできる穴ないし特異点の存在を前提にする思考にもとづいている。その力は、人間の能力ではコントロールできない不確かさや強力さを備えているために、人間にとっては良いこともあれば悪いこともあるという、両義的な力を発揮する。魔術的思考は、グムのような穴から、そのような両義的な力の出入りを組み込んだ、一つの論理体系を築いてきた。そのために、それは矛盾をはらんだ論理とならざるを得ないのである。

ところが科学は、このような思考平面にあいた穴や、そこから流れ込んでくる両義的な力を容認しない思考を発達させてきた。グムの穴のようなもののない平面上では、いっさいの出来事はできるだけ矛盾を排除した内生的（endogène）な原理にしたがって進行していくように、最初から求められている。グムの穴があると、合理的な論理とは異質な外生的（exogène）な力がそこから流れ込んできてしまうので、いたるところで論理的な混乱が生じる。そこで科学はこれまで螺旋型の思考を避けて、リニア型の思考だけを発達させてきた。それはとうぜん、ジョン・カサイプワロヴァが予言するように、科学に限界をもたらすことになる。

今日、科学は芸術との結合を強く求められるようになっている。しかし、この芸術こそが、螺旋思考の典型にほかならないのである。言語の文法的構造にグムの穴があいていなければ、とうてい詩などは生まれない。グムから言語の指示機能や論理機能の以前にある気分や感情や共通感覚などが、思考の中に入り込んで、はじめて言語は詩への自己変容をおこすことができる。あらゆる芸術家は自分の心にグムを持っている。そして、彼らが自分の表現の内にもグムとそこから放射される螺旋の運動を持つことができたとき、はじめて満ち足りた感情を得ることができるのだ。その意味で、クラの冒険者たちと芸術の冒険者たちは、同じ思考の型を生きていると言える。

4

このようにクラは交易であり、魔術であり、芸術であり、贈与であり、人生の冒険である。これらのものには共通点がある。それは、そのどれもがグムの中心点を持つ螺旋の構造にしたがって展開をとげていく、広がりを持っていることである。クラは自分の周囲に、同じ構造を持った表現や実践の形態を呼び寄せ、それらを一つに組み合わせて、クラ交易の複合体をつくりあげてきた。

ところが、物々交換ひいては等価交換にもとづいておこなわれる交易には、このような広がりがない。等価交換は螺旋構造の上ではなく、リニアな思考原理（計算原理）の支配する平面の上でしか、展開することができない。等価交換の原理からは、いずれ商品が生まれ、貨幣が出現し、市場が組織されるだろう。マリノフスキ以来のクラの研究によってあきらかになったのは、人類のおこなう経済には、構造の違う二つの種類があり、それぞれが違った世界観や人間関係を生み出してきたという事実である。

一つはクラのように、「自分の内部にグムを持つ経済」である。グムは自然の中にも、人間の心の中にも見いだすことができる特異点の穴で、この穴を通して、宇宙的なエネルギーの転換がおこるのである。そのために、生体システム的な心的システムの内部にいる観察者からは、まるでシステムの外から過剰して異質な力が流入してくるように見える。しかも、その力の「贈り主」は不明であり、システム内部に送り込まれた「贈り物」に対して、いっさいのお返しを求めない。つまり、グムの穴は「純粋贈与」をおこなっているのである。

クラやポトラッチのような贈与のシステムは、このようなグムを自分の内部に組み込んで、贈与とそれに対する返礼の環をつくっていく。ポトラッチの場合は一見するとグムの穴が機能していないように見える。しかしそこでも、「純粋贈与」の実在性を参加者に感じ取らせるために首長たちは、貴重な銅板を叩き割って海に投じてしまうことで、交換の環の外部を実感させるパフォーマンスを演じてみせた。グムの穴が表面に出ているクラでは、そんなことを演じる必要もなかったのだろう。

この贈与‐返礼の環は、物々交換の場合のように閉じていない。クラの場合のムワリとソウラヴァは、反対方向に回っていくから、贈与の場で交換されているように見えるけれど、貰い手の所有物となることなく、開かれたクラの環の運動にただちに投げ返されていく。それにどんな贈り物がなされるときにも、グムの存在が考えられているから、贈り物には霊的な力や贈り主の人格の重要な部分（この人格もまたグムを中心とする螺旋構造をしている）が付着しているように感じられるので、つねに螺旋状の渦に向かって開かれているように意識されている。クラの場合のムワリやソウラヴァは、実用を離れた高級装飾品として、螺旋型をしたクラの環の実在を保証するのが、その最大の役目となっている。

これに対して、商品は「自分の内部にグムを持たない経済」の代表である。商品は物々交換の経済から発達してきた。モノとモノとが等価で交換されるためには、まず交換に供せられるそれらのモノは、あらかじめ所有者の人格や霊力や土地の影響力などから切り離された、「自由な存在」になっていなければならない。商品となるためには、モノはグムの穴を塞いでおかなければならないのだ。

その上で、たがいに向かい合った商品の間に、共通の価値尺度が設定され、値段がつけられる。商品の価値は数であらわされる。そして数は簡単に四則演算の計算ができる。なぜなら、いまや商品はリニア空間上の存在なので、足したり引いたり掛け合わせたりの線型演算を、簡単にこなすことができるからである。つまり、モノとそれを扱う人間の心からグムの穴が失われると、それまで世界をつくっていた螺旋構造をした空間はたちまちに消えて、かわってリニア構造の空間が同じ場所に出現するようになる。贈与は瞬時にして等価交換に変化し、経済の表面から螺旋型をした生命原理は見えなくなる。

「グムを持つ経済」と「グムを持たない経済」はけっして対立関係にあるわけではなく、螺旋型からリニア型への変形は比較的スムーズにおこなわれる。しかし、その反対に、いったんリニア型になった経済を螺旋型に変形するのは、簡単にはいかない（カタストロフィ理論がその理由をあきらかにしている）。そのために互酬性の近代的形態での復活を求めるプルードンやモースの夢は、容易には実現しないのである。

しかし、トロブリアンド諸島のクラ交易をめぐる現代の諸研究は、「グムを持つ経済」と「グムを持たない経済」とをたくみに組み合わせることによって、もういちど経済に生き生きとした活力と充実感をとり戻すことも不可能ではないことを、暗示している。いまや惑星的となった現代の経済に、贈与経済の知恵を生かす必要がある。その意味では、マリノフスキの研究が真の意義を発揮するのは、これからかも知れない。

（明治大学野生の科学研究所所長・思想家）

本書は、一九六七年に中央公論社より刊行された『世界の名著59　マリノフスキー　レヴィ＝ストロース』に収録されている「西太平洋の遠洋航海者」（寺田和夫・増田義郎訳）を増田が再編集し、補正を加えたものです。

B・マリノフスキ（Bronisław Kasper Malinowski）

1884年～1942年。ポーランド出身の人類学者。ロンドン・スクール・オブ・エコノミクス，イエール大学で教鞭を執る。

増田義郎（ますだ　よしお）

東京大学名誉教授。文化人類学者，ラテンアメリカ史。著書に『インカ帝国探検記』『黄金の世界史』『アステカとインカ』『太平洋』など多数ある。

講談社学術文庫

定価はカバーに表示してあります。

西太平洋《にしたいへいよう》の遠洋航海者《えんようこうかいしゃ》

B・マリノフスキ

増田義郎《ますだよしお》 訳

2010年３月10日　第１刷発行
2019年５月８日　第５刷発行

発行者　渡瀬昌彦
発行所　株式会社講談社
東京都文京区音羽 2-12-21 〒112-8001
電話　編集（03）5395-3512
販売（03）5395-4415
業務（03）5395-3615

装　幀　蟹江征治
印　刷　株式会社廣済堂
製　本　株式会社国宝社
本文データ制作　講談社デジタル製作

ISBN978-4-06-291985-2

「講談社学術文庫」の刊行に当たって

これは、学術をポケットに入れることをモットーとして生まれた文庫である。学術は少年の心を養い、成年の心を満たす。その学術がポケットにはいる形で、万人のものになることは、生涯教育をうたう現代の理想である。

こうした考え方は、学術を巨大な城のように見る世間の常識に反するかもしれない。また、一部の人たちからは、学術の権威をおとすものと非難されるかもしれない。しかし、それはいずれも学術の新しい在り方を解しないものといわざるをえない。

学術は、まず魔術への挑戦から始まった。やがて、いわゆる常識をつぎつぎに改めていった。学術の権威は、幾百年、幾千年にわたる、苦しい戦いの成果である。こうしてきずきあげられた城が、一見して近づきがたいものにうつるのは、そのためである。しかし、学術の権威を、その形の上だけで判断してはならない。その生成のあとをかえりみれば、その根は常に人々の生活の中にあった。学術が大きな力たりうるのはそのためであって、生活をはなれた学術は、どこにもない。

開かれた社会といわれる現代にとって、これはまったく自明である。生活と学術との間に、もし距離があるとすれば、何をおいてもこれを埋めねばならない。もしこの距離が形の上の迷信からきているとすれば、その迷信をうち破らねばならぬ。

学術文庫は、内外の迷信を打破し、学術のために新しい天地をひらく意図をもって生まれた。文庫という小さい形と、学術という壮大な城とが、完全に両立するためには、なおいくらかの時を必要とするであろう。しかし、学術をポケットにした社会が、人間の生活にとってより豊かな社会であることは、たしかである。そうした社会の実現のために、文庫の世界に新しいジャンルを加えることができれば幸いである。

一九七六年六月

野間省一